云南省哲学社会科学创新团队成果文库

国有产权、政府层级
与集团内部
资本市场运作机制

State-owned Property,
Government Level and Internal Capital
Market Mechanism in Business Groups

徐 慧 著

社会科学文献出版社
SOCIAL SCIENCES ACADEMIC PRESS(CHINA)

国家自然科学基金面上项目（71272245）阶段性成果

云南省社会科学青年基金项目（QN2016059）阶段性成果

《云南省哲学社会科学创新团队成果文库》
编辑说明

《云南省哲学社会科学创新团队成果文库》是云南省哲学社会科学创新团队建设中的一个重要项目。编辑出版《云南省哲学社会科学创新团队成果文库》是落实中央、省委关于加强中国特色新型智库建设意见，充分发挥哲学社会科学优秀成果的示范引领作用，为推进哲学社会科学学科体系、学术观点和科研方法创新，为繁荣发展哲学社会科学服务。

云南省哲学社会科学创新团队 2011 年开始立项建设，在整合研究力量和出人才、出成果方面成效显著，产生了一批有学术分量的基础理论研究和应用研究成果，2016 年云南省社会科学界联合会决定组织编辑出版《云南省哲学社会科学创新团队成果文库》。

《云南省哲学社会科学创新团队成果文库》从 2016 年开始编辑出版，拟用 5 年时间集中推出 100 本我省哲学社会科学创新团队研究成果。云南省社科联高度重视此项工作，专门成立了评审委员会，遵循科学、公平、公正、公开的原则，对申报的项目进行了资格审查、初评、终评的遴选工作，按照"坚持正确导向，充分体现马克思主义的立场、观点、方法；具有原创性、开拓性、前沿性，对推动经济社会发展和学科建设意义重大；符合学术规范，学风严谨、文风朴实"的标准，遴选出一批创新团队的优秀成果，根据"统一标识、统一封面、统一版式、统一标准"的总体要求，组织出版，以达到整理、总结、展示、交流，推动学术研究，促进云南社会科学学术建设与繁荣发展的目的。

编委会

2017 年 6 月

前　言

在中国这样的新兴市场经济体中，由于外部市场发展不完全，企业经营过程中面临有限的正净现值投资项目及资金来源，试图通过各种途径降低外部风险、成本与约束。例如依靠国有产权获得外部"预算软约束"，采取多元化战略以分散经营风险，通过与外部建立政治关联、银企关联等非正式关系来竞争社会资源等。除此之外，还能通过调整组织结构、组成企业集团、在集团下属公司之间进行内部化交易来应对外部市场不完全问题。从某种程度上说，建立企业集团是新兴市场上替代不完全外部市场的制度安排（Khanna and Palepu，2000）。

内部资本市场（Internal Capital Market）是集团型企业区别于独立企业的核心优势之一，针对新兴市场集团内部资本市场的研究也较为普遍、深入。综观现有文献，内部资本市场的优势主要在于具有"多钱效应"，由此能够缓解企业面临的融资约束；具有"活钱效应"，进而能够在集团内部流动资本，挑选更优投资机会，以实现"胜者选择"，提高资本配置效率。然而，许多研究也发现了内部资本市场无效的证据：内部资本市场并未实现"胜者选择"，反而由于集团总部的"父爱主义"而造成了交叉补贴；集团内部资本配置不取决于投资前景，导致了内部资本的无效配置；内部资本市场还可能导致分部经理人寻租，以谋取私利。过去十余年间，我国学者针对集团内部资本市场的研究，也得到了相似的证据，并且具有以下三个特征：其一是我国学者更多针对民营产权的系族企业进行研究（马永强、陈欢，2013）；其二是我国学者多认为，控股股东主导下的关联交易是我国企业集团内部资本市场的主要表现形式，并且容易异化为控股股东进行利益输送的渠道（郑国坚、魏明海，2009；刘星等，2010）；其三是国内研究结果较多支持企业集团内部资本市场无效的观点（邵军、刘志远，2007）。

本书认为，由于国有企业集团相比民营企业集团而言更加能够体现中国背景特征，因此针对国有企业集团内部资本市场的研究具有重要意义。鉴于此，本书在结合制度背景，对研究主题涉及的相关理论、文献进行回顾的基础上，对国有企业集团内部资本市场的运作机制进行研究。首先，讨论国有企业集团内部资本市场是否能够发挥内部资本配置的基本功能；其次，讨论集团下属企业高管如何通过内部资本市场进行寻租；最后，讨论集团总部如何通过内部资本市场进行利益输送，综合三方面的研究结论，试图获得中国国有企业集团内部资本市场运作的基本特征及受益主体的证据。本书核心内容包括以下三个方面。

其一是针对国有企业集团内部资本配置的研究。资本配置是集团内部资本市场最核心的功能，也是判断内部资本市场是否有效的最重要依据。本书参考 Shin and Stulz（1998）的方法，在区分集团总部所归属的政府层级基础之上，同时使用公司投资支出、研发投资支出两个指标代表企业投资支出，首先对集团内部资本市场是否配置内部资本以支持下属企业投资进行检验；其次对集团内部资本配置是否依据投资机会进行检验；最后选取可能对集团内部资本市场产生影响的企业、外部市场环境、宏观经济变化三个层面的正式、非正式制度进行分组检验，以确保回归结果的稳健性。

其二是针对国有企业集团下属公司高管是否通过内部资本市场寻租的研究。下属公司高管是集团内部重要的决策者及利益相关者。与独立企业一致的是，由于委托-代理冲突，高管有动机及能力谋求私利，而企业集团存在的内部资本市场为下属公司高管套取私利提供了更加便利的条件。笔者对归属于不同政府层级的集团下属公司进行区分，并且将高管收入划分为显性货币薪酬、隐性在职消费两个部分。首先对集团下属公司高管是否通过内部资本市场套取个人收益进行初步检验；在此基础上选取可能对高管行为产生影响的企业、外部市场环境、宏观经济变化三个层面的正式、非正式制度进行分组检验，以确保回归结果的稳健性。

其三是针对国有企业集团总部如何通过内部资本市场输送利益的研究。国内外研究都指出，内部资本市场可能会成为控股股东输送利益的渠道；国内学者热衷于控股股东通过内部关联交易进行利益输送的研究。然而笔者认为，公司关联交易的对象并不仅限于集团内部，关联交易也并不能准确衡量集团控股股东获得利益的多寡。第四章使用股利政策来衡量集团总部输送利益的多寡，在区分公司集团归属的政府层级后，对集团总部是否通过内部资本市场转移现金流并调整股利政策进行初步检验；在此基础上选取不同层面的正式、非正式制度因素进行分组检验。

本书主要研究结论如下。

（1）针对内部资本配置的研究发现：下属公司面临的融资约束、集团总部对下属公司掠夺或支持的动机共同决定集团内部资本配置效果的差异。中央集团下属公司投资与内部资本市场现金流不相关，表明集团总部不倾向于调配资本并支持下属公司投资；甚至在分组检验中显现出集团总部的掠夺动机，公司的投资支出被减少并通过内部资本市场输送至集团下属的其他公司。地方集团下属公司投资显著依赖内部资本市场，表明总部倾向于积极配置内部资本以支持下属公司的投资，并且须考虑公司的融资约束、投资机会以及与集团总部的关联程度。中央企业集团的内部资本配置是无效的，而地方企业集团的内部资本配置是有效的。

（2）针对下属公司高管寻租的研究发现：集团总部的治理水平、集团下属公司内部人控制程度、集团总部动机共同决定了国有集团下属公司高管是否能够通过内部资本市场进行寻租。中央集团总部治理水平较高，下属公司高管难以通过内部资本市场套取个人收益，加之集团总部的掠夺倾向，公司高管个人收益甚至会被降低并通过内部资本市场转移至集团内其他公司。地方集团公司内部人控制现象突出，加之总部表现出的支持倾向，下属公司高管能够通过内部资本市场中寻租，增加个人收益。

（3）针对集团总部利益输送的研究发现：政府层级归属影响集团总部利益输送的方向。中央集团总部倾向于掠夺，通过集团内部资本市场转移现金流至适合支付股利的下属公司，以套取股利收益；地方集团总部倾向于支持，降低适合支付股利的下属公司股利支付水平，通过集团内部资本市场转出并支持集团其他公司。

本书主要的研究贡献及创新为如下几个方面。

从研究对象而言，本书以国内学者鲜少关注的国有企业集团为目标，将集团内部资本市场置于中国制度背景特色的框架中进行研究，这不仅是对中国国有企业、企业集团研究的重要补充，也能为其他新兴市场经济体中企业集团的研究提供借鉴。

从研究视角而言，本书针对国有企业集团内部资本配置的研究证据，是对国内缺乏针对国企集团内部资本配置研究的重要补充。本书第一次获得了国有集团下属公司高管是否通过内部资本市场自利的实证证据，是对国内外关于内部资本市场寻租问题研究中缺乏直接实证证据的重要补充。本书第一次从股利政策的视角获得了集团总部通过内部资本市场进行利益输送的证据，是对企业集团利益输送相关研究中仅考虑关联交易的重要补充。本书在分组实证检验中，除了正式制度因素及企业外部非正式关系因素之外，还将集团内部非正式关系因素纳入分组检验框架，并且获得有意义的结果；这是对国内企业集团研究中普遍忽略集团内部关系的重要补充。

从研究结论而言，本书针对内部资本配置的研究显示，中央集团内部资本配置无效，集团总部甚至表现出掠夺特征；地方集团内部资本配置有效率。本书针对高管通过内部资本市场寻租的研究显示，中央集团公司高管无法通过内部资本市场自利，甚至受集团总部掠夺；地方集团公司高管能够通过内部资本市场套取私利。本书针对集团总部利益输送的研究显示，中央集团总部倾向于通过内部资本市场转移资金以获取更多股利收益；地方集团总部倾向于减少公司股利收益并通过内部资本市场支持集团内其他公司。总体而言，本书针对国有企业集团内部资本市场的研究发现，中央企业集团内部资本市场运作过程中，在总部"掠夺之手"的作用下，集团总部获益；地方集团内部资本市场运作过程中，总部扮演了"支持之手"的角色，下属企业获益。从国内外研究来看，本书相关结论包含对企业集团财务决策、政府政策干预、企业投资、公司治理、股利政策等领域的创新性发现和补充，具有重要的理论及现实意义。

目 录

绪　论

一　研究背景与文献综述

（一）研究背景

在中国这样的新兴市场经济体，由于外部市场发展不完全程度高，市场交易中参与者面临交易成本、信息成本、税收、竞争，甚至参与者有限理性等诸多约束（Fama，1970）。因此，企业在经营过程中，面临有限的正净现值投资项目、有限的外部市场资金，而倾向于通过各种途径来降低外部市场不完全带来的风险、成本与约束。例如，依靠国有产权来获得外部"预算软约束"，开展多元化战略以分散经营风险，与外部建立政治关联、银企关联等非正式关系来竞争社会资源等。除此之外，企业还能通过调整其组织结构，组成企业集团，通过在集团下属企业之间进行内部化交易，以较低成本安排资本、交易、技术、劳工等问题，以应对外部市场不完全。某种程度上而言，建立企业集团并通过内部化交易，成为新兴市场上替代不完全的外部市场的制度安排（Khanna and Palepu，2000）。

内部资本市场（Internal Capital Market）是企业集团内部市场的重要组成。最早 Alchian（1969）、Williamson（1970，

1975）等学者针对西方 M 型联合大企业的研究发现，由于存在内部资本市场，这些大企业的资本配置效率更高，并能够缓解其面临的外部融资约束。之后西方学者从各个方面进行了研究，涉及内部资本配置是否有效、是否能够降低融资约束、是否能在一定程度上弥补外部资本市场不完全带来的风险成本（Gertner et al.，1994；Berger and Ofek，1995；Stein，1997；Shin and Stulz，1998；Scharfstein and Stein，2000；Rajan et al.，2000）等一系列问题。由于集团型企业在新兴市场经济体中更为广泛的存在，学者们也逐渐拓展了针对韩国、俄罗斯、墨西哥等国家进行的研究（Chang and Choi，1988；Shin and Park，1999；Perotti and Gelfer，2001）。

在中国，企业集团也广泛存在，由于资本市场渐进式改革、股权高度集中、金字塔式交叉持股等原因，我国资本市场大量上市公司可以归属于集团。过去十余年间，国内学者在借鉴西方研究成果的基础上，对内部资本市场中资本配置、融资约束等问题展开了较为深入的研究；同时，部分学者在考虑我国国情的基础之上，认为控股股东主导下的关联交易是我国企业集团内部资本市场的主要表现形式，并且容易异化为控股股东进行利益输送的渠道（黎来芳，2005；万良勇、魏明海，2006；杨棉之，2006；郑国坚、魏明海，2007，2009；邵军、刘志远，2007；刘星等，2010）。然而，近年来集团内部资本市场的研究数量有所下降，在王化成等（2011）的研究中也指出："国内学者对于内部资本市场的研究仍旧处于起步和借鉴阶段，缺乏基于中国背景的系统研究"。那么，何种关于内部资本市场的研究才能体现中国背景呢？

　　内部资本市场的承载主体是企业集团。中国的企业集团，可以根据实际控股股东产权性质将其划分为民营系族以及国有企业集团。十余年来，尽管民营系族企业集团发展迅猛，但在资本市场普遍受到信贷歧视，加之系族内部存在大量关联交易、内部人利益输送的问题，因此民营系族集团的内部资本市场受到国内学者的普遍关注。然而，本书认为国有产权的企业集团更加能够体现内部资本市场研究的中国背景。原因在于：其一，在不同层级政府监管下，集团总部对于下属企业之间的内部资本配置，很大程度上是在遵循政府政策的基础上做出的，带有较为浓厚的政治色彩，并要综合考虑政治方针、社会责任、基础设施建设、经济效益等因素；与民营企业追求效益或控制人利益输送的内部资本市场决策有很大差异。同时，由于政府背景，国有企业集团受到了外部市场不同程度的政策支持或管制，如预算软约束、薪酬管制等，这些政策会通过影响外部融资或内部人利益等因素，进而影响集团内部资本配置的决策及效果。其二，国有企业集团是在渐进式的市场化改革中，国有大型企业通过分拆上市、收购兼并等途径分批进入资本市场而逐渐形成的。这些国有大型企业规模庞大，经过不断的分化和整合，除了集团总部通过直接或间接持股控制了大量上市公司之外，还存在大量未上市的机构和组织。从马永强、陈欢（2013）、Cai and Zheng（2016）的研究对企业集团的数量统计来看，2003～2013年我国在资本市场公开上市的可归属于集团的公司样本4900余个；2005～2010年民营上市公司样本417个，可附属于204个系族。本书所整理的数据中，2004～2013年我国国有集团下属上市公司样本达3972个，其中归属于93家中央集团的样本 2328 个，归属于 125 家地方集团的样本 1644 个。可见国有集团下属上市公司的数量远大于民营系族上市公司。其三，民营企业集团实际控股股东多为自然人或家族，而国有企业集团实际控股股东则多为集团总部（或总公司）。国有集团总部相对民营集团控股股东有以下几点区别：由于集团总部权威控制及治理能力更强，集团总部能够在内部资本市场资源配置中发挥主导作用；集团总部配置内部资本并不为了追求私利，而需要在下属公司及集团整体发展之间进行权衡；由于两权分离程度较低、股权相对更为集中，集团内部资本市场运作空间更大；在不同层级政府的监督管理下，集团总部主导的内部资本配置，对于下属公司有可能是支持，也有可能是掠夺；除了配置内部资源，集团规模效应能为下属公司在外部市场经营带来便利及优势；集团权威之下对下属公司的控制方式，不仅在于掌握股权、主导经营决策、制定契约对内部人进行激励管理，还在于集团较为严密的行政化组织结构，以及可以为下属公司提供的其他性质激励，如政治升迁。其四，国内学者热衷于研究民营企业集团内部资本市场的缘由，很大程度上民营产权在外部市场所可能遭受的资源歧视，而突出了内部资本市场的存在及应用研究价值。但本书认为，尽管国有产权能够享有外部市场资源优势，但这种来自政策扶持而非市场竞争力的优势与我国市场化程度不完全的发展现状相一致，其内部资本市场决策必然会有较为独特的表现。

（二）文献综述

1. 委托 - 代理理论

企业集团内部资本市场的研究是建立在委托 - 代理理论框

架之上的。委托－代理理论是制度经济学中契约理论的重要内容。该理论始于 20 世纪 70 年代初，在 Spence and Zeckhauser（1971）、Ross（1973）等针对企业内部信息不对称与激励问题进行深入研究的基础之上，逐渐发展而来。委托－代理理论核心内容是在利益冲突与信息不对称环境下，委托人设计最优契约以激励代理人的决策过程（Sappington，1991）。该理论主要观点认为：随着生产力发展和规范化生产的出现，专业化分工进一步分化了委托人和代理人的职能，拥有权力和财富的委托人倾向于委托具有专业知识和技能的代理人来完成其委托的专业性工作。在此过程中委托人与代理人所面临的效用函数并不一致。委托人目的在于追求自身财富最大化，而代理人则追求自身工资、津贴收入、奢侈消费、闲暇时间最大化，这必然导致委托－代理之间的利益冲突，在缺乏有效制度安排时，代理人行为可能损害委托人利益。委托－代理冲突同时与双方信息获取程度相关，当双方拥有对称信息时，代理人行为能够被观察并评价，委托人由此对其行为实施奖惩，此时，帕累托最优风险分担及努力水平都可以达到。然而，在非对称信息状态下，委托人不能观测到代理人行为，仅能依靠代理人行动及其他外生随机因素决定的相关变量来判断代理人的行为效果。那么，委托人会选择满足代理人参与约束、激励相容约束的激励合同以最大化其期望效用。在此基础上，学者们使用不同的模型来讨论委托－代理关系，例如 Radner（1981）、Rubinstein（1979）等从重复博弈的角度证明，在委托人和代理人保持长期关系的过程中，通过"声誉效应"等作用，帕累托最优风险分担及努力水平能够实现；Fama（1980）、Holmstrom（1982）进一步证

明了这一观点。然而，Holmstrom and Costa（1986）发现，委托
－代理关系中存在"棘轮效应"，委托人及代理人之间风险分担
并不一致，代理人认为自身行为反映其能力，而股东则认为委
托是为了其资产的回报；人力资本、资本回报的不一致性可能
导致股东在获得高收益时归因于资本的生产率而非人力资本，
以此提高对代理人的要求；而同时代理人发现自身努力获得的
高收益会带来更高要求，则其积极性会降低；因此，该模型中，
委托－代理的长期关系弱化激励机制。另外，Holmstrom and
Milgrom（1991）从代理人多任务的视角出发，认为多任务情境
下对代理人使用固定激励可能由于根据可观测变量进行奖惩的
激励。McAfee and McMillan（1991）、Itoh（1991）则考虑多个
代理人的情形，认为在团队代理人的情况下，个体代理人会独
立选择努力水平而共同创造产出，个人对产出的边际贡献依赖
于其他代理人的努力而无法独立观测，因此团队工作可能导致
个体代理人偷懒的"搭便车"行为，需要委托者的积极监督。
Holmstrom（1982）在此基础上证明，抑制"搭便车"行为的关
键在于打破预算平衡并进行"团体惩罚"或"团体激励"，而
委托者监督仅在大规模团队、双方面临初始财富约束、代理人
风险规避倾向的条件下适用。Lazear and Rosen（1981）、Green
and Stokey（1983）提出了锦标制度用以解决多代理人从事相关
工作中的委托－代理问题，即使用相对业绩评价来制定激励，
代理人所得不仅依赖其产出，也同样依赖其他代理人产出；锦
标制度易于操作并且在一定程度上能够避免道德风险（Malcom-
son，1984）。一些学者认为，在委托－代理关系中必然存在监
督问题，委托人能够通过各种手段加强对代理人的监督以确保

激励效果，但同时需要付出成本，因此需要确定最优监督力度
（Shapiro and Stiglitz，1984）。

2. 信息不对称理论

在委托－代理理论框架基础之上，企业集团内部资本市场
研究的另外一个重要理论基础在于交易双方的信息不对称性。
信息不对称理论是近 30 年来西方微观经济学理论中最为活跃的
研究领域之一。在现实经济活动中，由于信息不对称的现象广
泛存在，而难以实现市场的完全有效。所谓信息不对称，即市
场中交易的双方均无法获得完全的信息，某一方获得信息的时
间、内容及质量与另一方并不一致，获取信息需要付出成本。
信息不对称性改变了古典经济学的基本假设，可能会产生几种
现象。最典型的是道德风险，指在信息不对称的情况下进行经
济活动的人最大限度增进自身效用时做出的不利于他人的行为。
在信息不对称导致的道德风险情境下，委托－代理关系中不利
事件的发生概率增加，资源无法实现优化配置，需要在信息不
对称的情况下设计激励合约以使经理人选择对委托人有利的行
为。在资本市场中，道德风险可能导致第一类委托－代理关系
中的矛盾激化，即由于股东与管理者信息、效用函数都不一致
的情况下，管理者有动机自利并可能损害股东利益（Jensen and
Meckling，1976）；也有可能导致第二类委托－代理关系中矛盾
激化，即由于大小股东之间信息、效用函数不对称而可能引发
大股东自利以损害小股东利益的情况，例如利益输送等（La
Porta et al.，1999）。

另一种典型现象是逆向选择，即在信息不对称的情况下，
信息劣势的一方可能做出的错误选择。证券市场中，逆向选择

主要由于企业家掌握的企业价值信息量大于投资者，或者大股东掌握的企业价值信息量大于小股东，加之信息风险无法通过多元化组合降低（Barry and Brown，1985；Handa and Linn，1993），因而大股东及内部人能够利用信息优势赚取超额报酬，处于信息劣势的投资者或者小股东则需要承担信息风险进而导致可能的错误选择。逆向选择可能使利益受损的投资者在长期交易中退出市场而导致市场失灵；可能由于投资者无法识别信息而仅愿意为投资支付平均价值的价格而导致"柠檬效应"（Akerlof，1970），驱逐好企业留下差企业而导致市场失灵；能力相对低的管理者可能隐瞒坏消息，不仅使投资者无法了解企业经营情况，也降低了管理者的市场淘汰概率，进而降低公司经营效率。总之，信息不对称下的逆向选择会导致资源配置的无效而使市场失灵甚至崩溃。

3. 企业集团财务决策：形成及发展

企业集团的形成源于外部市场不完全下的产权制度不健全（Maurer and Sharma，2001）、信息不对称（Ghatak and Kali，2001；Kali，2003）、代理成本、社会差异等（Tsui‐Auch，2005）因素。由多个独立法人企业组成的企业集团在新兴市场国家普遍存在，然而不同国家企业集团存在很大差异。从企业战略而言，有的以纵向一体化进行集中产业经营，有的则以横向多元化战略进行；从所有权与控制权结构而言，有的通过金字塔形层级控制，有的则以交叉持股横向联结；从社会关系而言，某些国家的企业集团与政府紧密联系，而另一些国家的企业集团与政府则关系紧张（Khanna and Yafeh，2007）。

从是否多元化角度加以分析，多元化的有利方面包括：当企业某些资源在主营业范围之外配置也能产生收益时，多元化有利于股东收益；当外部市场功能不完善时，多元化也许能够规避风险。多元化的不利方面包括：由于存在多个分部管理者而导致代理成本增加（Rajan et al.，2000；Scharfstein and Stein，2000），许多研究针对集中与多元化经营的企业绩效进行对比，对于美国的研究基本能够得到"多元化损害股东价值"的结果（Lamont and Polk，2002；Burch and Nanda，2003；Laeven and Levine，2007；Kuppuswamy and Villalonga，2010），但针对其他国家的研究证据却不趋同一致。在美国研究的基础之上，对于其他市场（尤其是新兴市场），研究取得了集团多元化有利于企业价值的一些结果（Khanna and Yafeh，2007；Fauver et al.，2003；Claessens et al.，2002）。部分学者推断，市场制度越不发达，企业集团多元化倾向越高并且越可能产生溢价。然而，Khanna and Yafeh（2007）对不同国家的制度环境因素深入研究后提出，多元化经营的企业集团成本、收益及经济、制度发展的相互作用相对复杂，难以简单概括；即使在新兴市场中，也有可能存在与美国类似的多元化折价现象。此外，早期研究认为，美国制度不够发展相对不完善时，企业集团通过内部资本市场进行融资，相比外部市场更具效率性，多元化折价现象较少。这引发了后来诸多针对企业集团内部资本市场的研究，研究对象涉及智利、韩国、印度、俄罗斯、墨西哥等新兴市场经济体，得出的结论也不完全趋同。Khanna and Yafeh（2007）的研究指出，仅在极少数新兴市场经济体中内部资本市场能表现出效率，尤其在韩国。从各方面的证据而言，由于制度及其他因素的差异较大，从内部资本市场来解释多元化折价或多元化溢价并不能得出较为一致的结论。除了从资本市场的角度进行的分析之外,也有研究从其他角度分析企业集团存在的原因,认为多元化战略下对集团内部创新创业、人才市场、产品市场的促进作用是集团的优势所在(Maurer and Sharma,2001)。

从企业集团的所有权及控制权角度加以分析,金字塔企业集团中存在较大程度的控制权及现金流权分离(Bebehuk et al.,2000;Morck and Yeung,2003),加之新兴市场外部制度的不完善,使得大股东的利益侵占行为更加典型和突出;然而,一些研究证据也发现金字塔企业集团中大股东也可能进行支持(Bae et al.,2002)。企业集团所有权与控制权相关研究中有一个较为重要焦点在于家族式企业集团,Fogel(2006)的研究认为家族集团能在一定程度上降低外部制度环境缺陷带来的不利影响;而许多(Chung and Mahmood,2006;Claessens et al.,2000)针对东南亚国家的研究也证明了家族式企业集团的普遍存在。

从社会关系角度加以分析:在许多国家,企业集团经常能在与政府的密切关系中获益,因此被看作依靠政府寻租的寄生虫;大量证据认为新兴市场企业集团的确是在政府支持下产生的,如日本(Choi et al.,2014)、韩国(Lee et al.,2009)、马来西亚(Gomez and Jomo,1999)、俄罗斯(Guriev and Rachinsky,2005)、中国(Keister,2004)等。然而,企业集团发展成熟之后,其与政府之间的关系存在较大的差异。除了共生与支持之外,也存在着许多政府损害企业集团利益的现象,例如 Khanna and Palepu(2000)、Morck and Yeung(2003)等针对印度、美国等研究所获得的证据。尽管主流研究认为政府对企业集团的干预并不利于整个社会市场的发展,但企业集团在政府帮助下能够积极推动该国家多产业发展，社会福利水平得到提高（Morikawa，1992），社会税收降低。除了考虑私营企业集团与政府的关系之外，Keister（2004）的研究发现中国政府主导下成立并施惠于国有企业集团的同时，却歧视私营或家族型企业集团。另外，企业集团也可以运用政府背景及影响力发挥对外部市场的主动性（Rajan and Zingales，2003）；也可能通过财力、先驱优势、与政府的关系等达到排挤竞争者，实现市场垄断的效果（Weinstein and Yafeh，1995）。Granovetter（1995）的研究则表明，企业集团所追求的目标并不仅限于经济效率，而承担了非经济的职能，并且各国之间企业集团表现出的巨大差异可能关键在于经济效率之外的社会、文化、制度甚至规范的影响。

4. 企业集团内部资本市场：早期研究

企业集团优势在于内部化并存在内部资本市场的观点获得了绝大多数学者的认可。使用中文社会科学引文检索（CSSCI）对篇名"内部资本市场"进行检索，仅得到历年文献79篇，主要涉及内部资本市场与绩效、融资、投资效率等方面。这一方面说明企业集团内部资本市场的研究在我国已经积累了一定研究成果，另一方面也反映出相关研究无论在广度还是深度上都还发展得不够完善。He et al.（2013）的研究指出，研究中国企业集团的内部资本市场是十分有意义的。首先，中国企业集团广泛存在，尽管企业集团的分部数据是不完全对外公布的，但是企业集团主要下属企业都在资本市场上公开发行股票，上市公司信息披露较为完善，为研究企业集团及子公司的经营决策提供了很好的条件。另外，中国作为最大的新兴市场经济体，外部资本市场完善程度低，投资者保护水平差，随之而来的就是外部市场的高成本和风险水平。在这样的市场环境中，企业集团有强烈的动机通过建立内部资本市场，克服外部资本市场不完善带来的高成本和高约束，并且对资源配置及经理人决策进行更有力度的监督。在中国这样制度发展不够完善以及政府干预程度较高的制度背景下，内部资本市场在企业决策中发挥着更大作用，从而使得这类研究具有更重要价值。

综观现有文献，企业集团内部资本市场的理论基础来自新制度经济学派的交易成本以及产权理论，并伴随着企业并购以及多元化战略而逐渐发展。Alchian（1969）第一次明确地提出"内部资本市场的概念"，认为通用电气公司内部的投资资金市场增加了内部借贷双方之间信息有效性，通过内部优化资源配置，实现经济增长。此后 Williamson（1975）第一次提出了"内部资本市场"的概念，认为大型联合企业通过兼并收购所形成的内部资本市场降低了企业在外部市场上可能面临的高昂的成本。Grossman and Hart（1986）、Hart and Moore（1990）等人的研究则使内部资本市场的规范性研究进入了快速发展时期。Leff（1978）首先提出发展中国家企业可以利用内部资本市场来克服外部市场不完全的缺陷；Khanna and Palepu（1997）则将内部资本市场的试用范围从 Alchian、Williamson 的 M 型大企业拓展到了 H 型企业集团。已有学者的研究基本围绕 ICM 的存在性、ICM 的配置效率、内外部资本市场的关系等视角展开。20世纪 90 年代前后，对企业多元化的研究大量出现，主要集中于对多元化折价和溢价之谜的解释，许多研究将内部资本市场的存在作为解释多元化的重要因素（Hoskisson and Hitt，1990；Montgomery，1994）。

5. 企业集团内部资本市场：融资约束、资本配置与总部权威

由于外部市场不完全，代理冲突及信息不对称的存在，资金流动中存在风险性交易成本，使企业投资行为受到外部市场的融资约束。当企业集团存在内部资本市场时，在集团总部的权衡调配下，分部可以较低成本和风险获得集团总部及下属各分部提供的内部资本，并且集团整体能够产生协同效应，使得分部在外部市场的融资成本也降低，由此集团型企业融资约束降低。缓解融资约束的功能被称为"多钱效应"，并得到大多数研究的支持：Claessens et al.（2002）的研究指出处于财务困境的公司能够获得集团提供的内部资金。Billett and Mauer（2003）的研究认为融资约束的高低决定集团内部资本市场是否能够增加企业价值。Campello（2002）针对银行集团的证据表明银行总部主导下的内部资本市场能够缓解不同市场子公司的融资约束。Hoshi et al.（1991）的研究针对日本市场，Shin and Park（1999）的研究针对韩国市场，He et al.（2013）的研究针对中国市场，都发现了内部资本市场缓解融资约束的证据。Cline et al.（2014）研究发现内部资本市场不仅能够替代高成本的外部融资，还能起到在企业对外融资过程中规避监督的作用；Boutin et al.（2013）发现内部资本市场缓解融资约束后，进一步会影响产品市场决策。国内邵军、刘志远（2007），银莉、陈收（2010），谢军、黄志忠（2014）等也取得了相似的结果。

在"多钱效应"的基础之上，内部资本市场还被认为具有"活钱效应"，即集团内部资本市场可以使内部资金流向投资价值更高的分部，从而提高资本的配置效率，然而资本效率的提高需要一定的条件才能达到。如 Stein（1997）研究发现，总部 CEO 持股比例越高，内部资本配置的效率越高；Scharfstein and Stein（2000）的研究进一步指出，分部间差距较小、对总部 CEO 的监督都有助于提高集团内部资本配置的效率。Gaspar and Massa（2011）、Duchin and Sosyura（2013）的研究都发现，当集团总部 CEO 与分部经理存在关联时，高投资机会的分部资本配置效率更容易获得提高。然而更多研究认为集团内部资本市场是无效率的（Ozbas and Scharfstein，2009）。原因之一在于分部是否能获得内部资本，并不取决于投资机会和潜在收益，而可能取决于分部经理的权力、与总部 CEO 之间的关系（Glaser et al.，2013；Gaspar and Massa，2011）。原因之二在于集团存在双层代理冲突，除了外部投资者与集团管理者之间的经典代理冲突之外，集团总经理与各公司经理之间也存在代理关系，并且容易造成内部资本市场的无效配置（Rajan et al.，2000；Scharfstein and Stein，2000）。原因之三在于集团总部通常更遵循社会主义原则，对下属公司之间进行交叉补贴，并且更加倾向于对面临财务困境的公司分配资金，而不考虑投资前景（Stein，1997；Claessens et al.，2002；Almeida and Wolfenzon，2006）。原因之四在于外部宏观经济环境的变化，Lee Park and Shin（2009）针对韩国企业集团的研究发现，金融危机爆发降低了集团内部资本配置效率。Ahn and Denis（2004）的研究发现集团型企业分拆上市之后，企业投资对投资机会的敏感性增加，投资效率提高，多元化折价的现象消失，这也从另一方面证明了内部资本市场无效率的观点。

国内学者的研究为内部资本市场的无效率提供了大量证据。

如王峰娟、谢志华（2009），夏南强、宋硕（2014）的研究发现多元化程度、分部相关性影响集团内部资本市场的投资效率。银莉、陈收（2010）的研究发现，集团内部资本市场的配置效率受外部融资约束影响，当外部融资约束低时，内部资本配置无效，并且会导致过度投资。杨棉之等（2010）指出我国企业集团内部资本市场效率普遍偏低，并且民营集团低于国有集团。谢军、王娃宜（2010）的研究认为，尽管集团总部趋向于有效配置内部资本，但总部与下属公司之间的代理冲突会导致资本配置无效。陈良华等（2014）的研究认为，分部经理的机会主义行为有损集团内部资本市场的配置效率。邵军、刘志远（2007）对我国民营家族集团的案例研究也证明了内部资本配置的无效性。

国外关于集团内部资本市场的研究中，都隐含重要前提假设，即内部资本市场是在集团总部统一掌控和调配下存在并运行的；在总部权威控制的前提条件下，内部资本配置才能开展，并且可能由于分部的一些特征及主动机制而有所差别。如 Shin and Stulz（1998）的研究专门强调集团总部统一配置集团资源；Matvos and Seru（2014）的研究强调集团总部具有决策权及资源配置权，并且统一进行投融资决策。其他如 Shin et al.（2009），Peyer and Shivdasani（2001），Ahn and Denis（2004），Almeida and Wolfenzon（2006）的研究都对这一点做出了具体说明。而国内研究则普遍忽略了集团总部的作用，更加倾向于使用控股股东加以替代，这更适用于民营企业集团，而不适用于国有企业集团。

6. 企业集团内部资本市场：研究前沿及趋势

近年来关于内部资本市场一个研究重点在于集团管理层，

即集团总部 CEO 与分部经理之间的关联对于集团内部资本配置的影响。总部关联包括正式层面的关联，例如由总部 CEO 赋予分部经理的权力，也可能包括非正式层面的关联，例如分部经理与总部 CEO 曾经或现在有相同的工作、学习、社会团体经历，并且在同一非营利机构任职等。Gaspar and Massa（2011）的研究则指出，集团总部 CEO 和部门经理之间的关系在内部资本市场中发挥着重要的作用，与总部 CEO 有关系的集团下属分部投资水平更高，且对部门现金流短缺不敏感，但投资对集团其他企业的现金流水平敏感程度高；从集团整体角度而言，派遣与总部存在关联的经理管理高投资机会分部，有助于进一步提高资本配置效率与企业价值。Glaser et al.（2013）的研究进一步指出，内部资本配置并未依据投资前景；跨国企业集团中，分部经理越有势力，与总部 CEO 之间关系越密切，两者之间维系的纽带越多，就越容易获得内部资本；这加剧了内部资本的无效配置和非效率投资。Duchin and Sosyura（2013）也同样对部分经理在集团内部资本配置中发挥的作用进行研究，认为部门经理的作用还取决于企业集团内部信息环境与公司治理水平：当部门经理拥有更多投资机会信息，且与总部 CEO 之间联系更加密切时，能进行更高效率的投资；当公司治理水平较低时，部门经理与总部 CEO 是否存在关联都不影响投资效率。国内研究对于集团总部与下属企业之间的关联不够重视，没有特别针对这一主题的研究成果。

宏观经济环境的剧烈变化对于集团内部资本市场的运行效果也会产生影响，这一直是相关研究的重点。Classens et al.（1999）对 1997 年东南亚经济危机爆发期间亚洲多国企业集团内部资本市场进行考察，发现集团内部筹集的资金多用于高风险投资，经济上行时期内部资本市场在越不发达国家越能获得更多收益，而经济下行期间内部资本市场导致多元化折价。Castaneda（2002）对墨西哥20世纪末金融危机中的分析表明，当银行体系崩溃以及外部融资来源（银行等信贷机构）破产时，集团内部资本市场能够充当金融缓冲器，帮助集团企业稳定利润增长，渡过经营难关。Shin et al.（1999、2009）对韩国大型企业集团1997年、2008年金融危机期间的分析表明，危机爆发前集团内部资本配置效率高并且能够放松融资约束；危机爆发时，政府对外部融资市场的干涉使企业易于获得外部融资，外部债务市场成为集团内部资本市场的替代。Kuppuswamy and Villalonga（2010）对美国企业2007~2009年的研究发现，企业集团内部资本市场能够降低融资约束并提高投资效率，这种优势在危机爆发期间尤为显著。Matvos and Seru（2014）对于2008、2009年金融危机期间银行业的研究更发现，内部资本市场能起到应对金融混乱的缓冲器作用。国内学者近年来也就这一主题进行了研究，如马永强、陈欢（2013）对2008年金融危机爆发期间民企内部资本市场研究表明，危机爆发前期民营上市公司内部资本市场优化了资本配置，在危机爆发时内部资本市场却被外部债务市场所替代。刘星、计方和付强（2013）的研究也指出，内部资本市场能起到对外部冲击的缓冲作用，当紧缩的货币政策来临时，企业集团投资规模受货币政策影响小得多。

二　研究内容与意义

在相关研究成果梳理基础上可以发现，对企业集团内部资本市场的研究对于中国具有十分重要的意义，但仍旧缺乏体现中国制度背景的研究。本书认为：国有产权能够显著地体现中国企业集团特征。因此，本书以国有企业集团下属上市公司为研究主体，以集团内部资本市场为研究对象，在结合制度背景对研究主题涉及的相关理论、文献进行回顾的基础之上，对国有企业集团内部资本市场的运作机制进行研究。首先，讨论国有企业集团内部资本市场如何发挥内部资本配置的基本功能；其次，讨论集团下属企业内部人如何通过内部资本市场寻租；最后，讨论集团总部如何通过内部资本市场进行利益输送，综合三方面的研究结论，试图获得中国国有企业集团内部资本市场运作的根本特征及受益主体的证据。书中各章具体内容如下。

第一章　国有产权、企业集团与内部资本市场：基于制度背景的分析。结合中国制度背景特征，首先梳理企业集团的存在及发展过程，分析并选择企业集团内部资本市场的度量方法；进而回顾中国国有企业、国有企业集团的发展历程与特征表现；在此基础上对中央、地方政府分别监管的国有企业由于外部制度环境、自身条件影响而在决策中可能存在的差异进行分析。

第二章　公司投资与国有集团内部资本市场：基于内部资本配置的视角。本章根据投资-现金流敏感原理，对国有集团是否通过内部资本市场进行内部资本配置以支持集团下属公司投资的问题进行研究。首先，检验国有产权和集团归属是否影响公司投资支出。其次，考察不同政府层级监督管理的集团公司投资支出是否与内部现金流相关，进一步地，考察国有集团公司投资是否与集团内部资本市场现金流相关，内部资本市场现金流的配置是否与投资机会相关。再次，对单独使用相对普通投资而言成本更大、风险不确定性更强的研发投资进行回归，以确保本章基础结论的稳健和普适性。最后，根据不同层面的正式、非正式制度差异进行分组检验，从不同角度提供证据以支持集团内部资本配置的证据。

第三章　高管个人收益与国有集团内部资本市场：基于内部人寻租的视角。本章考察国有集团公司高管是否存在通过集团内部资本市场套取货币薪酬或者在职消费，增加个人收益以满足其自利动机的现象。首先，本章检验了国有产权及集团归属对高管货币薪酬、在职消费的影响差异。其次，对不同政府层级所控制的集团公司高管个人收益与内部现金流水平的相关关系进行检验，并进一步考虑集团存在内部资本市场的情况下，国有集团公司高管的个人收益与集团内部现金流水平的相关关系，以获得高管是否通过集团内部资本市场套取个人收益的证据。最后，本章依据不同层次的正式、非正式制度的差异性对本章基础结论进行分组检验，从不同视角提供证据并证明本章基础结论的稳健性。

第四章　股利政策与国有集团内部资本市场：基于总部利益输送的视角。本章研究国有集团总部是否存在通过内部资本市场转移现金流，操纵公司股利政策，以进行掠夺或支持的现象。首先，针对国有产权以及集团归属是否影响公司现金股利支付的可能性及支付比例进行分析和检验。其次，考虑不同政府层级所管辖的国有集团下属公司股利支付政策与内部现金流的关系。再次，检验不同政府层级所管辖的国有集团公司股利支付政策与集团内部资本市场现金流的关系，以寻求国有集团公司是否在集团总部的操控下通过内部资本市场调整股利政策的证据。最后，从不同层面的正式、非正式制度对集团下属企业进行分组检验，以从不同角度提供证据支持本章结论的稳健性。

第五章　国有产权、政府层级与集团内部资本市场运作机制：特征及展望。本章旨在对前文各部分研究结论进行归纳总结，指出国有企业集团内部资本市场运作的核心特征，并提出政策建议。

本书以国内鲜少关注的国有产权企业集团下属上市公司为研究对象，以集团内部资本市场为研究切入点，试图从资本配置、内部人寻租、控股股东获益三个方面获取中国国有产权企业集团内部资本市场运作的核心特征以及受益主体的证据，具有重要的理论及现实含义。

从研究对象而言，现有研究普遍忽略了更加能够体现中国制度背景特征的国有产权企业集团中相关财务决策的研究。本书以国有产权企业集团为研究对象，是对国有企业、企业集团财务决策的重要补充。

从研究视角而言，现有的文献中，对于集团内部资本市场是否有效的评价都相对片面，仅从某一角度来判断内部子市场的有效性。本书认为，集团内部资本市场是否有效是一个综合的评价过程。企业集团内部资本市场的有关决策是在总部权威下统一进行的，其基本功能表现为内部资本配置；在资本配置过程中造成了资金在集团下属企业之间流动，因此内部人可能通过职务便利对内部资本市场提供的资金进行寻租以满足自利；而控股股东（即集团总部）也有可能通过内部资本市场进行利益输送。本书选择此三个方面进行理论和实证的分析，并结合研究结果综合判断及评价国有集团内部资本市场的有效性，是对国有企业集团内部资本市场较为完整、深入、系统的研究。同时，尽管相关研究讨论了集团内部资本市场中可能存在的寻租问题，但对于下属公司高管通过内部资本市场套取个人收益的实证证据却十分缺乏；尽管现有研究，尤其是国内学者十分注重控股股东通过内部资本市场进行利益输送问题，但多以关联交易为视角展开，却鲜少关注控股股东的直接收益。因此，本书在研究视角上具有较高的创新性，是对集团内部资本市场研究领域的重要补充。

从研究结论而言，本书的研究得出了如下重要结论。（1）关于内部资本配置的研究发现：政府层级归属影响集团总部的内部资本配置决策，中央集团公司投资不显著依赖内部资本市场，表明集团总部不倾向于调集资本并支持集团内公司投资，甚至在一定条件下还表现出掠夺倾向，公司投资支出被减少并通过内部资本市场转出；而地方集团公司投资显著依赖内部资本市场，集团总部倾向于积极配置内部资本以支持下属公司投资。（2）关于集团下属公司高管个人收益的研究发现：政府层级归属影响公司高管寻租的动机和能力，中央集团公司高管不能通过内部资本市场套取个人收益，相反高管个人收益在需要的时候会被减少并通过内部资本市场转出，这表明中央集团总部对下属公司的监管控制更强、治理更加有效，但同时不利于下属公司高管激励；地方集团公司高管能够通过内部资本市场套取个人收益，反映出地方集团总部治理机制的不完善，导致公司内部人控制现象突出，高管通过内部资本市场自利。同样，中央集团公司高管在职消费被降低并通过内部资本市场转出；而地方集团高管通过内部资本市场套取在职消费。（3）关于集团总部利益输送的研究发现：政府层级归属影响集团总部利益输送的方向。中央集团总部倾向于掠夺，通过集团内部资本市场转移现金流至适合支付股利的公司，以套取股利收益；地方集团总部倾向于支持，降低下属公司股利支付水平，通过集团内部资本市场转出并支持其他企业；中央集团总部套取股利的程度较低；地方集团总部减少股利以支持其他企业的程度较高。以上结论不仅全面、深入地解释了集团内部资本市场的运作机制及利益相关者的行为，也是对现有集团内部资本市场研究结论的重要补充。

三 研究方法与逻辑框架

本书以公司财务理论为研究范畴，在委托－代理理论、信息不对称理论、企业集团内部化理论的基础上，根据集团内部资本市场的相关原理，从投资理论、公司治理理论、股利政策理论等出发，结合我国制度背景对本书主题进行理论研究。在此基础之上通过运用我国上市公司公开披露的数据，对本书主体进行以描述统计、连续变量的多元回归（OLS Regress）、离散变量的多元回归（Logit Regress）、受限多元回归（Tobit Regress）等研究方法为主的实证研究；进一步考虑影响本书研究主题的各种因素进行反复分组检验以确保本书结论的可靠性。最后得出研究结论。本书研究框架如下图所示。

緒　论 • 023

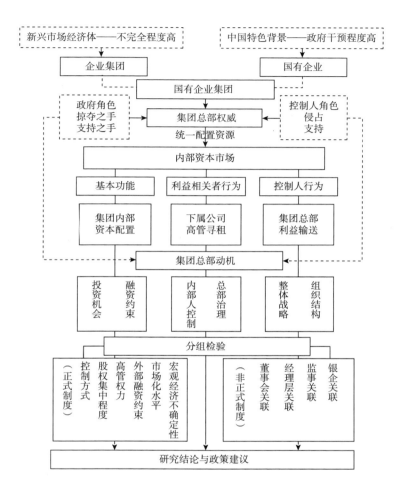

第一章

国有产权、企业集团与内部资本市场：
基于制度背景的分析

一 企业集团的存在及发展特征

企业集团广泛存在于除美国以外的全球各个国家和地区（Almeida and Wolfenzon，2006），并且在地区及全球经济中起到重要的作用。不同国家对企业集团的称谓不一：韩国称为"Chaebols"，日本称为"Mitsubishi"，德国称为"Konzerne"，拉丁美洲称为"Grupos"、美国称为"Business Groups"，中国大陆称为"企业集团"以及中国台湾称为"关系企业"等。事实上，企业集团在新兴市场国家更为普遍（Khanna and Yafeh，2007）。

企业集团缘何存在？从制度经济学的角度加以解释：企业集团可以共享资源、减少交易成本。共享资源的说法获得了学者们的普遍接受，而减少交易成本的观点更多来源于新兴市场的研究证据。在新兴市场中，外部市场不完全程度高，企业通过组成集团的形式，在集团内部进行内部化交易，以较低成本安排资本、交易、技术、劳工等问题，以应对外部市场不完全。新兴市场中企业集团的内部化交易成为替代不完全的产权保护机制及外部市场的制度安排（Khanna and Palepu，2000）。

从经济学资源理论的角度加以解释：企业竞争优势来自于其占有资源及能力的集合，企业集团这种特殊的组织形式，经过不断的整合，其内部可能存在一些外部市场无法获得的实物资源、信息资源、人力资源等，资源的积累使得企业可以不断地进入新的产业，展开多元化经营并进一步地扩大集团组织规模，在组织内部实现资源的共享（Guillen，2000）。

从社会学角度加以解释：企业由社会制度、社会体制和社会企业决定（青木昌彦，2002），由于社会制度、关系、体制、规范、文化等因素的差异，企业通过建立集团来协调其成员的发展。所有者和经理人之间存在社会族群联系并嵌入到企业集团的经济活动中，贯穿合同实施机制，这种通过社会关系网络形成的非正式交易规范成为交易双方信任合作的基础。

从政治学角度加以解释：在政府对经济的干预基础之上，企业根据政府方针对经济政策进行组织整合与扩张，形成企业集团之后，在政府的支持下获得制度资本，在很大程度上成为国家干预经济的工具（Prechel，2000）。

在此基础上，Granovetter（1995）、Khanna and Rivkin（2001）、Khanna and Yafeh（2007）等学者从广义上定义企业集团，认为其依靠非正式的社会关系、纽带，以及正式的股权结构而建立；Khanna and Palepu（2000）、Khanna et al.（2005）等研究则认为尽管不同国家企业集团之间表现形式及经营方式存在较大差异，但最核心的要素就是共同控制权；Khanna and Yafeh（2007）进一步指出了企业集团的三个重要特征：独立法人资格的企业组成、通常涉及多元化的行业、由正式的或非正式的纽带相连接。

国内学者近年来也针对企业集团展开了一系列的研究，并对企业集团的定义进行了具体的描述。吕源等（2005）认为企业集团有三个基本特征：一是内部各成员具有独立法人资格、相对独立的经营地位和决策权力；二是有主导的个人、家族或企业以控股的方式掌握；三是成员间通过交叉控股、参股、关联交易等形成法律、经济和社会纽带，并以此抵御外来竞争或威胁。蓝海林（2007）认为企业集团本质是法人联合体，代表多个法人企业之间长期、稳定和密切的关系；内部成员之间的关系繁多且复杂，除了企业之间的正式关系，转型经济体中的企业集团还包括了社会、行政等关系。郑小勇、魏江（2011）认为企业集团本质是一群法律上独立的企业通过股权、家族、经营等联合起来，由共同控制者实施控制的企业联合体。

本书认为，我国企业集团表现出以下几类特征。首先，相比独立企业而言，企业集团存在双重委托－代理关系。不仅集团所有者与总部管理者之间存在委托－代理关系，集团总部管理者与下属企业管理者之间也存在委托－代理关系。这种双重代理关系可能导致总部或分部管理者寻租而造成资源的非效率配置，也可能成为集团所有者输送利益的便利渠道。在这种结构之下，企业集团可能通过内部化交易降低信息不对称性，也可能由于双重代理冲突增加信息不对称性。其次，根据产权性质的不同，我国企业集团可以划分为家族型民营企业集团、国有型企业集团。家族型企业集团历来是国内外相关研究较为关注的所在（Claessens et al.，2002；Chung and Mahmood，2006；

Fogel，2006）。然而在我国，国有产权的企业集团更具规模，并且由于与政府关系密切，国有企业集团的一举一动相对而言带有浓厚的中国背景特征。Keister（2004）等学者就针对国有企业集团进行研究，发现相比而言中国国有集团受到政府支持，而私营或家族企业集团不被重视，但国内针对国有企业集团的研究十分缺乏。同时，不同产权性质的集团所有者发挥的作用并不一致。对于民营家族企业集团而言，其控股股东多为家族或自然人，持股比例相对较低，可能表现为较高的金字塔层级，因而控股股东盈利导向及利益输送导向更加突出，并且控股股东权威可能较低。而对于国有企业集团而言，其控股股东实质上为各层级政府，持股比列高、金字塔层级较低，集团总部的政治导向更加突出，无论是盈利或者是利益输送都可能基于政治目标，在政府的控制下，集团总部具有较大权威。另外尤其重要的一点在于，国有企业集团总部同时承担了企业控制人与政府代言人的角色。这意味着从控制人的角度而言，集团总部有进行利益输送的动机；出于维护自身或集团整体利益的目的，总部可能会对下属公司进行侵占；出于维护下属公司利益的目的，总部可能会对下属公司进行支持。而从政府代言人的角度而言，集团总部可能会发挥政府"掠夺之手"的作用，对下属公司进行"侵占"，也有可能发挥政府"支持之手"的作用，对下属公司进行支持。最后，国内外针对企业集团的研究当中，内部资本市场相关的命题都是重点所在。而在我国，民营企业集团一度由于政策歧视而受到更严重的融资约束，同时加之我国民营企业中控股股东利益输送的问题较为突出，国内针对民营企业集团内部资本市场的研究更加受到重视。因此大多数学者忽略了我国国有企业集团庞大的规模体系下，由于外部市场制度的不完全、双重代理冲突等原因，国有企业集团应当同样存在内部资本市场。在其制度背景特征的影响下，国有企业集团内部资本市场的运作机制及效果可能都会表现出更加独有的特征。

二 企业集团内部资本市场：度量指标

针对企业集团内部资本市场进行研究，首先要解决内部资本市场如何准确衡量的问题。综观国内外相关研究，内部资本市场的度量有以下四种思路。

1. 内部资本市场的度量：集团归属与多元化指标

这种类型的研究认为，内部资本市场是否存在、是否有效，取决于企业的组织结构是独立型还是集团型，以及是否实施了多元化战略。如果企业附属于集团，则内部资本市场存在，如果集团多元化程度越高，集团内部资本市场规模越大、越发达。这种度量方式在国内外都被广泛使用，如：Billett and Mauer（2003），Rajan et al.（2000），Choe and Yin（2009），He et al.（2013）都运用集团归属或多元化程度展开研究。

2. 内部资本市场度量：内部现金流规模指标

集团虚拟变量指标及企业多元化指标并不能直接衡量内部资本市场，需要使用更为直接的方式来度量并判断内部资本市场的多寡以及是否有效。Shin and Stulz（1998）提出了具有代表性的"交叉补贴"模型，在投资－现金流敏感模型（Fazzari et al.，1988）基础之上，作者认为企业集团内部资本市场的优势在于能够克服外部信息不对称以及代理成本，提高企业盈利能力。内部资本市场是否有效取决于以下三点：总部是否能够在分部之间统一配置内部资本；总部是否分配给拥有较好投资机会的部门更多资本，使得这些分部投资不仅可以依赖分部自身的现金流，还可以依赖总部分配的其他分部的现金流来进行投资；如果集团分部都作为独立企业展开经营，其投资项目只与分部自身现金流相关，而与其他分部现金流无关，则集团内部资本市场是无效的。具体模型如下：

$$\frac{I_{i,j}(t)}{TA_j(t-1)} = a + b\,\frac{S_{i,j}(t-1) - S_{i,j}(t-2)}{S_{i,j}(t-2)} +$$

$$c\,\frac{C_{i,j}(t)}{TA_j(t-1)} + d\,\frac{C_{noti,j}(t)}{TA_j(t-1)} +$$

$$e q_{i,j}(t-1) + \eta_{i,j} + \varepsilon_{i,j}(t)$$

其中，I 为 j 企业 i 部门的 t 期投资支出；S 为 j 企业 i 部门的销售收入；C 为 j 企业 i 部门 t 期现金流；C_{not} 为 j 企业除 i 部门以外其他所有部门的 t 期现金流量；q 为 j 企业 i 部门 t 期 Tobin Q 值；η 为 j 企业 i 部门的部门层面特征变量。作者根据该模型进行实证检验后发现，企业集团存在活跃的内部资本市场；分部投资项目不仅依赖于自身的现金流，还同样依赖于其他分部现金流；内部资本市场活跃程度不如其他文献描述的强，投资项目对分部自身现金流的依赖程度大于对集团内部资本市场现金流的依赖程度；集团分部投资项目对自身现金流依赖的程度小于独立企业。交叉补贴模型的核心思想在于使用集团内除本企业外其他企业现金流总和来代表集团内部资本市场现金流规模，如果下属企业投资与集团内部资本市场显著相关并为正，则意味着企业投资受到了集团内部现金流的支持。该模型获得了较为广泛的认可与使用，如黄俊、陈信元（2010），杨棉之等（2010），马永强、陈欢（2013），Gugler et al.（2013）针对的研究都采用了此方法衡量集团内部资本市场。

3. 内部资本市场度量：资本配置效率指标

在 Shin and Stulz（1998）之后，学者们对集团内部资本市场进行了进一步的研究，认为内部资本配置能否体现效率，才是集团内部资本市场是否有效的关键所在。而资本配置的效率性表现为在集团总部的统一调配下，集团内部资本是否从投资机会较差的分部流向投资机会更好的分部，根据 Tobin Q 或者销售收入的现金流回报率来看资金流向是否合理，判断集团整体资源配置的效率性。

根据 Tobin Q 来判断分部投资机会的 Q 敏感法是 Peyer and Shivdasani（2001）提出的，认为如果集团内部资本能够流向投资机会高于平均水平的分部，则内部资本市场配置是有效率的，公式如下：

$$QS = \sum_{i=1}^{n} sale_i \times (q_i - \bar{q}) \times \left\{ \frac{capex_i}{sale_i} - \frac{totalcapex}{totalsale} \right\}/totalsale$$

其中，$sale$ 是某分部的销售收入；$totalsale$ 是某企业集团的总销售收入；$capex$ 为分部资本支出；$totalcapex$ 为集团总资本支出；q 用来鉴别分部投资机会（Tobin Q）；$\bar{q}$ 为集团下属所有公司 q 的均值；n 为该企业分部总数；i 为第 1~n 分部。如果 QS 值大于 0，则集团整体内部资金流向了投资机会较高的分部，内部资本配置有效；如果 QS 值小于 0，则集团整体内部资金流向了投资机会较低的分部，内部资本配置无效。

另外，Maksimovic and Phillips（2002）的研究对 Q 敏感法进行了改进，使用分部的销售收入现金流回报率来评价投资机会及现金流向的合理性，公式如下：

$$CFS = \sum_{i=1}^{n} sale_i \times (\frac{cf_i}{sale_i} - \frac{\overline{cf}}{\overline{sale}}) \times \left\{ \frac{capex_i}{sale_i} - \frac{totalcapex}{totalsale} \right\}/totalsale$$

这种方法称为内部资本市场效率判断的现金流敏感法，与 Q 敏感法的区别在于其使用 $cf_i/sale_i$ 代替了 Q 来判断投资机会；$\overline{cf}$，$\overline{sale}$ 分别为集团下属所有公司 cf，$sale$ 的均值，n 为该企业分部总数，i 为第 1～n 分部。

由于资本效率配置指标能从集团总体的角度判断内部资本配置的效率性，在国外企业集团及分布数据披露比较完善的现实情况下，获得了大量学者的认可。McNeil and Moore（2005），Cline et al.（2014），Akhigbe and Whyte（2015）等研究都采用了这种方法来判断集团内部资本市场的效率。然而国内对这一研究方法运用的较少，原因在于：如果从企业集团整体的角度来计算内部资本市场效率，集团总部以及下属其他企业的数据是缺失的；而如果从上市公司整体的角度来计算内部资本市场效率，上市公司内部各分部数据是缺失的；同时，使用 Tobin Q 来判断新兴市场的投资机会是否有效存在较大分歧，故而国内研究鲜有使用效率指标来判断内部资本市场的有效性，仅在杨棉之等（2010）、王峰娟和谢志华（2010）、曾义（2012）等研究中使用。

4. **内部资本市场度量：关联交易指标**

我国学者在国外研究基础之上，结合我国国情，认为我国企业集团的内部资本市场是在控股股东主导下建立的，主要起到与关联方通过资金转移而实现控股股东利益输送的作用。而我国上市公司的年度报告中详细地披露了关联方交易的各种情况①，涉及 20 类具体的关联交易事项，其中资金往来情况能够较为准确地反映控股股东主导下的关联方资金交易的情况，因此国内学者在此基础上衍生出针对我国企业集团的，以关联交易指标为基础的内部资本市场度量方法。例如：郑国坚、魏明海（2007，2009）研究认为，企业集团的内部市场，是在控股股东主导下与上市公司关联方建立的，不仅包括内部产品市场，还包括内部资本市场，而因此从关联交易中选择与产品有关的交易事项、与资金有关的交易事项分别计算。谢军、王娃宜（2010），谢军、黄志忠（2014）的研究则认为，内部资本市场主要是指关联方的资金往来，用资金往来中总应收与总应付的差额，或者其他应收与其他应付的差额来度量内部资本市场。李秉成（2011）的研究也相似地使用关联交易，包括日常销售劳务关联交易，以及非日常的租赁、担保抵押、资金往来、股权交易等的交易规模来衡量集团内部资本市场。刘星、计方和付强（2013），刘星、计方和郝颖（2014）的研究则使用关联交易中资金往来的总差额来度量集团内部资本市场。然而，也有学者对于关联交易中相关指标能否代表内部资本市场提出了疑问。如冯丽霞（2006）认为关联交易与内部资本市场交易存在区别：内部资本市场交易主体是集团及其下属企业、组织、部

---

① 在 CSMAR 数据库中，我们查询关联交易事项相关的数据说明，发现我国上市公司披露的关联交易事项有 17 类。分别为：01＝商品交易类，02＝资产交易类，03＝提供或接受劳务，04＝代理、委托，05＝资金交易，06＝担保、抵押，07＝租赁，08＝托管经营（管理方面），09＝赠予，10＝非货币交易，13＝股权交易，15＝债权债务类交易，17＝合作项目，18＝许可协议，19＝研究与开发成果，20＝关键管理人员报酬，21＝其他事项。

门，关联交易主体则是对企业存在控制或影响的双方或多方；内部资本市场中交易主要以筹集资本为主，关联交易还包括日常经营活动、商品服务购销往来；由此使用关联交易代替内部资本市场并不恰当。邵毅平、虞凤凤（2012）进一步指出，关联交易包括了内部和外部资本市场中的交易，而共同控制、合营企业、联营企业的交易①不属于内部资本市场的范畴，因此需要予以剔除。

5. 度量指标差异与选择

对四种主要的集团内部资本市场指标进行回归的基础之上，本文选择了集团内部资本市场现金流规模指标来进行本书主题的研究。原因在于：（1）是否集团归属、多元化程度不能直接反映内部资本运行的情况，集团下属公司融资约束降低可能是由于规模效应、破产风险低、集团总部的担保等因素，而不一定源于内部资本配置；集团下属公司投资效率的增加也有可能源于集团相对价值观的驱动（Cai and Zheng, 2016），或是信息不对称程度的降低等原因；纵向一体化的集团中同样存在内部资本市场（叶康涛、曾雪云，2011）。（2）效率指标在国内的应用中存在较大争议，作为一个集团层面指标，如果以上市公司为单元来计算，则缺乏上市公司分部资本支出等数据；如果

---

① 在 CSMAR 数据库中，我们查询关联交易事项相关的数据说明，发现我国上市公司披露的关联方类型有 12 类，分别为：01 = 上市公司的母公司，02 = 上市公司的子公司，03 = 与上市公司受同一母公司控制的其他企业，04 = 对上市公司实施共同控制的投资方，05 = 对上市公司施加重大影响的投资方，06 = 上市公司的合营企业，07 = 上市公司的联营企业，08 = 上市公司的主要投资者个人及与其关系密切的家庭成员，09 = 上市公司或其母公司的关键管理人员及其关系密切的家庭成员，10 = 上市公司主要投资者个人、关键管理人员或与其关系密切的家庭成员控制、共同控制或者施加重大影响的企业，11 = 上市公司的关联方之间，12 = 其他。

以集团总部及下属企业为单元来计算，则缺乏集团总体资产、销售收入等数据；并且如果使用该种方法，则每一集团下属公司效率指标都一致，并不能体现出每一公司可利用的内部资本市场的规模及效率、效果。（3）关联交易指标在国内研究中获得了较为广泛的认可，然而由于每个上市公司都存在关联交易，即使区分了关联交易中的内部市场、外部市场、产品市场、资本市场之后，其可以代表内部资本市场运作的部分，也不能真正体现出企业集团与独立型企业的差异。因此，本书仍旧参考Shin and Stulz（1998）的研究，使用集团内部现金流规模来度量内部资本市场。首先，该指标能够体现出在同一集团总部控制下，下属各上市公司可用的集团内部现金流规模的差异性。其次，对某一下属公司而言，可能其获得了集团内部资金的支持，内部资本市场表现为流入；也可能其自身现金流在集团总部的调配下流出，以支持集团其他企业，因此集团内部现金流规模指标能够体现集团内部资金的流向。最后，所需数据容易获得，并且在黄俊、陈信元（2010），杨棉之等（2010），马永强、陈欢（2013）针对国内的研究中，证明了其存在性、合理性。

三 国有企业：改革与发展

1. 国有企业改革进程及特征表现

国有企业在我国微观经济主体中一直占据着主导地位。从1978年我国开始经济改革至今，国有企业经历了放权让利，两权分离（1978～1992）；建立现代企业制度并加以完善（1993年至今）两个主要阶段。随着市场化进程的不断加剧，改革后的国有企业数量、产出和就业等所占比重都在不断下降，与此同时非国有制企业也获得了长足的发展。但是国有企业仍旧在我国经济中发挥着主导的作用。

在 2002 年以前，国有资产的管理分散于政府各部门之中，政企、政资不分，在体制上降低了国有企业的运营效率和效果。2002 年中共十六大召开，提出要建立"代表国家履行出资人职责的中央政府和省、市（地）两级地方政府国有资产管理机构"，以对国有资产管理进行改革。改革后的国有资产管理体制有三个特点：一是国有资产归属国家所有，中央或地方实施分级管理。二是分级管理的资产范围有明确界定，国务院国资委对"关系国民经济命脉和国家安全的大型国有企业、基础设施和重要自然资源"履行出资人职责；地方国资委则对归属于地方政府的"其他国有资产"进行出资人职责管理。三是政企分开，中央和各级国资委仅履行出资人职责，并不直接参与国有企业的经营管理。2003 年 3 月，国有资产监督管理委员会正式成立，主要致力于规范并加快国有企业改制和产权交易。2003 年 10 月，中共十六届三中全会在《关于完善社会主义市场经济体制若干问题的决定》中提出要"进一步巩固和发展公有制经济，鼓励、支持和引导非公有制经济发展；完善国有资产管理体制，深化国有企业改革"的路线方针，具体要推行"公有制多种有效实现形式；大力发展和积极引导非公有制经济，建立健全现代产权制度，建立健全国有资产管理和监督制度，完善公司法人治理结构，推进和完善垄断行业改革"。国有企业逐渐走上了新的发展道路。根据管辖的政府层级，通常被分为两大类别：由国务院国资委监督经营的中央所属国有企业，以及由地方国资委监督经营的地方所属国有企业。2005
年 4 月，证监会发布《关于上市公司股权分置改革试点有关问
题的通知》，标志着我国国有企业股权分置改革的正式展开。
2007 年中共十七大召开，提出"深化国有企业公司制、股份
制改革，优化国有经济结构和布局，增强国有经济活力、控制
力和影响力"。并且进一步要"通过联合、兼并、改组等多种
方式使国有企业逐步向关系国民经济命脉的重要行业和关键领
域集中，同时在一般竞争性行业中逐步退出"。2010 年，国有
企业基本完成战略性调整和改组，形成比较合理的国有经济结
构和布局。

国有企业同样存在委托－代理关系。国有企业的所有者权
力由各级国资委代表国家行使，而国资委直接或者通过间接建
立各级国有资产运营管理公司，来对其所监管的国有企业行使
出资人职责，并且不直接干预企业的自主经营权。黄赫
（2011），宛玲羽（2014）等研究指出，国有企业代理关系中的
矛盾主要表现在委托－代理链条长、效率低、董事会与管理当
局通常合谋、监督力度弱等方面。曾庆生、万华林（2013）的
研究认为，国有企业相对民营企业存在更突出的委托－代理冲
突，一方面源于所有者缺位，对国有企业难以进行有效监督；
另一方面由于管理者几乎没有剩余控制权，但却在实质上控制
了企业。尽管如此，国资委仍旧具有对国有企业重要决策的审
批、决策权，涉及高管任命、薪酬管理、董事会选聘、股权激
励，甚至战略规划等。

2. 中央国有企业发展现状

中央国有企业是国有企业的核心力量。所谓中央国有企业，

由以下三类企业组成：一是国务院国有资产监督管理委员所监督管理的提供公共产品的企业（如电信、电力、军工、税务等），提供竞争性产品的企业（如建筑、一般工业、贸易等），提供自然垄断的企业（如天然气、石油、矿产等）；二是中央政府、国务院各部委管理的国有企业，如广电文化、烟草交通等企业；三是由证监、银监管理的国有金融行业企业。

2003 年国务院国资委成立之初，中央国资委及各部委对196 家国有企业履行出资人职责，后被统称为中央企业。中央企业的组织体制多为"集团本部 – 省级分公司 – 地市分公司"，各级公司通过行政隶属关系结合起来以"总部 – 省 – 地市"组织链进行行政管理，如中石油、中石化、国家电网、南方电网、中国移动、中国联通、五大发电集团等。或者形成"母公司 – 子公司"的结构，尽管母、子公司都是独立企业法人，但母公司对子公司仍旧存在很强控制力。总之，对于中央企业而言，集团总部或母公司是国资委监管下集团的最高权力、协调机构。2006 年，中央企业实现利润累计 1 万亿元，在全国工业企业中，中央企业数量占比为 2.2%，但同时拥有27.5% 的资产规模，26.7% 的利润规模，以及 36.5% 的税金规模。2006 年底，国务院国资委《关于推进国有资本调整和国有企业重组的指导意见》中提出：进一步推进国有资本向关系国家安全和国民经济命脉的重要行业和关键领域集中；中央企业在军工、石油石化、电网电力、民航、电信、航运、煤炭七大行业需要保持绝对控制力；在科技、电子信息、建筑、有色金属、装备制造、化工、汽车、钢铁、勘察设计九大行业需要保持较强控制力。2008 年，国资委加快推进中央企业结构优化、产业升级，在延续产业链和价值链的基础上，企业间自愿重组与出资人主导重组结合，努力培育具有国际竞争力的大企业集团。2010年，80%的中央企业完成了股份制改革，并在境内外上市，2010年，中央企业拥有资本总额20133.94亿元，实现利润总额11315亿元，归属于集团总部或母公司的净利润就达到5621亿元。至2013年，国务院国资委监督管理的中央企业从196家减少到113家。2014年公布的世界五百强企业排名当中，中央企业在前一百名中占据了14个位置，其中，中石油集团与中石化集团公司名列全球第三、第四；中国企业在世界前五百名中占据了100个位置，其中80%以上是中央企业。

中央企业带有浓厚的行政和政治特征。首先，中央企业本质上而言，是我国政府进行经济干预的工具，因此会坚决拥护并执行国家所制定推行的政治路线以及经济、产业政策；同时，中央企业是国民经济的支柱，所提供的服务和产品多关系国家民生、经济命脉或国家安全；关键在于，中央企业不仅承担着国有资本的保值增值任务，更需要促进国民经济发展，提高我国的国际竞争力，因此，中央企业组织结构庞大，管理体制表现为极大倾向的行政化。

3. 地方国有企业发展现状

当国有企业地方各级政府国资委监督管理时，这些国企可以统称为地方国有企业。自从2003年国务院开始建立国有资产监督管理委员会之后，地方各级政府也逐渐建立了地方各级国有资产监督管理委员会，以监督地方所属的国有企业的经营和改革。2004年地方国有企业正式归为地方各级国资委监管，地

方国有企业在 A 股的上市公司有 694 家，营业收入合计为
14075.4 亿元，总资产合计为 19450.3 亿元。

地方企业与中央企业之间的差异很大程度上根源于地方政
府的治理特征。周黎安（2007）的研究指出，改革开放以来地
方政府官员围绕地方经济增长进行了"政治竞标赛"，这意味着
地方政府之间存在竞争机制，进而推动了地区间的经济竞争；
同时，中央政府对地方政府的"放权"，即将各种行政、财政权
力下放到地方各级政府。为了实现政治竞标赛，并达到甚至超
额完成中央政府关于经济增长的目标，地方政府积极投入到地
方经济的建设当中来。具体表现为不断加快本地城镇化进程，
加大基础设施投资力度、招商引资力度，从而提高经济增长水
平，体现地方政府的治理政绩。然而，这些举措尽管促进了地
方经济的大力增长，也给地方财政带来了巨大负担。由于地方
政府本身针对经营性的投资受到限制，因此在大量举借"地方
债"的基础上，地方政府也大量地借助投融资平台来进行资金
运作；同时将投资项目及资金筹集交给其监管的国有企业，在
取得经济收益、提高就业率、获得税收收入的基础上，通过提
高国有企业效益来带动地方经济发展。因此，地方政府存在强
烈的参与、干预地方企业决策的动机，并且主要通过股权控制、
政策扶持、薪酬激励等方面来实现。在以上缘由的驱使下，地
方各级政府对于其所监管的国有企业，表现出强烈的地方保护
主义倾向，并且在政府大力扶持下，地方企业都成为本区域的
龙头企业与地方经济发展的"名片"。至 2013 年底，地方国有
企业在 A 股市场上市公司有 649 家，营业收入合计为 60665.4
亿元，总资产合计为 84268 亿元。

四 国有企业集团：发展进程与特征差异

中国的企业集团，可以根据实际控股股东性质将其划分为民营系族集团以及国有集团。过去十余年来，民营企业发展迅猛，但在资本市场受到的信贷歧视，加之系族内部普遍存在的大量关联交易、内部人利益输送等问题，使民营系族企业集团受到国内学者的普遍关注。然而，本书认为国有集团更加能够体现中国背景。其一，国有企业集团是在渐进式的市场化改革中形成并发展的，并且更具有规模性。在中央政府的政策指引下，国有大型企业通过分拆上市、收购兼并等途径分批进入资本市场。这些规模庞大的国有大型企业，经过不断的分化和整合，集团总部通过直接或间接持股控制了大量上市公司，以及未上市的机构和组织。从 Cai and Zheng（2016），马永强、陈欢（2013）等研究对企业集团的数量统计来看，2003~2013 年我国在资本市场公开上市的可归属于集团的企业样本 4900 余个；2005~2010 年民营系族企业上市公司样本 417 个，附属于 204 个系族。而本书的实证研究中，通过对 2004~2013 年国有上市公司实际控制人进行追溯，并且将同一政府国资委监管下的企业法人控制的上市公司归属为同一集团的方法，获得归属于企业集团的国有上市公司 3972 个。其中中央集团下属上市公司样本 2328 个，分别归属于 93 家的中央集团；地方集团下属上市公司样本 1644 个，分别归属于 125 个不同的地方集团。2013年，沪深两市 A 股市场受中央企业集团总部或总公司控制的上市公司为 328 家，平均每一家央企约控制 3 家 A 股上市公司；

受地方集团控制的上市公司有 190 家，受 79 家集团总部控制，平均每家集团总部控制 2.4 家上市公司。可见国有企业集团相比于民营系族企业在我国资本市场占据了重要的地位。其二，国有企业集团受不同层级的政府监管。民营系族企业集团的决策多是在控制人的操纵下，出于追求效益、控制人利益输送等目的进行的。而国有企业集团的决策，很大程度上是在遵循政府方针政策的基础上做出的，带有较为浓厚的政治色彩，并要综合考虑政治方针、社会责任、基础设施建设、经济效益等因素。同时，针对集团下属某一企业的政策或者企业本身的决策，也可能在集团内产生连锁反应，影响同一集团的其他企业。另外，由于政府背景，国有企业集团受到了外部市场不同程度的政策支持或管制，如预算软约束、薪酬管制等，这些支持或管制政策会从影响外部融资或内部人利益等方面影响集团整体的决策及效果。其三，由于两权分离程度较低、股权更为集中，集团总部对于下属企业的控制、治理程度，以及决策权、内部经营参与程度要大于民营系族集团控制人。在政府背景下，集团总部对下属企业的资源配置过程，可能出于支持目的，也可能出于掠夺目的。然而不论如何，集团总部对下属企业有更强的控制力，不仅在于通过企业的组织结构、契约对内部人进行管理及激励，还在于能够为下属企业利益相关者提供其他性质的激励，如政治升迁。

1. **中央企业集团特征表现**

中央企业进行集团整合主要通过三种方式：横向整合，在业务相同或相近的央企之间进行，在优化资源配置的基础上实现规模经济，达到互补协同；纵向整合，在处于同一产业链的央企之间进行整合，实现纵向一体化，以降低交易成本；产研结合重组，即同领域的研发、生产企业整合，实现优势互补，促进创新能力的提高及创新成果的市场化。中央企业集团在我国经济社会中发挥着重要的作用。首先，中央企业集团是我国国民经济的重要支柱；其次，中央企业集团是我国市场化经济改革的核心环节和主体对象；再次，中央企业集团是我国国有资产保值和增值的核心；最后，中央企业集团还是社会责任的承担主体。

投资决策优势：其一，中央企业集团经过整合，其规模效应明显，在不同程度上表现出多元化经营的特征。尽管其需要承担国民经济建设的主要任务，可能有大量业务为基础设施类建设，投入周期长、回报低，同时还需要承担社会责任。其二，在国家政策的倾斜及扶持及自身优厚条件的支持下，中央企业集团也容易获得优质投资项目。事实上，中央企业集团在关系我国民生的重点行业中仍旧具有垄断优势，集团总部及下属各企业的综合优势能够确保中央企业集团投资决策的顺利开展。

融资决策优势：中央企业集团面临较非企业集团、地方企业更高的预算软约束，这意味着中央集团下属上市公司在外部资本市场上非常容易获得信贷资金；同时，在中央政府支持的基础之上，中央集团下属上市公司也容易获得权益融资。然而除上市公司之外，中央集团下属其他企业、组织机构由于信息不对称性，以及不在资本市场公开发行股票等原因，在外部市场融资难度可能会大于下属上市公司。

总部权威：中央企业集团总部在集团中具有核心领导地位，其承担着企业集团的主要决策的制定工作；由于股权高度集中，并且组织整体表现为较为严密的行政结构，中央集团总部对于下属企业的控制力要远大于民营系族企业集团，因此集团总部也能够较好地起到集团治理的作用。同时，集团总部也需要维持正常的经营管理，许多基于国家层面的投资，尤其是对外投资都是由集团总部承担的。

2. 地方企业集团特征表现

在中央对地方政府的放权制及地方行政区"政治竞标赛"的背景特征下，地方政府体现出强烈的地方保护主义倾向，这一点在地方国有企业集团表现明显。为了达到中央政府经济增长的目标，地方政府之间存在激烈的竞争，并且加快本地建设速度。尽管地方政府也大力进行招商引资，并且借鉴投融资平台来进行投资决策、筹集资金，但是地方政府更加倾向于将本地经济发展的重任交由本地国有企业集团来完成，并且大力支持地方国有集团的发展，以打造地方经济的"名片"。

投资决策：在地域范围内，地方企业集团容易获得更好的投资机会，然而由于也需要面对招商引资企业进入本地的激烈竞争，企业需要权衡风险及收益问题。另外，对于资源性投资而言，地方国有企业相对能够获得政府的更多支持。

融资决策：地方企业集团同样能够获得预算软约束。然而相比中央企业集团，地方企业集团的预算软约束受到区域限制，并且软约束的程度也较低。尽管在区域内容易获得外部信贷资金，但由于市场化、外部竞争等原因，其获得资金的成本及难度都较中央企业集团高。

总部控制及权威：由于地方企业集团是在地方政府的监管下组建的，很多地方集团总部都是地方政府管辖的国有资产投资、经营公司；除对下属上市公司履行出资人职责之外，对于下属企业经营的参与程度及企业效益的掌握程度都不如中央企业集团总部。总部对于下属企业的控制力相较中央企业集团弱，自身不具备较好的盈利水平，并且在地方保护主义及地方政府的大力支持下，总部更倾向于支持下属企业的发展。

公司投资与国有集团内部资本市场：
基于内部资本配置的视角

一 引言

在中国这样的新兴市场经济体中，代理问题及信息不对称问题较为严重，资金流动中存在的风险性交易成本，使公司投资行为受到外部市场的融资约束。组成企业集团之后，集团存在的内部资本市场为公司投资提供了新的资金渠道。国内外学者对于集团内部资本市场与公司投资的问题进行了较为丰富的研究，但对集团内部资本配置是否有效并未达成一致意见。如Shin and Stulz（1998），Inderst and Laux（2005），Hovakimian（2011）等研究认为，内部资本市场可以为企业集团投资提供资金，在集团总部的统一配置下根据投资机会"挑选胜者"，提高集团内部资本配置效率。而 Stein and Scharfstein（2000），Ahn and Denis（2004）的研究则认为企业集团存在双重代理问题，集团内部资本市场对存在融资约束的企业进行"交叉补贴"，可能会降低企业的投资－机会敏感性，导致无效率投资。另外，一些研究拓展并考虑不同的投资类型对集团内部资本市场进行研究，如 Matvos and Seru（2014），Fee et al.（2009），Choi et al.（2015）的研究认为，集团总部在下属公司之间通过集团内部资本市场配置内部资金，并投资于研发、广告费等，能在一定条件下产生协同效应，提高资本配置效率。同时，国内学者如刘星、代彬和郝颖（2010），黄俊、陈信元（2010），杨柏、彭程和代彬（2011），刘星、计方和付强（2013）等，根据我国制度背景，将产权性质、控股股东行为、货币政策等因素与集团内部资本市场结合进行研究，发现内部资本市场能在一定条件下提高公司投资的资金配置效率。

然而，国内相关研究尚存在以下不足。其一，现有研究多针对民营系族企业集团（邵军、刘志远，2007；马永强、陈欢，2013）。由于我国特殊的制度背景，大量上市公司归属于中央或地方国有集团，国有企业集团组织结构庞大，垄断社会资源，面临"预算软约束"，容易获得更好投资机会，投资决策需要综合考虑政治、社会责任、效益等因素，则国有集团势必与民营集团内部资本运作的动机、目的、依据、效果都不一致，然而国内专门针对国有企业集团的研究十分缺乏。其二，现有研究涉及产权性质、市场环境、宏观经济政策等因素对集团内部资本配置的影响，但忽略了集团总部与下属企业之间的正式制度如控制方式、股权分散程度，以及非正式制度，如下属企业管理层与集团总部之间的关系的影响。其三，公司现实经营中多种投资并存，集团总部在通过内部资本市场统一配置资本的过程中，需要权衡不同投资方式所面临的成本、风险、收益，其对于不同投资方式提供的内部资本可能并不一致，仅针对某一种投资的研究难以支撑集团内部资本市场是否有效的观点。

　　基于此，本章根据投资－现金流敏感原理，对国有集团是否通过内部资本市场进行内部资本配置以支持下属公司投资的问题进行研究。首先，检验国有产权和集团归属是否影响投资支出。其次，考察不同政府层级监督管理的企业集团投资支出是否与公司内部现金流相关。进一步考察国有企业集团投资是否与集团内部资本市场现金流相关，内部资本市场现金流的配置是否与投资机会相关。除此之外，同时单独使用相对而言成本更大、风险不确定性更强的研发投资进行回归，以确保本章基础结论的稳健和普适性。最后，根据不同层面的正式、非正式制度差异进行分组检验，从不同角度提供证据以支持集团内部资本配置的证据。研究结果显示：（1）中央集团公司受到的融资约束相对最小，投资支出、研发投资都与公司自身现金流无显著关系；地方集团企业受到的融资约束相对较大，投资支出、研发投资与公司自身现金流表现为显著的正相关。（2）整体而言，中央集团公司投资支出、研发投资与集团内部现金流都无相关关系，这种不相关性也并不受公司投资前景的影响；这表明中央集团总部未能积极配置内部资本以支持下属公司投资。地方集团公司投资支出、研发投资与集团内部现金流显著正相关，具有更优投资机会的下属公司能获得更多的内部资本支持；这反映出地方集团总部对内部资本进行了有效率的配置以支持下属公司投资。（3）分组检验的结果显示：不同层面的正式、非正式制度会对内部资本配置的效果产生一定影响。中央集团公司投资在多数情况下仍与集团内部现金流无显著相关关系；但在一定情况下（高管权力较大时、外部融资依赖程度较高时、市场化发展水平较低时、宏观经济不确定性较高时、下属企业与集团总部存在关联时、银企关联时），中央集团公司投资会表现出与内部现金流显著负相关；这反映出公司用于投资的资金会被减少并通过内部资本市场转出，由此推断中央集团总部可能表现出对下属公司的侵占。另外，大多数情况下地方集团公司投资与集团内部现金流保持了稳定的正相关关系，但在某些分组中会表现出不相关；这意味着地方集团总部有选择性地对下属企业投资提供内部资金支持。（4）对于资本配置这一集团内部资本市场的基本功能而言，地方集团实现了有效率地提供内部资本以支持投资，而中央集团则是无效的。

本章主要的创新与贡献在于：（1）从研究对象而言，针对国有产权的集团下属企业进行内部资本配置功能的再检验，获得国有企业集团内部资本市场有效性的证据，是对现有研究缺乏针对国有产权的重要补充。（2）从研究视角而言，本章不仅对相关研究普遍关注的市场化、宏观经济因素等进行再检验，还从集团总部与下属公司之间的关系出发，对集团总部持股结构、集团总部关联等因素进行检验，确保了本章结论的普适性和稳健性。（3）从研究结论而言，发现不同政府层级监管的国有集团内部资本市场在配置内部资本的过程中表现并不一致，地方集团总部倾向于积极提供内部资本支持下属公司投资，并能实现"胜者选择"，起到了"支持之手"的作用；而中央集团总部则倾向于不提供内部资本支持公司投资，甚至在一定条件下还通过内部资本市场转出公司用于投资的资金，扮演了"掠夺之手"的角色。这一基本结论是对相关领域研究所得结论的重要补充。

二　文献回顾、理论分析与研究假设

（一）文献回顾

投资是公司财务领域三大决策之一，关于投资决策的研究历来是学者们热衷的话题。现有研究从不同层面讨论公司投资决策。涉及企业自身特征的研究有：Fazzari et al.（1988），Shin and Park（1999），辛清泉、林斌和王彦超（2006），俞红海、徐龙炳和陈百助（2010），李焰等（2011）等人从融资约束、信息不对称、代理成本、产权性质、债务杠杆、股权集中、两权分离、管理者背景等视角对投资支出、投资效率、投资与现金流是否相关等问题进行研究。Wurgler（2000）则从外部市场环境的角度，研究了金融市场竞争程度对公司投资的影响。Adhikari et al.（2006），蔡卫星、赵峰和曾诚（2011），杜兴强、曾泉和杜颖杰（2011），陈运森、谢德仁（2011）等研究从非正式制度的角度，讨论政治关联、银企关联、独立董事社会网络位置等因素对于公司投资支出、投资效率、过度投资的影响。靳庆鲁、孔祥和侯青川（2012），梁琪、余峰燕（2014），王义中、宋敏（2014），喻坤等（2014）等研究从货币政策、宏观经济不确定性、经济周期等宏观视角讨论企业投资及投资效率的差异性。

除此之外，国内外学者也热衷于针对企业集团这一特殊的组织形式中的投资问题展开研究，并且将集团下属公司投资支出与内部资本市场联系起来。如刘星、代彬和郝颖（2010）考虑了一种特殊的内部资本市场表现形式，即控股股东掏空或支持行为对集团下属公司投资决策的影响，发现国有企业集团大股东主导的内部资本市场能发挥一定的内部资本配置的功效；但民营企业集团内部资本市场仅是为控股股东输送利益的渠道。杨柏、彭程和代彬（2011）的研究则发现产权性质不同，内部资本市场对公司投资效率的影响不同；国有企业内部资本市场会加剧投资过度，缓解投资不足；而民营企业内部资本市场则会弱化投资过度，并且会加剧投资不足。刘星、计方和付强（2013）的研究发现，集团内部资本市场能够充当货币政策影响公司投资的缓冲器的作用；并且当货币政策发生变化时，集团内部资本市场对于公司投资效率的影响也会发生变化。Lamont and Stein（1999）的研究发现，大型石油企业不同分部之间存在内部资本市场，内部资本在不同分部的项目之间流动，因此某分部收益差的投资项目受到限制，可能是因为内部资本流向了其他分部收益好的项目的原因。Scharfstein and Stein（2000）的研究认为集团企业存在双重代理问题，集团总部负责人与各分部负责人之间的代理冲突容易导致集团产生无效率投资。Ahn and Denis（2004）针对分拆上市的公司投资决策展开研究，发现分拆上市之前，公司存在价值低估的现象，并且投资对投资机会不敏感；分拆上市之后，投资效率明显提高，多元化折价现象消失；进而得出多元化企业损失投资效率，打破集团结构并且分拆上市能够提高企业价值的结论。Inderst and Laux（2005）的研究发现，集团总部负责人会通过内部资本市场的运作来进行胜者选择（Winner Picking），这将对各分部经理产生激励，使其创造或发现有利可图的投资机会。Yan Yang and Jiao（2010）针对多元化集团的研究发现，外部资本市场不完全带来的高融资成本会降低单一企业的投资规模，但不会显著影响多元化企业的投资支出；原因在于多元化企业能够同时从内外部资本市场获取资金，从而缓解企业可能面临的融资约束。Hova-kimian（2011）的研究发现，当经济衰退期间，外部融资成本增加时，集团会将投资资金从低投资机会分部转移至高投资机会分部，以提高内部资本配置效率。Fee et al.（2009）从跨国公司广告费用支出的视角讨论其投资支出、内部资本市场、融资约束的关系，发现跨国公司广告支出与其海外公司现金流显著相关，意味着跨国公司能够利用内部资本市场在不同地域分公司之间以不同手段分配资金并用于投资。

如果将公司投资类型进一步划分，还可以细分为研发投资（黄俊、陈信元，2010）、营销支出（Ozbas and Scharfstein，2009）、广告费用支出（Fee et al.，2009）等。其中，研发投资是一种技术型投资支出，具有风险大、周期长、市场不确定性高、投入资金规模大等特征。根据新经济增长理论，经济发展的持久性在于技术进步及创新，其关键在于有目的性的研发投资（Man-kiw et al.，1990；傅晓霞、吴利学，2010；顾元媛、沈坤荣，2012）。早期对于研发投资的研究多局限于高技术公司，之后学者逐渐认识到研发投资对所有公司的重要作用，对研发投资展开了多角度的研究。Bhagat and Welch（1995）认为公司自身差异如负债和成长性影响研发投资支出；安同良、施浩（2006）的研究则表明行业差异性能够决定公司研发投资。部分学者从管理层特征的角度进行研究，如徐经长、王胜海（2010），朱焱、张梦昌（2013），Xu and Yang（2014）等的研究发现，高管任期、管理者团队人力资本、企业 CEO 退休时间等因素影响公司研发投资决策。另外，基于制度环境层面的研究有：Lederman and Maloney（2003），Aghion and Howitt（2005），Hoekman et al.（2005），Driffield and Munday（2001），解维敏、方红星（2009），Acemoglu and Zilibotti（1997）从知识产权政策、金融体制、金融发展、对外开放程度讨论研发投资的差异性。Bloom et al.（2002），顾元媛、沈坤荣（2012），解维敏、唐清泉等（2009）从政府干预的角度，发现政府支持、税收优惠以及补贴有助于公司扩大研发投资。而从非正式制度视角展开的研究有：陈爽英等（2010）讨论了企业家社会资源、行业协会社会资源等因素对于研发投资的影响。

尽管有关财务决策与公司研发投资的成果较为丰富，但从企业组织形式的角度进行的研究并不多见，比如企业集团的研发投资。黄俊、陈信元（2010），陈志军、王晓静和徐鹏（2014）的研究指出，企业集团的研发投资具有知识溢出或协同效应。Choi et al.（2015）对韩国家族型企业集团的研究发现，其研发投资主要取决于其投资机会以及集团成员背景；家族集团归属降低了研发投资支出对于投资机会的敏感性；仅仅当潜在增长机会丧失而可能影响家族控制权时，家族集团企业才会增加投资支出；该文为解释新兴市场集团企业的控制权、代理成本与研发投资的相互作用提供了支持。Kim and Liu（2015）的研究则从非正式制度层面讨论集团企业外部网络如何影响研发投资，发现组织网络广泛度与产品创新程度正相关；市场网络程度与组织创新程度正相关；控制相关因素后，集团公司有显著高的组织和产品创新程度。有研究进一步将集团企业内部资本市场与研发投资结合起来：Himmelberg and Peterson（1994）的研究发现，由于外部市场不完全，小规模高技术公司研发投资显著依赖于内部现金流，但依赖程度比实物投资稍小；而大型企业相对易于获得外部资本市场资金，则其研发投资对内部现金流依赖不显著。黄俊、陈信元（2010）进一步发现，归属于集团的公司研发投资不仅依赖公司自身的内部现金流，还依赖集团内部资本市场中其他公司现金流。Matvos and Seru（2014）认为，理论上集团企业最突出的优势在于其能够通过活跃并运行良好的内部资本市场规避外部市场不完全，集团总部负责人统一配置资源应当能够产生协同效应，优化内部资本配置以促进公司创新的发展；然而实证结果却表明多元化集团的组织形式阻碍了组织创新。

在对投资支出、研发投资的相关文献进行回顾的基础上，可以得到以下几点初步结论：（1）已有研究对公司投资，以及风险性研发投资进行了大量的研究；在此基础上对于企业集团这种特殊组织结构中投资支出、研发投资也进行了较为深入的研究，并且集团内部资本市场是相关研究的关键所在。（2）对于集团内部资本市场与下属公司投资行为的研究结论并不一致。对于普通投资支出而言，集团内部资本市场可能会扮演"胜者选择"的角色，将资金从集团内部转移至高投资机会分部，提高资本配置效率，优化企业投资；也有可能存在"平均主义"，使公司投资支出不依赖于投资机会，而是依赖于现金流，内部资本配置无效。另外，对研发投资的研究证据表明，由于研发投资风险、收益都难以预期，集团内部资本市场也普遍会提供资金支持，但这可能降低研发投资融资成本和风险，也可能会阻碍组织创新。（3）对于非正式制度如何影响集团内部资本配置与投资关系的研究尚十分缺乏。非正式制度是影响企业投资的重要因素，对于集团公司而言，不仅公司自身与外部利益相关者之间可能存在非正式制度层面的关系，企业集团内部错综复杂的组织结构也使得其内部可能存在多种非正式关系。集团总部与下属企业之间的非正式关系对集团内部资本的配置必将发挥重要的作用（Duchin and Sosruya，2013），这是现有研究中普遍缺乏的。鉴于此，本章同时考虑投资支出，研发投资与国有集团内部资本市场的关系，并且分为不同层次的正式及非正式制度展开检验，具有重要的理论及现实含义。

（二）理论分析与研究假设

公司需要筹集资金以支撑投资支出，才能创造收益并获取回报。对于独立型公司而言，所需的资金或者从公司内部获得，或者通过外部市场筹集。由于我国外部市场不完全，代理成本（Jensen and Meckling，1976）与信息不对称（Myers and Majluf，1984）的存在使得公司从外部市场筹集资金的难度大、风险高，公司普遍面临融资约束。融资约束的高低与产权性质有关，民营企业由于受到相对激烈的市场竞争、信贷歧视等原因，通常面临更高的融资约束，这也成为制约民企发展的重要因素（罗党论、甄明丽，2008；于蔚、汪淼军和金祥荣，2012）；国有企业在政府支持下，占有更多的资源及机会，加之预算软约束等原因，国有企业通常面临较为宽松的融资环境，融资约束相对比民营企业低（张纯、吕伟，2007）。不同国企之间面临的融资约束也存在差异，根据监管国企的政府层级不同，可将国有企业划分为受中央政府监管的中央国有企业，以及受地方政府监管的地方国有企业。中央企业是政府经济干预的工具，在政府政策指引下承担着促进经济发展的重任，其所提供的产品和服务大多关系国家民生；加之中央企业自身规模庞大，竞争力较强，容易获得优质投资项目等原因，中央企业在外部资本市场容易获得其投资所需的资金。而受各级地方政府监管的地方企业情况则不相一致，在地方保护主义、政治竞标赛等因素的驱动下，地方企业受到地方政府的大力支持，也相对容易在外部市场筹集资金；然而政策支持受到地域限制，同时在区域范围内地方企业也面临来自民营企业的较为激烈的竞争，由此地方企业面临的融资约束应当相对比中央企业高。根据投资 – 现金流敏感的观点（Fazzari et al.，1988），公司融资由内源融资及外源融资组成。由于融资约束的存在，外部资金难以获得，投资对公司内部资金的依赖程度增加；融资约束越高，投资对内部资金的依赖程度越大。因此，对于国有产权的公司而言，央企投资对自有现金流的依赖程度应当最低，而地方国企投资对自有现金流应当表现出一定程度的依赖。

当公司归属于集团时，集团存在的内部资本市场为公司提供了新的资金渠道，除了利用自身现金流、从外部市场筹集资金之外，还可以利用内部资本市场中提供的来自集团其他公司的资金进行投资。在这一过程当中，内部资本市场主要起到对集团内部可用资本进行再配置的作用。内部资本配置首先能发挥"多钱效应"，为集团下属企业提供资金，进行"交叉补贴"，起到缓解融资约束（Claessens et al.，2002；Billett and Mauer，2003；He et al.，2013）的作用。而内部资本市场提供的资金，由于较低的信息不对称性，其资本成本远低于外部市场资金。因此，对于我国外部市场不完全程度高的现实情况而言，普遍面临外部市场融资约束的公司，其投资应当表现出对内部资本市场的显著依赖；且融资约束程度越高，投资对内部资本市场的依赖性应当越强。另外，由于信息不对称性的存在，公司在外部市场投资时，难以鉴别或获取具有更正净现值的投资项目。然而当公司归属于集团后，内部资本配置还能发挥"活钱效应"（Scharfstein and Stein，2000；Gaspar and Massa，2011），并提高资本配置的效率。由于集团下属公司之间所面临的投资机会存在差异，而集团内部的信息不对称程度低，内部资本市场可以将资金从投资前景较差的下属公司转移至投资前景较好的公司，对更优质项目进行投资，实现"胜者选择"，以提高集团整体价值。因此，集团总部主导的内部资本配置是否有效，一是取决于其是否向高融资约束的下属公司提供更多的内部资本，二是取决于其是否向具有更优投资前景的下属公司提供更多的内部资本。事实上，现有研究大多认可内部资本配置能够缓解公司融资约束的观点，但也同时发现，内部资本配置往往不依赖于投资机会及投资前景，并不能提高资本配置的效率（邵军、刘志远，2007；杨棉之等，2010；Ozbas and Scharfstein，2009）。

资本配置是集团内部资本市场最基础、最核心的职能，而这一职能的决策主体是集团总部。内部资本市场是在集团总部的统一掌控和调配下存在并运行的，在总部权威控制的前提条件下，总部拥有对集团内部资源进行再配置的权力（Shin and Stulz，1998；Matvos and Seru，2014），在对下属各公司进行权衡的基础之上，决定不同公司或者分部能够获得的内部资金的多寡，以支持其投资的顺利进行。根据以上分析，当公司归属于国有集团总部时，不同层级政府国资委监管下的国有集团总部（或母公司）承担了配置内部资本的职责。然而，国有集团总部是否一定会积极地调配内部资本并支持下属企业投资？由于集团总部受政府监管，这意味着集团总部的决策受到政府干预，因此集团总部可能表现出对下属公司的掠夺（Shleifer and Vishny，1998），或者支持（Stiglitz，1989）。出于支持的目的，集团总部必然会积极地配置内部资本为下属公司投资提供内部资金；而出于掠夺的目的，即使下属公司需要，集团总部也未必会配置内部资本以支持。

对于中央集团公司而言，首先由于其面临的融资约束相对最低，公司易于在外部市场以低风险、低成本筹集资金，则其对集团内部资金的需求相对较低。同时由于中央集团组织结构庞大，集团总部自身通常承担了许多政策性投资项目，并且集团内部存在其他未上市的组织及子公司，都需要资金支持；集团总部可能并不倾向于主动地配置内部资本并为下属上市公司提供资金以支持其投资。低融资约束及集团总部的非支持倾向使中央集团企业的投资支出难以获得集团内部资本市场的资金支持。进一步的，中央集团下属公司容易获得优质投资机会、投资行为的政策导向性更强，因此投资机会的高低可能并非其进行投资决策的首要考虑因素，则集团总部是否配置内部资本与投资机会也无明显的关系。

对于地方集团公司而言，首先由于其面临的融资约束较中央集团公司更高，在外部市场筹集资金需要付出一定成本、承担一定风险，并且能够获得的资金也有限，则其对集团内部资金需求较高。同时由于地方保护主义及地方政治竞标赛等因素的驱动，集团总部有较强的支持动机，倾向于为下属公司提供资金以支持其投资项目。融资约束及总部支持使地方集团公司能够获得集团内部资金以帮助其投资顺利进行。进一步考虑投资机会，尽管地方集团公司经营表现出一定程度的政策性导向，例如要参与区域基础设施建设等项目，而不完全以效益为目的；然而同样需要承担促进地方经济增长、促进就业和税收等职责而需要提高经济收益；加之地方集团资金有限，集团总部在配置内部资本的过程当中会倾向于为具有更优投资机会的下属公司提供更多内部资金支持。由此提出以下假设：

假设1：中央集团下属公司投资难以获得集团内部资金的支持，公司投资支出与集团内部资本市场现金流不相关；且公司投资机会的高低不影响其投资支出与集团内部资本市场的关系。

假设2：地方集团公司投资易于获得集团内部资金的支持，公司投资支出随集团内部资本市场现金流的增加而增加；且投资机会高的地方集团公司能够获得更多集团内部资金的支持。

关于投资与内部资本市场的命题，现有研究已进行了多次检验。绝大多数使用资本投资来衡量投资支出（Shin and Stulz，1998；刘星、代彬和郝颖，2010；马永强、陈欢，2013），但是也有研究使用其他类型的投资进行检验，如黄俊、陈信元（2010），Fee et al.（2014）等研究中选取了广告费用、研发投资作为研究对象。由于相关研究中仅针对某一种投资类型进行检验，研究结果不能普遍地解释内部资本配置对于集团企业投资的共性。考虑到这一点，本章在使用投资支出衡量国有集团公司投资行为的基础上，又使用了研发投资同步进行回归检验。研发投资专指针对公司无形资产或技术开发的投资，由于投入研发资金无法确定是否可能得到产出（即研发是否成功，能否获得新技术、新专利、新产品），以及无法确定是否在未来获得回报，因此研发投资具有失败风险更大、信息不对称性更加严重、收益高度不确定，并且容易诱发道德风险等特征。外部投资者对于研发投资的评估会更加谨慎，因此研发投资面临的融资约束相对更高。同时使用研发投资对本章节主题进行回归的目的在于：如果研发投资所得到的结果与资本投资一致，对于中央集团企业而言，可以使本章对于集团总部不配置内部资本以支持下属企业投资的假设更加稳健；对于地方集团企业而言，集团总部积极配置内部资本以支持下属企业投资的假设更具可靠。

总结以上分析，国有集团公司投资支出是否能得到集团内部资本市场现金流的支持，本质上是集团总部在能够统一配置集团资源的前提之下，权衡下属公司的融资约束、集团整体决策、集团总部的动机后做出的决策。在这一决策过程当中，会受到集团内部、集团下属公司经营的外部市场环境、宏观经济环境层面的正式、非正式制度因素的影响。在正式的制度因素当中，控制方式、股权分散程度、下属公司高管权力的差异会通过影响集团总部与下属公司之间的契约关系，进而影响公司融资约束、集团总部的动机，甚至直接影响集团总部决策来影响内部资本配置的效果。而融资依赖程度、市场化水平主要通过影响下属公司的融资约束程度来影响总部对于资本配置决策的权衡。宏观经济不确定性则主要反映出非常态环境与常态环境之间，集团总部对于内部资本决策的变化。在非正式的制度因素当中，董事关联、经理层关联、监事关联衡量了集团总部与下属公司之间的非正式关系；银企关联则衡量了集团下属公司与外部最重要的资金提供方之间的非正式关系。这些非正式关系可能直接影响总部决策，或间接影响公司面临的融资约束，而影响集团内部资本配置的效果。

三　研究设计

（一）核心变量定义

1. 产权性质界定

国有产权：根据实际控股股东对公司产权性质进行划分，如果实际控制人为各级国有资产监督管理委员会或各级政府部门监管的企业法人，则将其划分为国有产权；否则为民营产权。

中央政府国有产权：实际控股股东为中央政府国有资产监督管理委员会或中央政府各部委监管的企业法人，则属于中央政府国有产权。

地方政府国有产权：实际控股股东为地方各级政府或地方国有资产监督管理委员会监管的企业法人，则属于地方政府国有产权。

2. 集团归属界定

企业集团：包括集团总部和集团下属的各上市公司、非上市的公司、机构，统称为企业集团。

集团总部：根据国有上市公司实际控股股东向上追溯，当同一年度有两家及以上的上市公司可以归属于同一由政府监管的企业法人时，该实际控股股东称之为集团总部。

集团下属公司：控股股东为同一集团总部的上市公司或非

上市公司称之为集团下属公司（或集团公司）。

中央集团下属公司：控股股东为中央集团总部的上市公司或非上市公司称之为中央集团下属公司（或中央集团公司）。

地方集团下属公司：控股股东为地方集团总部的上市公司或非上市公司称之为地方集团下属公司（或地方集团公司）。

3. 内部资本市场界定

内部资本市场：在总部的统一协调下，企业集团内部各下属公司之间存在资本配置与资金流动的过程，称之为内部资本市场。

内部资本市场现金流：在第一章关于集团内部资本市场度量方式的分析基础之上，本书参考 Shin 和 Stulz（1998），黄俊、陈信元（2010），马永强、陈欢（2013）等人的研究，使用归属于同一集团总部的下属上市公司中，除本公司外其他所有公司当期经营性现金流之和来衡量集团内部资本市场现金流（OCF）水平（或资金规模）。

4. 分组检验依据概念界定

第二章至第四章的实证研究部分对各章节的核心命题进行了多项分组检验。检验从公司、外部市场环境、宏观经济社会环境的角度出发，选择对集团内部资本市场可能产生影响的一些因素进行分组回归，在此对分组检验依据进行说明。

控制方式：控制方式指集团总部是直接持股控制下属公司，还是通过金字塔控股，在控制权和现金流权存在分离（La Porta et al.，1999；Bebchuk et al.，2000）的情况下控制下属公司。通过金字塔结构控股可能扩大企业集团内部资本市场的规模和效应。然而在两权分离的情况下，集团总部能够获得的公司收益也会被分离，金字塔层级越多和两权分离程度越大，控股股东对公司的利益侵占可能更严重（渡边真理子，2011）。同时，国有企业的渐进式股份改革中，集团总部直接控制的公司通常在集团中处于核心地位且处于与国家经济发展密切相关的产业，势必会受到集团总部的更多重视；而间接控制的公司中，总部控制力势必会被分散，因此控制方式会对与集团内部资本市场相关的行为产生影响。

股权分散：股权分散度是描述股东持股比例不同而整体表现出集中或是分散的指标。相比英美国家，中国公司通常表现出股权高度集中的特征。由于书中集团归属以持股比例最高的实际控股股东为依据，假如股权集中，则企业的决策权及控制权更多由集团总部掌握；假如股权分散度高，则除集团总部作为实际控股股东具有最大的控制权外，持股比例相差不大的其他控股股东也具有一定控制权，存在股权制衡的现象（毛世平，2009），基于集团总部的内部资本市场决策势必受到影响。

高管权力：根据权小锋等（2010）的研究指出，高管权力是企业内部管理者能否满足自身意愿的能力，是剩余控制权的扩张特性；当企业内外部机制不完善时，管理者能够获得超越其应有控制权的能力。高管权力越大，其满足自身意愿的能力越强，就越有可能与公司所有者之间产生冲突，例如为自己谋求私利、盲目追求风险、违背公司所有者意愿进行决策等。而当集团下属公司高管权力更大时，其为满足自身意愿而会主动通过集团内部资本市场获取更多资本（Glaser et al.，2013）用于投资，抑或谋取私利。

外部融资依赖：融资约束决定了公司获得外部融资的难易程度。高融资约束使公司对集团内部资本市场提供的资金需求度增加，从而进一步影响内部资本市场中相关决策主体及利益相关主体的行为。外部市场融资约束难以直接衡量，一方面各种判断融资约束的方法存在较大分歧；另一方面国内上市公司公开披露的信息当中没有直接报告融资难易程度的信息；同时由于中国特殊的制度背景，国企受到融资约束的程度也难以从市场角度完全加以解释。由此，笔者根据喻坤等（2014）的研究，通过衡量公司对外部融资的依赖程度来间接地衡量融资约束。

市场化：市场化进程的完善会使国有企业面临的预算约束硬化，经营需要按照市场的角度运转并体现效率、效益原则，面临非国有经济体更加激烈的竞争（辛清泉、谭伟强，2009）。这势必影响国有集团公司在外部市场的经营决策，从而影响集团内部资本市场的决策。

宏观经济不确定：宏观经济不确定性增加时，社会产出、就业、增长率等的增长都更加不可预期，宏观政策没有或者不能达到稳定经济的效果。这意味着极端因素、不和谐因素和风险因素的增加，经济主体难以对未来经济情势做出合理的预期，可能会扭曲资源分配（王义中、宋敏，2014）。除此之外，宏观经济不确定性在一定程度上还会反映国企受到政府宏观经济调控以及政策支持的力度，由此直接及间接地会对集团内部资本市场决策产生影响。

董事会成员关联：与外部市场各建立非正式制度，有利于公司规避外部市场不完全带来的高风险（王永进、盛丹，2012）。

从非正式制度如政治关联（于蔚、汪淼军、金祥荣，2012）、银企关联（邓建平、曾勇，2011）、社会关系（陈爽英等，2010）等视角进行研究是近年来公司行为研究的焦点。然而，企业集团的研究却很少涉及非正式制度。事实上，企业集团不仅能够与外部市场利益相关者建立非正式关系，集团总部与下属公司相互之间也存在各种非正式关系。如果公司通过与集团总部存在更加密切的非正式关系，则可能获得集团总部提供的更多资源（Duchin and Sosruya，2013）。因此，当集团公司董事长（或董事会成员）有集团总部现兼任或曾任职经历，则公司存在董事长（或董事会成员）关联。董事会成员是集团公司决策者，则其与集团总部存在的关联必然会对集团内部资本市场的运作产生影响。

经理层关联：集团下属企业总经理（或经理层成员）有集团总部现兼任或曾任职经历，则该企业存在总经理（或经理层成员）关联。经理层同样是集团下属企业的重要行为主体，因此其成员与集团总部存在的关联同样会对集团内部资本市场的运作产生影响。

监事关联：集团公司监事有集团总部现兼任或曾任职经历，则公司存在监事关联。中国国有企业集团较为热衷向其控制的上市公司派驻监事。根据文中对监事关联数据的收集，中央集团企业的 2328 个样本中，有 1344 个观察值存在监事关联的现象；地方集团企业的 1644 个样本中，有 1111 个观察值存在监事关联的现象。由总部派驻的监事可能对集团总部忠诚度更高，更多出于集团总部利益的角度对公司进行监督，因而监事与集团总部存在关联时，可能会对集团内部资本市场的决策产生影响。

银企关联：集团公司高管在银行金融机构有曾任职或现兼任职经历，则该公司与银行存在关联。当公司高管与银行金融机构存在非正式关联时，可能通过与银行机构建立关系获得隐形担保、降低信息不对称性，或者便于银行机构进行监督（邓建平、曾勇，2011），会在一定程度上影响银行决策并进一步影响企业融资约束。外部融资约束的变化势必会对集团内部资本市场的决策及效果产生影响。

5. 公司投资的衡量

参考屈文洲、谢雅璐和叶玉妹（2011），马永强、陈欢（2013），梁琪、俞峰燕（2014）等研究，根据公司当期固定资产、长期投资和无形资产净值增量来衡量公司投资支出（*INV*）。另外，参考顾元媛、沈坤荣（2012），解维敏、方红星（2011）等研究，根据公司当期年报中披露的研发费用支出的总计数来衡量研发投资的投入规模（*RD*）。

（二）模型设定

根据理论分析，本章建立方程（1）对国有产权、集团归属公司投资支出、研发投资是否存在显著差别进行初步检验。之后建立方程（2）对国有集团其下属公司投资支出、研发投资是否依赖公司内部现金流进行检验。进一步的，建立方程（3）对不同分组的国有集团公司投资支出、研发投资与集团内部资本市场的关系及相互作用机制进行检验。

$$INV_{it}（RD_{it}）= \alpha + \beta_1 STATE_{it} + \beta_2 JITUAN_{it} + \beta_3 SIZE_{it-1} +$$
$$\beta_4 AGE_{it} + \beta_5 LEV_{it-1} + \beta_6 GROWTH_{it-1} +$$
$$\beta_7 TOBIN\_Q_{it-1} + \beta_8 ROA_{it-1} + \beta_9 CENTRAL_{it} +$$

$$\beta_{10}BOARDSIZE_{it} + \beta_{11}MAR_{it} + \quad\quad (1)$$
$$\sum INDUSTRY + \sum YEAR + \varepsilon_{it}$$

$$INV_{it}(RD_{it}) = \alpha + \beta_1 CF_{it} + \beta_2 SIZE_{it-1} + \beta_3 AGE_{it} +$$
$$\beta_4 LEV_{it-1} + \beta_5 GROWTH_{it-1} + \beta_6 TOBIN\_Q_{it-1} + \quad (2)$$
$$\beta_7 ROA_{it-1} + \beta_8 CENTRAL_{it} + \beta_9 BOARDSIZE_{it} +$$
$$\beta_{10}MAR_{it} + \sum INDUSTRY + \sum YEAR + \varepsilon_{it}$$

$$INV_{it}(RD_{it}) = \alpha + \beta_1 CF_{it} + \beta_2 OCF_{it} + \beta_3 SIZE_{it-1} + \beta_4 AGE_{it} +$$
$$\beta_5 LEV_{it-1} + \beta_6 GROWTH_{it-1} + \beta_7 TOBIN\_Q_{it-1} + \quad (3)$$
$$\beta_8 ROA_{it-1} + \beta_9 CENTRAL_{it} + \beta_{10}BOARDSIZE_{it} +$$
$$\beta_{11}MAR_{it} + \sum INDUSTRY + \sum YEAR + \varepsilon_{it}$$

回归方程中，被解释变量分别为公司投资支出（INV），等于固定资产、长期投资和无形资产净值当期增量除以期初总资产进行标准化；公司研发投资（RD），等于当期支出的研发费用除以期初总资产进行标准化。主要解释变量为产权性质虚拟变量（STATE），当产权性质为国有时，取值为1，否则为0；国有集团归属虚拟变量（JITUAN），当公司追溯的实际控制人能够归属于同一国有集团总部时，取值为1，否则为0；公司自身现金流水平（CF），等于当期经营性现金流量除以期初总资产；集团内部资本市场规模（OCF），等于除本公司外同一集团下属其他公司经营性现金流量总和除以期初总资产。参考投资－现金流敏感性的相关研究以及集团内部资本市场的相关研究（Shin and Stulz，1997；黄俊、陈信元，2010；马永强、陈欢，2013等），本章使用公司规模（SIZE）、财务杠杆（LEV）、公司年龄（AGE）、销售增长水平（GROWTH）、投资机会市面值比

（$TOBIN\_Q$）、资产回报率（ROA）、第一大股东持股比例（$CENTRAL$）、董事会规模（$BOARDSIZE$）、市场化程度（MAR）作为控制变量，并同时控制行业（$INDUSTRY$）、年度（$YEAR$）的影响。回归中所涉及变量定义归纳，见表 2 - 1。

表 2 - 1　变量定义

变量名称	定义及说明
INV	资本投资，等于固定资产、长期投资和无形资产净值当期增量/期初总资产
RD	研发投资，等于当期研发费用/期初总资产
CF	企业自身现金流水平，等于当期经营性现金流量/期初总资产
OCF	内部资本市场规模，等于同一集团内其他企业自身现金流水平的总和/期初总资产
$STATE$	产权性质虚拟变量，当企业为国有企业时，取值为 1，否则为 0
$JITUAN$	国有集团虚拟变量，当企业归属于某一国有集团时，取值为 1，否则为 0[①]
$SIZE$	公司规模，等于公司资产总额，取自然对数
AGE	公司年龄，等于公司成立至统计年度的年限加 1 后，取自然对数
LEV	财务杠杆，等于公司资产负债率
$GROWTH$	销售增长水平，等于（当期营业收入 - 上期营业收入）/上期营业收入
$TOBIN\_Q$	投资机会，等于市场价值（股权市值与净债务市值）/期末总资产
ROA	资产报酬率，等于净利润/总资产
$CENTRAL$	股权集中度，等于第一大股东的持股比例
$BOARDSIZE$	董事会规模，等于董事会人数
MAR	市场化程度，来自樊纲等《中国市场化指数报告 2010》[②]
$INDUSTRY$	行业虚拟变量
$YEAR$	年度虚拟变量

①产权性质虚拟变量（$STATE$）、国有集团虚拟变量（$JITUAN$）仅在实证章节中的基础检验中涉及，在之后专门针对企业集团内部资本市场的研究中并不涉及。

②《中国市场化指数报告 2010》其中所统计的数据仅到 2009 年，参考现有文献处理方法，2010 年及之后的数据使用 2009 年的代替。

（三）分组检验依据

在使用方程（3）检验国有集团内部资本市场与下属上市公

司投资作用机制的基础上，本章进一步从正式制度以及非正式制度的层面对中央政府控制的集团下属上市公司（以下简称中央集团公司）以及地方政府控制的集团下属上市公司（以下简称地方集团公司）进行分组检验。

其中正式制度因素包括：

（1）控制方式。参考俞红海等（2010），当实际控制人（集团总部）的控制权和现金流权没有分离时，为直接控制；当实际控制人（集团总部）采用金字塔持股的方式，控制权和现金流权存在分离时，为间接控制。

（2）股权分散程度。参考张泽南（2014），使用第一大股东持股比例与第二至第十大股东持股比例的比值衡量，当比值大于 1 时，股权集中；当比值小于 1 时，股权分散。

（3）高管层权力高低。参考权小峰等（2010）、张泽南（2014）、王茂林等（2014）的研究，使用高管层权力合成指标来衡量高管权力的高低。合成指标具体包括三个方面：董总合一，如果董事长与总经理由同一人担任，则管理层权力更大，取值为 1，否则取值为 0；股权分散度，如果股权分散，则管理层权力更大，取值为 1，否则取值为 0；金字塔持股，如果控制人通过金字塔持股，则管理层权力更大，取值为 1，否则取值为 0。将三个方面的分值加总为高管层权力指标，当分值处于前 50% 时，高管层权力较大；否则高管层权力较小。

（4）外部融资依赖程度。参考喻坤等（2014）的研究，首先使用 Rajan and Zingales（1998）的方法计算企业对外部资金的需求情况，计算公式为：

外部融资依赖度 =（资本支出 - 调整后现金流）/资本支出

其中，调整后现金流等于：经营性现金流 + 减少的存货 + 减少的应收账款 + 增加的应付账款。

在此基础上使用行业外部融资依赖度的中位数作为行业外部融资依赖度指标，并且将公司外部融资依赖度与行业值相比较，当公司指标大于行业指标，则外部融资依赖度高；否则外部融资依赖度低。

（5）市场化水平。根据《中国市场化指数报告 2010》中省级行政区市场化指数指标判断，如果公司所处地区市场化指数大于所有省级行政区中位数，则市场化水平高；如果低于中位数，则市场化水平低。

（6）宏观经济不确定程度。参考邱兆祥、刘远亮（2010），Talavera et al.（2012），王义中、宋敏（2014）的研究，使用 GARCH（1，1）模型度量季度国内实际生产总值（GDP）变化率的条件方差，所使用的 GARCH（1，1）如下：

$$G_t = a_0 + a_i \sum_{i=1}^{n} G_{t-i} + e_i \qquad (4)$$

$$V_t = \beta_0 + \beta_1 e_{t-1}^2 + \beta_2 V_{t-1} \qquad (5)$$

其中，G_t 为季度实际 GDP 的对数一阶差分；e_i 为误差项；V_t 为 GARCH（1，1）所得误差项的条件方差；i 为滞后阶数，此处取 I；t 为以季度为单位的时间期间。为宏观经济不确定性的季度衡量指标。据此计算出年度平均值作为宏观经济不确定性指标（*VOLATILITY*），取所有年度平均值的中位数，当年度宏观经济不确定性大于该中位数时，宏观经济不确定程度高；当年度宏观经济不确定性小于该中位数时，宏观经济不确定程度低。

另外，非正式制度因素有：

（1）董事关联。参考 Duchin and Sosyura（2013），Glaser et al.（2013）的研究，使用集团下属公司董事长（或董事会成员）是否有集团总部现兼任或曾任职经历以判断是否存在董事长（董事）关联。如果有任职经历，则该公司与集团总部存在董事关联，否则不存在董事关联。

（2）经理层关联。集团下属公司总经理（或经理层成员）是否有集团总部现兼任或曾任职经历以判断是否存在总经理（或经理层成员）关联。如果有任职经历，则该公司与集团总部存在管理层关联，否则不存在管理层关联。

（3）监事关联。集团下属公司监事会成员是否有集团总部现兼任或曾任职经历，以判断是否存在监事关联。如果有任职经历，则该公司与集团总部存在监事关联，否则不存在监事关联。

（4）银企关联。参考刘慧龙等（2010），邓建平、曾勇（2011）的研究，使用公司高管（包括董事会成员、管理层成员、监事会成员）是否有现兼任或曾任职经历以判断企业是否与银行存在银企关联。如果有任职经历，则存在银企关联，否则不存在银企关联。

分组检验方法及标准进一步总结归纳，见表 2-2。

表 2-2　分组检验方法及标准

分组依据	分组方法及标准
集团类别	根据实际控制人的集团总部所归属的政府层级判断所属国有集团类别 集团总部受国务院国资委监督：中央集团公司；集团总部受地方各级政府国资委监督：地方集团公司
控制方式	根据集团总部是否通过控制权与现金流权的分离来控制上市公司 控制权与现金流权不分离：直接控制；控制权与现金流权分离：间接控制
股权分散	根据第一大股东持股比例/第二至第十大股东持股比例的比值加以判断股权分散程度 持股比例>1：股权集中；持股比例<1：股权分散

续表

分组依据	分组方法及标准
高管权力	根据高管权力分值判断高管权力的高低程度 高管权力分值处于前50%：高管权力大；高管权力分值处于后50%：高管权力小
外部融资依赖度	根据公司外部融资依赖度相比行业均值的高低判断 外部融资依赖＞行业均值：外部融资依赖高；外部融资依赖＜行业均值：外部融资依赖低
市场化水平	根据市场化指数分值来判断市场化水平高低程度 市场化指数分值处于前50%：市场化程度高；市场化指数分值处于后50%：市场化程度低
宏观经济不确定性	根据GDP所计算的宏观经济不确定性高低判断 宏观经济不确定性分值处于前50%：不确定性高；处于后50%：不确定性低
董事关联	根据公司董事长（董事会成员）是否现任或曾经有过集团总部任职经历判断 董事长（董事）有集团总部任职经历：存在关联；无集团总部任职经历：不存在关联
经理层关联	根据总经理/经理是否现任或曾经有过集团总部任职经历判断 总经理/经理有集团总部任职经历：存在关联；无集团总部任职经历：不存在关联
监事关联	根据公司监事是否现任或曾经有过集团总部任职经历判断 监事有集团总部任职经历：存在关联；无集团总部任职经历：不存在关联
银企关联	根据企业高管层（包括董、监、高）是否现任或曾经有过银行任职经历判断 高管层有银行任职经历：存在关联；无银行任职经历：不存在关联

四　样本选择与描述性统计分析

（一）样本选择和数据来源

本章以2004～2013年沪深两市非金融上市公司为候选研究对象，区分不同产权性质对所有公司投资情况进行检验。在此基础上对上市公司实际控制人情况进行了手工整理和筛选，之后以实际控制人为依据，剔除民营产权的上市公司，仅保留国有上市公司，并对国有独立或集团下属上市公司投资支出进行检验。进一步的，单独保留国有集团公司对其内部资本市场与投资的作用机制进行研究。对国有集团公司的具体划分方法为：如果上市公司隶属于同一国有产权法人性质的实际控制人，则将其归属于同一国有集团；如果该公司法人受国务院国有资产监督管理委员会负责监督管理，则归属于同一中央国有集团；如果该公司法人为地方（省、市、县、区）各级政府或国有资产监督管理委员会负责监督管理，则归属于同一地方国有集团。进一步剔除资产负债率大于1以及金融上市公司之后，得到归属于不同国有集团的上市公司样本合计3972个，其中中央集团下属上市公司样本2328个，分别归属于93家不同的中央集团①；地方集团下属上市公司样本1644个，分别归属于125个不同的地方集团，样本分布的年份和行业情况如表2－3所示。可以看出，从2004年至2013年，每年所统计的国有集团公司呈递增趋势；2011年，中央集团公司最多，为273家；2013年，地方集团公司最多，为190家。而从行业分布来看，国有集团公司分布最多的三个行业为机械、设备、仪表，金属、非金属，石油、化学、塑胶、塑料；分布最少的三个行业为其他制造业，文化、体育和娱乐业，木材、家具。本章采用winsorize（1%）方法对相关变量的极端值进行处理。关于国有集团下属公司实

---

① 2014年国务院国有资产监督管理委员会发布的《中央企业2013年度总体运行情况》显示，截至2013年底，全国有中央企业合计113家。然而由于本章关于央企集团的样本仅仅包括集团总部在我国A股资本市场控制两家及以上上市公司的中央集团型企业，合计93家；没有在A股市场直接或间接控制两家及以上上市公司的中央企业不在本章搜集的样本中，特此说明。

际控制人数据（尤其是国有资产监督管理委员会）来自对上市公司年份报告中控制权链条图的手工整理，关于上市公司研发投资的数据来自 WIND 数据库，其他数据均来自国泰安数据库。

表 2 - 3   样本分布的年份和行业情况

Panel A：各年份样本分布

年份	2004	2005	2006	2007	2008	2009	2010	2011	2012	2013	合计
国有	320	312	330	350	395	431	461	461	460	452	3972
中央	184	183	199	205	229	254	271	273	268	262	2328
地方	136	129	131	145	166	177	190	188	182	190	1644

Panel B：各行业样本分布

行　业	数量	分布（%）	行　业	数量	分布（%）
农、林、牧、渔业	50	1.26	造纸、印刷	51	1.28
采矿业	146	3.68	电力、热力、燃气及水生产和供应业	231	5.82
电子	206	5.19	建筑业	84	2.11
纺织、服装、皮毛	92	2.32	交通运输、仓储和邮政业	157	3.95
机械、设备、仪表	825	20.77	信息传输、软件和信息技术服务业	284	7.15
金属、非金属	365	9.19	批发和零售业	237	5.97
木材、家具	0	0.00	房地产业	124	3.12
其他制造业	17	0.43	水利、环境和公共设施管理业	130	3.27
石油、化学、塑胶、塑料	480	12.08	文化、体育和娱乐业	9	0.23
食品制造业	105	2.64	综合类	137	3.45
医药、生物制品	242	6.09	总计	3972	100

（二）描述性统计

表 2 - 4 列出了文中变量的描述性统计结果。集团公司投资支出均值为 0.0576，方差为 0.1356；RD 的均值为 0.0169，方差为 0.0205；可见我国上市公司投资水平普遍不高，并且用于

技术型风险性研发投资的平均水平更低。*CF* 均值为 0.0555，方差为 0.0989；*OCF* 均值为 2.4770，方差为 13.2774；可见内部资本市场中集团其他下属公司现金流总和远大于公司自身现金流，如果能通过内部资本市场加以合理利用，必将最大程度发挥优势；同时由于各集团控制公司的数量存在较大差异，内部资本市场规模的方差也较大。*SIZE* 均值为 22.1043，方差为 1.4761，表明附属于国有集团的上市公司普遍具有一定规模。*AGE* 均值为 8.4088，方差为 0.4413，表明附属于国有集团的公司上市时间普遍较长。*LEV* 均值为 0.5218，方差为 0.2090，表明样本普遍具有较高的资产负债率。*GROWTH* 均值为 0.2311，方差为 0.5572，表明附属于国有集团的上市公司保持了较高的销售增长率。*TOBIN_Q* 均值为 1.6397，方差为 0.9071，表明附属于国有集团的上市公司市值普遍远高于面值。*ROA* 均值为 0.0308，方差为 0.0626，表明附属于国有集团的上市公司资产回报率水平不高，且基本较为相近。*CENTRAL* 均值为 0.4048，方差为 0.1578，表明附属于国有集团的上市公司第一大股东持股比例维持在一个比较高的水平，与我国资本市场中上市公司现状相符。*BOARDSIZE* 均值为 9.6710，方差为 2.0681，表明附属于国有集团的上市公司董事会规模较为相近。*MAR* 均值为 2.2691，方差为 0.2142。

表 2-4 主要变量的描述性统计结果

	MEAN	SD	MIN	P25	P50	P75	MAX
INV	0.0576	0.1356	-0.2846	-0.0054	0.0242	0.0847	0.7618
RD	0.0169	0.0205	0.0001	0.0030	0.0096	0.0235	0.1197
CF	0.0555	0.0989	-0.3098	0.0050	0.0502	0.1040	0.3931

	MEAN	SD	MIN	P25	P50	P75	MAX
OCF	2.4770	13.2774	−2.4516	0.0095	0.1161	0.6077	111.5193
SIZE	22.1043	1.4761	14.9375	21.1540	21.9110	22.8798	28.9332
AGE	8.4088	0.4413	4.7095	8.2045	8.4832	8.7114	9.3332
LEV	0.5218	0.2090	0.0500	0.3831	0.5345	0.6648	2.0498
GROWTH	0.2311	0.5572	−0.8205	0.0134	0.1520	0.3156	4.7119
TOBIN_Q	1.6397	0.9071	0.4775	1.1126	1.3319	1.8317	7.5639
ROA	0.0308	0.0626	−0.4064	0.0100	0.0308	0.0564	0.2122
CENTRAL	0.4048	0.1578	0.0362	0.2805	0.4038	0.5174	0.9200
BOARDSIZE	9.6710	2.0681	4.0000	9.0000	9.0000	11.0000	19.0000
MAR	2.2691	0.2142	1.2060	2.2311	2.3302	2.3961	2.5526

（三）相关性分析

附表 1 列示了主要变量的相关系数矩阵。公司自身现金流水平（CF）与投资支出（INV）、研发投资（RD）都显著正相关，初步说明国有集团企业的投资支出、研发投资都需要依赖企业自身现金流。内部资本市场现金流水平（OCF）与投资支出显著负相关，但与研发投资不显著相关，表明国有集团公司的投资支出依赖于集团内部资本市场现金流。除此之外，资产规模（SIZE）、销售增长率（GROWTH）、市面值比（TOBIN_Q）、资产回报率（ROA）、第一大股东持股比例（CENTRAL）、董事会规模（BOARDSIZE）分别显示与国有集团公司投资支出显著正相关；公司年龄（AGE）、资产负债率（LEV）、市场化程度（MAR）与投资支出负相关。而公司规模、年龄、资产负债率与国有集团公司研发投资显著负相关；市面值比、资产回报率、市场化水平与研发投资显著正相关；销售增长率、第一大股东持股比例、董事会规模与研发投资关系不显著。主要变量的相关系数结果与本章理论预期基本一致，并且显著水平普遍较高，可见回归模型中控制这些变量有利于实证结果的可靠性。此外，控制变量之间的相关系数都小于 0.5，初步说明它们对多元回归分析产生严重多重共线性的可能性小。而研发投资与集团内部资本市场现金流水平不相关是否说明国有技术型风险性投资不依赖内部资本市场，或者内部资本市场无效，这有待后文多元回归及分组的进一步检验。

五　实证分析

在理论分析的基础上，本章首先考察国有产权以及集团归属是否会造成公司投资决策，包括投资支出（*INV*）以及研发投资（*RD*）的差异；同时检验不同层级政府控制下的国有集团公司自身现金流与投资之间的关系。进一步的，本章引入集团下属其他公司的现金流水平，作为内部资本市场的代理变量，考察内部资本市场与不同国有集团企业的投资是否存在关系；然后从公司、市场环境、宏观经济社会环境三个层面的正式、非正式制度两个维度来检验内部资本市场与不同国有集团公司投资的关系。

（一）企业投资与内部资本市场：基于国有产权和集团归属的初步检验

1. 公司投资、国有产权与集团归属

表 2 - 5 分别对国有产权以及集团归属是否影响国有公司投

资进行检验。Model（1）中，*STATE* 回归系数在 1% 显著性水平
上为 - 0.0180，而 Model（3）中 *STATE* 回归系数在 5% 显著性
水平上为 - 0.0021，这表明国有产权降低投资支出的程度要大
于其降低研发投资的程度。Model（2）针对国有公司的回归中，
JITUAN 回归系数在 5% 显著性水平上为 - 0.0074，而 Model（4）
中该回归系数则不显著，说明集团归属显著降低了国有公司投
资支出，但未能对研发投资产生影响。

表 2 - 5　企业投资、国有产权与集团归属

	（1）全样本 INV	（2）国有产权 INV	（3）全样本 RD	（4）国有产权 RD
CONSTANT	- 0.2307 *** (-4.79)	- 0.3184 *** (-4.39)	0.0364 *** (2.65)	0.0566 *** (2.92)
STATE	- 0.0180 *** (-5.96)		- 0.0021 ** (-2.19)	
JITUAN		- 0.0074 ** (-2.17)		- 0.0002 (-0.19)
SIZE	0.0242 *** (14.35)	0.0235 *** (11.35)	- 0.0002 (-0.37)	- 0.0007 (-1.40)
AGE	- 0.0274 *** (-7.00)	- 0.0191 *** (-3.12)	- 0.0066 *** (-6.45)	- 0.0086 *** (-5.10)
LEV	- 0.0148 (-1.40)	0.0152 (1.12)	- 0.0006 (-0.25)	0.0011 (0.29)
GROWTH	0.0017 (0.74)	- 0.0027 (-1.07)	0.0016 ** (2.48)	0.0001 (0.19)
TOBIN_Q	0.0202 *** (8.08)	0.0255 *** (6.53)	0.0029 *** (5.14)	0.0026 *** (3.41)
ROA	0.1776 *** (5.48)	0.2325 *** (5.35)	0.0469 *** (5.96)	0.0389 *** (3.53)
CENTRAL	0.0233 ** (2.22)	0.0035 (0.25)	0.0010 (0.36)	0.0031 (0.83)

	（1）全样本 INV	（2）国有产权 INV	（3）全样本 RD	（4）国有产权 RD
BOARDSIZE	-0.0003 (-0.34)	0.0006 (0.62)	0.0001 (0.22)	0.0002 (0.73)
MAR	-0.0216*** (-3.11)	-0.0275*** (-3.05)	0.0091*** (3.22)	0.0097*** (2.73)
INDUSTRY	YES	YES	YES	YES
YEAR	YES	YES	YES	YES
N	14388	8509	6334	3122
adj. R²	0.111	0.118	0.289	0.260

注：（1）括号中报告值是 T 统计量；（2）"*""**""***"分别表示 10%、5% 和 1% 显著性水平；（3）标准误经异方差（heteroskedasticity）和公司聚类（cluster）调整。

2. 国企投资、集团归属与现金流量

表 2 - 6 根据集团总部所属的不同政府层级，进一步将国有集团下属公司划分为受国务院国有资产监督管理委员会所监督管理的中央集团控制的上市公司（简称为中央集团公司），以及地方各级政府国有资产监督管理委员会所监督管理的地方集团控制的上市公司（简称为地方集团公司），检验公司内部现金流与投资支出、研发投资的关系。Model（1）显示，CF 回归系数在 1% 的显著性水平上为 0.1476，表明国有集团公司投资支出显著依赖于公司内部现金流；Model（2）、Model（3）的分组回归结果显示：中央集团公司投资支出与公司内部现金流不存在显著相关，地方集团公司投资支出显著依赖于公司内部现金流（回归系数在 1% 的显著性水平上为 0.2299）。Model（4）、Model（5）、Model（6）针对研发投资的回归得到了趋同一致的结论。地方集团公司的回归结果与现有投资——现金流敏感的研究结论一致：由于外部资本市场的不完

全，公司存在不同程度的融资约束，因而其投资表现出与公司内部现金流量的正相关（黄俊、陈信元，2010）；但中央集团公司 *CF* 回归系数与投资支出、研发投资都不相关，有两点可能的解释：一是中央集团公司有效地使用了内部资本市场现金流用于不同类型的投资，故投资与公司内部现金流水平不显著相关（Houston et al.，1997）；二是中央集团公司由于面临的"预算软约束"程度较地方集团更高，因外部市场不完全而受到融资约束程度低，易于从外部资本市场获得资金用于投资，因而投资支出或研发投资对公司内部现金流水平的回归系数都不显著。具体原因如何有待后文进一步检验和解释。

表 2－6　国企投资、集团归属与现金流量

	（1）国有集团 INV	（2）中央集团 INV	（3）地方集团 INV	（4）国有集团 RD	（5）中央集团 RD	（6）地方集团 RD
CONSTANT	－ 0.1381 （－ 1.40）	－ 0.2652 ** （－ 2.00）	－ 0.0690 （－ 0.44）	0.0909 *** （3.84）	0.1170 *** （3.96）	0.0578 （1.40）
CF	0.1476 *** （3.35）	0.0870 （1.45）	0.2299 *** （3.75）	0.0300 *** （2.94）	0.0091 （0.70）	0.0567 *** （4.11）
SIZE	0.0222 *** （7.06）	0.0222 *** （5.53）	0.0224 *** （4.44）	－ 0.0007 （－ 1.17）	－ 0.0008 （－ 1.06）	－ 0.0008 （－ 0.63）
AGE	－ 0.0275 *** （－ 3.29）	－ 0.0202 * （－ 1.69）	－ 0.0361 *** （－ 2.98）	－ 0.0114 *** （－ 5.23）	－ 0.0133 *** （－ 4.41）	－ 0.0093 *** （－ 2.86）
LEV	－ 0.0153 （－ 0.89）	－ 0.0524 ** （－ 2.37）	0.0122 （0.47）	0.0026 （0.56）	0.0002 （0.04）	0.0045 （0.65）
GROWTH	0.0013 （0.38）	－ 0.0023 （－ 0.50）	0.0033 （0.60）	0.0002 （0.26）	0.0012 （1.30）	－ 0.0019 （－ 1.12）
TOBIN_Q	0.0134 ** （2.35）	0.0132 ** （1.99）	0.0120 （1.36）	0.0027 *** （2.65）	0.0024 *** （2.75）	0.0041 * （1.83）
ROA	0.2451 *** （4.46）	0.3067 *** （4.24）	0.1365 * （1.82）	0.0394 ** （2.37）	0.0448 ** （2.41）	0.0221 （0.76）

续表

	（1）国有集团 INV	（2）中央集团 INV	（3）地方集团 INV	（4）国有集团 RD	（5）中央集团 RD	（6）地方集团 RD
CENTRAL	- 0.0186 （ - 0.94）	- 0.0046 （ - 0.16）	- 0.0275 （ - 1.01）	0.0033 （0.58）	0.0012 （0.17）	0.0078 （0.87）
BOARDSIZE	- 0.0011 （ - 0.82）	- 0.0028 （ - 1.55）	0.0003 （0.13）	- 0.0001 （ - 0.31）	0.0002 （0.45）	- 0.0006 （ - 0.79）
MAR	- 0.0309 * （ - 1.91）	- 0.0093 （ - 0.42）	- 0.0359 （ - 1.47）	0.0038 （0.76）	- 0.0051 （ - 0.75）	0.0166 ** （2.29）
INDUSTRY	YES	YES	YES	YES	YES	YES
YEAR	YES	YES	YES	YES	YES	YES
N	3483	2037	1446	1566	997	569
adj. R^2	0.131	0.131	0.151	0.305	0.343	0.285

注：（1）括号中报告值是 T 统计量；（2）"＊""＊＊""＊＊＊"分别表示 10%、5% 和 1% 显著性水平；（3）标准误经异方差（heteroskedasticity）和公司聚类（cluster）调整。

3. 公司投资与国有集团内部资本市场：基础检验

在仅考虑公司内部现金流的基础上，表 2 - 7 加入集团内部资本市场（OCF）变量，检验内部资本市场与国有集团公司投资支出的关系，并同时使用研发投资进行回归，以确保实证结果的稳健性。Model（1）、Model（2）、Model（4）、Model（5）显示，国有集团公司以及分组后的中央集团公司 OCF 对投资支出以及研发投资的回归系数都不显著；Model（3）、Model（6）关于地方集团公司的分组回归则显示 OCF 回归系数分别在 5% 和 1% 的显著性水平上为 0.0051 和 0.0019。回归结果显示：无论是投资支出还是单独考虑研发投资，地方集团公司投资支出都显著地随集团内部资本市场现金流的增加而增加；相反，中央集团公司的投资支出都与内部资本市场现金流不显著相关。

表2-7 公司投资与国有集团内部资本市场：基础检验

	(1) 国有集团 INV	(2) 中央集团 INV	(3) 地方集团 INV	(4) 国有集团 RD	(5) 中央集团 RD	(6) 地方集团 RD
CONSTANT	-0.1376	-0.2687**	-0.0714	0.0908***	0.1169***	0.0650*
	(-1.40)	(-2.02)	(-0.45)	(3.83)	(3.95)	(1.66)
CF	0.1482***	0.0891	0.2282***	0.0299***	0.0090	0.0538***
	(3.34)	(1.46)	(3.72)	(2.92)	(0.69)	(4.06)
OCF	-0.0002	-0.0003	0.0051**	0.00001	0.00001	0.0019***
	(-1.00)	(-1.43)	(2.18)	(0.38)	(0.38)	(4.33)
SIZE	0.0220***	0.0216***	0.0243***	-0.0007	-0.0008	-0.0001
	(6.98)	(5.43)	(4.54)	(-1.14)	(-1.03)	(-0.10)
AGE	-0.0269***	-0.0181	-0.0380***	-0.0114***	-0.0133***	-0.0105***
	(-3.21)	(-1.50)	(-3.10)	(-5.24)	(-4.41)	(-3.39)
LEV	-0.0168	-0.0561**	0.0075	0.0027	0.0003	0.0049
	(-0.96)	(-2.47)	(0.29)	(0.58)	(0.06)	(0.75)
GROWTH	0.0013	-0.0024	0.0038	0.0002	0.0012	-0.0021
	(0.37)	(-0.53)	(0.69)	(0.27)	(1.31)	(-1.19)
TOBIN_Q	0.0136**	0.0136**	0.0098	0.0027***	0.0024***	0.0029
	(2.38)	(2.04)	(1.20)	(2.65)	(2.75)	(1.53)
ROA	0.2450***	0.3095***	0.1524**	0.0394**	0.0447**	0.0437*
	(4.44)	(4.27)	(2.22)	(2.38)	(2.41)	(1.85)
CENTRAL	-0.0174	-0.0019	-0.0337	0.0031	0.0010	0.0042
	(-0.88)	(-0.07)	(-1.23)	(0.54)	(0.13)	(0.47)
BOARDSIZE	-0.0011	-0.0029	-0.0001	-0.0001	0.0002	-0.0008
	(-0.83)	(-1.58)	(-0.06)	(-0.30)	(0.47)	(-1.09)
MAR	-0.0310*	-0.0090	-0.0404	0.0039	-0.0050	0.0129*
	(-1.91)	(-0.40)	(-1.64)	(0.77)	(-0.73)	(1.84)
INDUSTRY	YES	YES	YES	YES	YES	YES
YEAR	YES	YES	YES	YES	YES	YES
N	3483	2037	1446	1566	997	569
adj. R²	0.131	0.132	0.155	0.304	0.342	0.319

注：（1）括号中报告值是 T 统计量；（2）"＊""＊＊""＊＊＊"分别表示 10%、5% 和 1% 显著性水平；（3）标准误经异方差〔heteroskedasticity）和公司聚类（cluster）调整。

4. 公司投资、投资机会与国有集团内部资本市场

表2-8进一步检验了集团总部配置内部资本用于支持下属各公司投资的过程是否与投资机会有关。Model（1）、Model（2）、

Model（5）、Model（6）的回归中 OCF 回归系数都不显著，表明无论面临的投资机会高还是低，中央集团公司投资支出、研发投资都没有明显地获得集团内部资本市场的支持。Model（3）、Model（7）中 OCF 回归系数显著为正，Model（4）、Model（8）则不显著，意味着地方集团内部资本市场更加倾向于为具有高投资机会的下属公司提供内部资金支持，投资支出以及研发投资都获得了趋同一致的结果。

以上回归结果可以总结为以下几点：（1）国有产权降低公司投资支出与研发投资；集团归属降低公司投资支出，但不影响研发投资。（2）中央集团公司投资不依赖内部现金流；地方集团公司投资显著依赖内部现金流。（3）地方集团公司资本支出显著依赖内部资本市场，中央集团公司资本支出与内部资本市场不显著相关；使用研发投资进行检验后该结论同样成立。（4）地方集团内部资本市场提供的资金主要流向高投资机会的公司；而中央集团内部资本市场是否配置资金用于下属公司投资，与公司投资机会无关；对于投资支出、研发投资的回归都支持这一观点。根据回归结果，可以判断：（1）中央集团公司由于有强力的政策性支持，易于从外部资本市场获得资金，基本不受融资约束的影响，故而中央集团公司投资即不依赖于自身现金流，也不依赖于内部资本市场。而其投资不依赖于内部资本市场的原因，除了外部"预算软约束"之外，或者由于其不存在集团内部的资本流动；或者由于中央集团内部资本市场所提供的内部资金可能被用于其他方面，如内部人私有收益、向大股东输送利益等；或者投资仅在一定条件下才需要依赖内部资本市场所提供的资金。（2）地方集团公司尽管也能获得政策性支持，但支

表2-8 公司投资、投资机会与国有集团内部资本市场

	(1) 中央-高Q INV	(2) 中央-低Q INV	(3) 地方-高Q INV	(4) 地方-低Q INV	(5) 中央-高Q RD	(6) 中央-低Q RD	(7) 地方-高Q RD	(8) 地方-低Q RD
CONSTANT	-0.2709 (-1.24)	-0.2690* (-1.73)	-0.0073 (-0.02)	-0.0731 (-0.58)	0.1683*** (2.63)	0.0863*** (3.30)	0.1189** (2.01)	0.0528 (1.13)
CF	0.2176** (2.04)	0.0445 (0.62)	0.3858*** (3.50)	0.1718*** (2.75)	-0.0013 (-0.06)	0.0133 (0.91)	0.0702*** (3.57)	0.0463** (2.61)
OCF	-0.0003 (-1.50)	-0.0002 (-0.54)	0.0041* (1.70)	-0.0003 (-0.09)	0.0001 (1.29)	-0.0000 (-0.85)	0.0023*** (3.43)	0.0005 (0.42)
SIZE	0.0410*** (5.56)	0.0188*** (4.36)	0.0273*** (3.14)	0.0233*** (4.81)	0.0002 (0.10)	-0.0011* (-1.67)	-0.0020 (-1.08)	-0.0004 (-0.28)
AGE	-0.0574*** (-2.75)	-0.0060 (-0.40)	-0.0350 (-1.38)	-0.0362*** (-2.79)	-0.0218*** (-3.54)	-0.0070** (-2.59)	-0.0140*** (-3.02)	-0.0069* (-1.84)
LEV	-0.0713** (-2.05)	-0.0451 (-1.45)	0.0378 (0.87)	-0.0280 (-1.00)	-0.0009 (-0.10)	0.0017 (0.26)	0.0083 (0.88)	0.0031 (0.41)
GROWTH	0.0079 (0.75)	-0.0066 (-1.44)	0.0223* (1.86)	0.0009 (0.14)	0.0009 (0.48)	0.0005 (0.50)	-0.0001 (-0.03)	-0.0022 (-1.33)
ROA	0.0893 (0.74)	0.3880*** (4.45)	-0.1222 (-0.98)	0.3257*** (4.52)	0.0512** (2.00)	0.0380 (1.61)	0.0537* (1.73)	0.0439 (1.50)
CENTRAL	-0.0159 (-0.32)	-0.0003 (-0.01)	-0.0278 (-0.53)	-0.0298 (-1.12)	-0.0106 (-0.85)	0.0087 (1.26)	-0.0181* (-1.68)	0.0153 (1.36)
BOARDSIZE	-0.0053* (-1.79)	-0.0026 (-1.22)	-0.0050 (-1.23)	0.0015 (0.73)	0.0009 (0.94)	-0.0004 (-1.06)	-0.0010 (-0.91)	-0.0009 (-1.02)

续表

	(1) 中央-高Q INV	(2) 中央-低Q INV	(3) 地方-高Q INV	(4) 地方-低Q INV	(5) 中央-高Q RD	(6) 中央-低Q RD	(7) 地方-高Q RD	(8) 地方-低Q RD
MAR	0.0062	-0.0143	-0.0680	-0.0325	0.0054	-0.0097	0.0328**	0.0066
	(0.16)	(-0.55)	(-0.95)	(-1.43)	(0.43)	(-1.50)	(2.44)	(0.94)
INDUSTRY	YES	YES	YES	YES	YES	YES	YES	YES
YEAR	YES	YES	YES	YES	YES	YES	YES	YES
N	670	1367	457	989	416	581	225	344
adj. R^2	0.169	0.130	0.167	0.178	0.342	0.286	0.442	0.239

注:(1)括号中报告值是 T 统计量;(2)"*""**""***"分别表示 10%、5% 和 1% 显著性水平;(3)标准误经异方差(heteroskedasticity)和公司聚类(cluster)调整。

持力度不如中央集团公司，因此仍旧受到外部融资约束的影响。从 CF、OCF 回归系数来看，在充分利用内部现金流的基础上，其投资支出、研发投资也显著获得内部资本市场的资金支持，表明地方集团公司由于受到融资约束，其投资不仅依赖企业内部现金流，还获得了集团总部提供的内部资本支持。（3）除了考虑外部融资约束、风险等问题外，地方集团的内部资本配置还依据公司投资机会，具有高 Q 值的公司投资支出、研发投资都能够获得更多集团内部资金的支持。从以上角度而言，地方集团在利用内部资本市场配置资金以支持下属公司投资的过程是有效的。

（二）企业投资与国有集团内部资本市场：基于正式制度的检验

宏观和微观不同层面的正式制度的差异可能会影响国有集团内部资本市场对集团下属公司投资的作用机制和效果。在前文初步结论之上，本章从公司、市场环境、宏观经济社会环境几个层面对样本进行分组检验。

1. 公司投资与国有集团内部资本市场：基于控制方式的视角

直接持股或者金字塔形股权结构控股，是集团总部对下属公司控制的两种主要形式。表 2 - 9 根据中央、地方集团公司是否存在控制权和现金流权的分离，进一步进行分组检验，现金流权与控制权不分离，则划分为直接控制组；现金流权与控制权分离，则划分为间接控制组。Model（1）、Model（2）、Model（5）、Model（6）中 OCF 回归系数仍旧不显著，可见无论中央集团总部无论是直接还是间接控制下属公司，投资都未能显著依赖其内部资本市场能够提供的现金流量。Model（3）、Model

（4）、Model（7）、Model（8）中 OCF 回归系数都显著为正，反映出无论何种控制方式，地方集团公司的投资都较为充分地利用了内部资本市场所能够提供的资金。同时，集团总部间接控制的地方集团公司 OCF 回归系数都大于直接控制的地方集团公司。究其原因，当集团总部采用控制权与现金流权分离的方式控制下属公司时，集团公司的信贷风险会提高（李增泉、辛显刚、于旭辉，2008）。对于地方集团公司而言，其原本就面临一定程度的融资约束，当信贷风险提高时，下属公司对内部资金的需求增加，出于支持的目的，总部会倾向于增加内部资金的供给。而对于中央集团公司而言，其容易在外部市场获得资金，因而信贷风险不会对其产生重要影响，则无论何种控制方式，中央集团公司投资都与集团内部现金流不显著相关。

2. 企业投资与国有集团内部资本市场：基于股权分散的视角

表 2 - 10 根据股权是否分散进一步将中央和地方集团公司分为股权分散（第一大股东持股比例与第二到十大股东持股比例的比值小于 1）、股权集中（第一大股东持股比例与第二到十大股东持股比例的比值大于 1），并进行分组检验。Model（1）、Model（2）、Model（4）、Model（5）中 OCF 回归系数都不显著，可见无论是股权分散还是集中，中央集团的投资都没有获得内部资本市场资金支持。地方集团投资支出的回归结果显示，Model（3）中 OCF 回归系数显著为正，而 Model（4）中 OCF 回归系数并不显著；关于研发投资的回归中，Model（7）的回归系数显著为正，Model（8）回归系数不显著。具体分析，当国有集团公司股权较为分散时，意味着具有政府背景的实际控制人控制权、决策权被分散，则其在外部市场的融资优势会降

低；对于地方集团公司而言，由于其原本就面临一定程度融资约束，当股权分散导致其融资优势进一步降低时，其对集团内部资金的需求增加，集团总部出于支持的目的会提高内部资金的供给水平；而中央集团公司由于其易于在外部市场获得资金，无论股权是否分散，总部都不会倾向于为企业投资提供内部资金支持。

3. 公司投资与国有集团内部资本市场：基于高管权力的视角

公司高管权力的高低可能通过影响集团总部决策来影响内部资本配置的过程，表 2 - 11 是进一步将中央集团公司和地方集团公司根据高管权力高低进行分组检验。回归结果显示：Model（1）、Model（5）中 OCF 回归系数显著为负，表明中央集团公司高管权力高时，投资支出、研发投资都随集团内部资本市场现金流水平的增加而降低；Model（2）中 OCF 回归系数不显著，Model（6）中回归系数显著为正，表明高管权力低时，中央集团公司投资支出不依赖集团内部资本市场现金流，但研发投资能获得集团内部资本市场的支持。地方集团公司回归中，无论在高管权力高，还是低时，其投资支出和研发投资都表现出对内部资本市场现金流的显著依赖；进一步的，Model（3）中 OCF 也在接近 10% 的水平上显著为正，并且远大于 Model（4）中 OCF 的回归系数值；Model（7）中 OCF 回归系数大于 Model（8），反映出高管权力高时，投资支出、研发投资对内部资本市场的利用程度也更高。进一步分析，地方集团公司中，高管权力高时使得其高管能够积极主动地向集团总部要求获取更多内部资金。而中央集团中，高管权力高的公司投资与内部资本市场现金流显著负相关，意味着集团总部对这些公司有显著的掠夺动机，不仅不提供内部资本支持其投资，反而将其可用于投资的资金减少并转移至其他公司。

4. 公司投资与国有集团内部资本市场：基于外部融资依赖的视角

公司外部融资依赖程度的高低会影响集团总部对于内部资本配置的权衡，表2-12进一步将中央集团公司和地方集团公司根据外部融资依赖程度分组进行检验。关于投资支出的检验中，Model（1）回归结果显示，外部融资依赖程度高时，中央集团公司投资支出随着集团内部资本市场现金流的增加而降低，并且在5%的显著性水平上为 - 0.0003，这表明中央集团公司在依赖外部融资的同时，内部现金流通过内部资本市场流出，向集团内其他公司提供支持。Model（2）回归结果显示，外部融资依赖度低时，中央集团投资支出与内部资本市场关系不显著。Model（3）、Model（4）对地方集团的检验结果显示，地方集团面临高外部融资依赖度时其更需要利用内部资本市场。Model（5）、Model（6）、Model（7）、Model（8）的回归结果则显示，不同外部融资依赖度分组检验后，中央集团公司研发投资对于内部资金的利用都不充分，而地方集团表现为都利用内部资本市场，并且利用的程度较为相似。具体分析，外部融资依赖程度高意味着国有集团公司投资更多地依赖外部资金。对于中央集团公司而言，集团总部相对倾向于掠夺外部融资依赖程度高的公司，因此其投资与内部资本市场现金流水平负相关；而对于地方集团公司而言，外部融资依赖度高的公司融资风险增加，其对集团内部资金的需求增加，集团总部倾向于增加内部资金的供给以提供支持。

5. 公司投资与国有集团内部资本市场：基于市场化水平的视角

市场化发展水平会通过改变公司经营的外部市场融资环境、

竞争性等影响集团总部的内部资本配置过程。表 2 - 13 是根据公司所处地区市场化水平将中央集团公司和地方集团公司进行分组的检验结果。关于中央集团公司的回归中，Model（1）的 OCF 回归系数不显著，表明高市场化地区的中央集团公司投资支出与内部资本市场现金流无显著相关关系；Model（2）中 OCF 回归系数显著为负，表明低市场化地区经营的中央集团公司投资支出与内部资本市场现金显著负相关。深入分析，低市场化地区的中央集团公司受到的政策倾斜程度更大，其在外部市场更加容易获得资金，集团总部对这一类公司会表现出较为明显的掠夺动机。Model（5）、Model（6）关于中央集团公司研发投资的回归表明，无论市场化水平如何，其研发投资都不依赖内部资本市场。关于地方集团公司的回归中，Model（3）显著为正，Model（4）不显著，表明仅在高市场化地区的地方集团公司投资显著依赖于内部资本市场；而 Model（7）、Model（8）的回归结果也得出一致结论。深入分析，地方集团公司受到的政策扶持力度有限，在市场化水平较高的地区其同时会受到来自民营公司的激励竞争，从而融资约束上升，对集团内部资金的需求上升，出于支持的动机集团总部会增加内部资金的供给水平。

6. 公司投资与国有集团内部资本市场：基于宏观经济不确定性的视角

宏观经济不确定性在更加宏观的层面通过影响外部市场环境的各个方面，从而影响集团内部资本配置。表 2 - 14 是根据宏观经济不确定性的高低进行分组，对中央集团公司和地方集团公司进行的分组检验。Model（1）中 OCF 系数显著为负，表明中央集团公司在宏观经济不确定性高时不依赖内部资本市场，反而还存在减少投资所需资金而支持集团其他公司的情况；而宏观经济不确定性低时，投资支出与内部资本市场的关系仍旧不显著。对研发投资的回归结果中，Model（5）、Model（6）中 OCF 回归系数都不显著，而 Model（7）、Model（8）回归系数都显著，且 Model（8）中 OCF 系数值更高，表明中央集团公司研发投资不论在何种情况下都不显著依赖内部资本市场，但地方集团公司则在宏观经济不确定性低的情况下更依赖内部资本市场。

总结以上回归，可以得出以下结论：（1）不同层面的正式制度影响国有集团在下属各公司之间配置内部资金用于投资的效果。（2）从控制方式角度而言，是否存在两权分离对中央集团内部资本配置无显著影响；而地方集团间接控制的公司投资支出、研发投资获得内部资本市场资金支持的程度较大。（3）从股权分散角度而言，股权是否分散对中央集团内部资本配置无显著影响；股权分散的地方集团下属公司更容易获得内部资本市场提供的资金用于投资支出、研发投资。（4）从高管权力角度而言，中央集团公司高管权力高时，该公司更容易作为内部资本输出方，支持集团其他公司，可能的解释是高权力能使该公司容易获得其他融资来源，比如外部融资。而地方集团则相反，高管权力高时，集团下属公司的投资项目更容易获得内部资本市场的支持，反映出地方集团高管利用手中权力积极影响集团总部决策以争取获得内部资本。（5）从外部融资依赖的角度而言，高外部融资依赖程度与外部资金获得的便利性使中央集团公司成为内部资本市场的贡献方，投资随集团内部资本市场资金的增加而减少。地方集团则相反，高外部融资依赖性带来还本付息的高压力，使其相对容易获得集团内部资本的支持以降低外部风险；另外，研发投资的回归结果显示，外部融资依赖程度对集团内部资本如何配置于研发投资不存在显著影响。（6）从市场化水平视角而言，市场化发展水平低的地区，中央集团公司投资支出随集团内部资本市场现金流增加而减少；市场化高的地区，投资也不依赖于内部资本市场，表明中央集团公司十分容易获得外部资金。地方集团公司则在市场化水平高的地区投资支出、研发投资都显著依赖于集团内部资本市场资金，可见随着外部市场化水平的提高，地方集团公司的政策性优势难以维持，融资约束的提高使其能够容易获得内部资金。（7）从宏观经济不确定性视角而言，中央集团公司在宏观经济不确定性高时不依赖内部资本市场，反而还存在减少投资支出所需资金而支持集团其他公司的情况；研发投资则与集团内部资本市场都不相关；地方集团公司则在宏观经济不确定性低时，更容易获得内部资金支持投资支出、研发投资，表明当宏观经济不确定性高时，由于政府的支持，地方集团公司反而容易获得外部融资而不需要内部资金支持。

（三）公司投资与国有集团内部资本市场：基于非正式制度的检验

除了正式制度之外，非正式制度的差异同样可能影响国有集团内部资本市场对集团下属公司投资的作用机制和效果。由此本章从国有集团内部存在的不同层面非正式制度出发，进一步展开分组检验。

1. 国有集团内部资本市场与公司投资：基于董事关联的视角

集团下属公司负责人与集团总部之间存在关系可能影响集

团总部内部资本市场的配置效果（Duchin and Sosruya，2013）。表 2 - 15 根据国有集团公司是否存在董事长关联，即集团所控制的上市公司董事长在集团总部是否有现任或有曾任职经历，对中央和地方集团公司进行进一步分组检验。对投资支出的回归结果中，Model（1）中 OCF 回归系数在 10% 显著性水平上为负，Model（2）中 OCF 回归系数不显著，表明董事长关联使得中央集团公司投资不依赖内部资本市场，相反公司内部现金流流出至集团其他公司；而不存在董事长关联的集团公司其投资与内部资本市场无显著关系。Model（3）回归系数在 5% 的显著性水平上为正，并且大于 Model（4）中回归系数，表明地方集团公司存在董事长关联时，投资支出对内部资本市场现金流的依赖程度更大，这意味着董事长与集团总部之间存在的非正式关联有助于上市公司获得更多内部资本用于投资。对研发投资的回归结果中，Model（5）、Model（6）OCF 回归系数不显著，意味着中央集团无论是否存在董事长关联，研发投资对内部资本市场可利用的现金流都不显著相关。Model（7）、Model（8）中 OCF 回归系数显著为正则表明地方集团公司研发投资显著依赖内部资本市场，且董事长关联组对于集团内部现金流的利用程度（回归系数为 0.0019）要大于无董事长关联组的程度（回归系数为 0.0015）。

表 2 - 16 进一步从与集团总部存在关联的董事占董事总人数的比例，对中央集团公司及地方集团公司进行分组检验。董事关联与董事长关联的分组回归结果趋同一致，稳健地证明了国有集团公司董事与集团总部之间存在关联能够影响内部资本配置的观点。关于董事关联的回归结果反映出：对于中央集团

公司而言，集团总部倾向于对那些董事成员与总部存在关联的公司实行掠夺，其投资支出会被减少并通过内部资本市场转出；对于地方集团公司而言，董事会成员与总部存在关联的公司通过影响集团决策以获得更多支持，因此集团总部会趋向于多为这些关系密切的下属公司提供内部资本。

2. 国有集团内部资本市场与公司投资：基于管理层关联的视角

表 2 - 17 从国有集团下属公司总经理与集团总部是否存在非正式关联对中央、地方集团进一步进行分组检验。Model（1）中 OCF 回归系数显著为负，而 Model（2）则不显著，意味着中央集团公司存在总经理关联时公司倾向于减少投资所用资金，转而支持集团其他公司；无总经理关联时内部资本市场对投资支出的贡献不显著。Model（3）、Model（4）回归结果显示，地方集团公司存在总经理关联时，投资支出利用集团内部资本市场的水平要高于无总经理关联的地方集团公司。研发投资的回归中，Model（5）、Model（6）回归结果都不显著，表明中央集团无论是否存在总经理管理，研发投资都不显著依赖内部资本市场；Model（7）、Model（8）回归结果显著为正，且 Model（7）系数显著大于 Model（8），表明存在总经理关联的地方集团公司更容易获得内部资本市场的资金支持用于研发投资。

表 2 - 18 根据是否存在经理层关联对中央及地方集团公司进行分组检验。回归结果显示，中央集团公司经理层关联的影响不再显著，表明除了总经理之外，其他管理层成员与集团总部是否存在关联对于其内部资本市场对投资的贡献并不显著。而地方集团仍旧显示出经理层关联组投资对内部资本市场的利用程度更高，研发投资的回归结果也保持一致。从经理层关联

的结果可以看出，与董事成员关联一致的是，与总部存在关联的中央集团公司更加容易被总部掠夺，其投资随内部资本市场现金流的增加而减少；与总部存在关联的地方集团公司则容易获得总部支持，其投资支出受到内部资本市场支持的力度大于不存在关联的地方集团公司。

3. 国有集团内部资本市场与公司投资：基于监事关联的视角

由于国有集团总部通常倾向于向下属公司派驻监事，因此监事与集团总部存在关联的比例相对较高。表 2 – 19 以国有集团公司监事是否在集团总部有现任或曾任职经历为分组依据，对中央和地方集团公司进行再检验，回归结果显示：中央集团公司存在监事关联时，OCF 对投资支出的回归系数显著为负；不存在监事关联时，回归系数不显著。地方集团公司存在监事关联时，投资支出显著依赖内部资本市场现金流；不存在监事关联时，OCF 回归系数不显著。无论是否存在监事关联，中央集团公司的研发投资与内部资本市场都无显著关联；而地方集团公司的研发投资都表现出显著依赖集团内部资本市场现金流。可以看出，监事关联的中央集团公司容易成为集团总部侵占的目标，投资随内部资本市场现金流的增加而减少；监事关联的地方集团公司则更加容易获得集团内部资金的支持。

4. 国有集团内部资本市场与公司投资：基于银企关联的视角

在对集团总部与集团下属公司之间的非正式关系进行检验的基础上，本章进一步拓展到考察集团公司与外部市场存在的非正式关系的角度。表 2 – 20 是根据国有集团公司高管层（董事、监事、经理层）是否在银行有现任或曾任职经历，对中央集团和地方集团进行分组检验的回归结果。Model（1）显示

OCF 系数显著为负，而 Model（2）*OCF* 系数则不显著，意味着中央集团公司高管存在银企关联时，用于投资的现金流通过内部资本市场流向集团其他公司；不存在银企关联时，投资支出与内部资本市场显著无关。Model（3）中 *OCF* 回归系数显著为正，Model（4）则不显著，表明存在银企关联的地方集团公司投资支出相对更容易获得内部资本市场的支持。Model（5）、Model（6）表明无论银企关联是否存在，中央集团公司研发投资的资金都与集团内部资本市场无关。Model（7）、Model（8）显示，无论银企关联是否存在，地方集团公司研发投资都显著依赖集团内部资本市场现金流，但存在银企关联的公司对内部资本市场的依赖更加强烈。银企关联的回归结果与集团内部关联的回归结果趋同一致时，存在银企关联的中央集团公司更加容易受到集团总部的掠夺；而地方集团公司则能受到集团总部的支持。

　　以上回归可以得出如下结论：（1）不同层面的非正式制度影响国有集团在下属公司之间配置内部资本并用于投资的效果。（2）当董事会成员与集团总部存在关联时，中央集团公司投资支出所需的资金会被转出以支持集团其他公司；同时董事会成员关联对于中央集团公司研发投资无显著影响。地方集团公司则相反，存在董事会关联时，公司能够获得更多的集团内部资金用于其投资支出、研发投资；表明地方集团公司董事利用与总部的关系而积极主动地从集团内部获取资金以进行投资。（3）当经理层与集团总部存在关联时，中央集团公司投资支出所需资金仍旧被转出以支持集团其他公司，而经理层关联对研发投资无显著影响；地方集团公司存在经理层关联时，公司能够获得更多的集团内部资金用于其投资支出、研发投资。（4）当存在监事关联时，中央集团公司投资支出所需资金仍旧被转出以支持集团其他公司，而对研发投资无显著影响。地方集团公司则存在监事关联时，投资支出对集团内部资本市场的依赖显著增加；但监事关联时地方集团公司获得的内部资金相对较少；这反映出监事关联在地方集团公司的研发投资中还起到了控制风险的作用。（5）当高管与银行等金融机构存在关联时，中央集团公司投资支出所需资金仍旧被转出以支持集团其他公司，而银企关联对研发投资无显著影响；地方集团公司存在银企关联时，公司能够获得更多的集团内部资金用于其投资支出、研发投资。

六　研究结论与启示

本章根据投资－现金流敏感性的相关原理，以中央、地方集团下属公司为研究对象，讨论集团总部是否通过内部资本市场统一配置集团内部资金，为下属公司投资行为提供支持；同时使用研发投资进行检验以确保回归结果的稳健性；并从不同层面的正式、非正式制度进行多角度的分组检验。研究结果显示：（1）中央集团公司受到的融资约束相对最小，投资支出、研发投资与公司内部现金流无显著关系；地方集团公司受到的融资约束相对较大，其投资支出、研发投资与公司内部现金流表现为显著的正相关。（2）整体而言，中央集团公司投资支出、研发投资与集团内部现金流都无相关关系，这种不相关性也并不受公司投资机会高低的影响；这表明中央集团总部未能积极配置内部资本以支持下属公司投资。地方集团公司投资支出、研发投资与集团内部现金流表现为显著的正相关，具有高投资机会的下属公司能获得更多的内部资本支持；这反映出地方集团总部统一对内部资本进行了有效率的配置并用以支持下属公司投资。（3）为保证基础结论的稳健性，本章进一步从不同层次的正式、非正式制度的角度进行分组检验。检验结果显示：未发现中央集团内部资本市场现金流水平与某一类下属公司投资行为之间有显著、稳定的正相关关系；反而在一定条件下下属公司投资行为与中央集团内部资本市场现金流显著负相关（高管权力高、外部融资依赖度高、市场化水平低、宏观经济不确定性低、董事关联、经理层关联、银企关联等情况下）。这反映出，中央集团总部不仅不会提供集团内部资本用于下属公司投资，反而会调走下属公司投资所需的资金而转移至其他公司，可能的解释是总部对下属公司有明显的掠夺动机，因而对那些相对容易获得资金的下属公司进行侵占，将其投资所需资金用于其他用途。（4）地方集团总部统一配置集团内部资本市场以支持下属公司投资的行为，在不同分组中有一定倾斜：间接控制、股权分散、高管权力高、外部融资依赖度高、市场化水平高、宏观经济不确定性低、董事关联、经理层关联、监事关联、银企关联时，集团下属公司更加易于获得集团总部提供的内部资金。

　　本章的研究启示在于：资本配置是集团公司内部资本市场的基础功能。由于可以统一配置集团内部资源，集团总部是这一决策的制定者。其决策依据首先在于下属公司的融资约束，同时需要考虑投资机会。地方集团投资支出受到内部资金的支持，并且投资机会越好的公司受到的支持程度越高，这意味着集团总部主导的内部资本配置同时实现了缓解融资约束、提高资本配置效率的目的，地方集团公司的内部资本配置是有效的。而中央集团投资支出没有收到内部资金的支持，并且投资机会的高低也未能影响这种状态，意味着中央集团公司的内部资本配置是无效的。两者之间的区别主要可能归因于中央、地方集团公司所面临的融资约束不一，中央集团公司容易在外部市场筹集资金，因而对集团内部资金的需求低，而地方集团则相反。然而分组检验的结果进一步告诉我们，除了融资约束造成中央、地方集团公司内部资本配置效果的差异之外，集团总部的动机也是重要的影响因素。中央集团总部的侵占动机更明显，因此在某些分组中 OCF 系数表现为负相关；尤其是那些更多利用外部资金，或与集团总部联系较为密切的中央集团公司，用于投资的资金被减少并通过内部资本市场转出。地方集团总部的支持动机更明显，因而在那些外部融资风险可能增加，或与集团总部联系越亲密的情况下，地方集团公司较容易获得集团总部提供的内部资金支持。

表 2 - 9　企业投资、控制方式与国有集团内部资本市场

	(1) 中央 - 直接 INV	(2) 中央 - 间接 INV	(3) 地方 - 直接 INV	(4) 地方 - 间接 INV	(5) 中央 - 直接 RD	(6) 中央 - 间接 RD	(7) 地方 - 直接 RD	(8) 地方 - 间接 RD
CONSTANT	-0.2869 (-1.60)	-0.1596 (-0.72)	0.0331 (0.17)	-0.1906 (-0.85)	0.1066*** (2.92)	0.1702*** (3.03)	0.0626 (1.16)	0.0965* (1.70)
CF	0.0246 (0.30)	0.1557* (1.70)	0.3446*** (4.02)	0.0275 (0.43)	0.0164 (1.26)	0.0078 (0.41)	0.0559** (2.57)	0.0450*** (3.22)
OCF	-0.0002 (-0.52)	-0.0004 (-1.40)	0.0043*** (2.77)	0.0119* (1.78)	0.00002 (0.75)	0.0013 (1.40)	0.0018*** (5.06)	0.0023* (1.97)
SIZE	0.0222*** (4.11)	0.0271*** (4.21)	0.0201*** (3.41)	0.0375*** (4.28)	-0.0011 (-1.15)	0.0005 (0.37)	-0.0001 (-0.05)	-0.0020 (-0.92)
AGE	-0.0126 (-0.84)	-0.0495** (-2.64)	-0.0338** (-2.14)	-0.0667*** (-3.18)	-0.0130*** (-3.98)	-0.0217*** (-3.06)	-0.0088** (-2.05)	-0.0113** (-2.27)
LEV	-0.0757** (-2.01)	-0.0533* (-1.83)	0.0140 (0.35)	0.0087 (0.22)	0.0078 (1.34)	-0.0090 (-0.76)	-0.0033 (-0.45)	0.0172* (1.75)
GROWTH	-0.0004 (-0.05)	-0.0061 (-0.94)	0.0049 (0.58)	0.0015 (0.19)	0.0012 (0.66)	0.0018 (1.51)	0.0003 (0.10)	-0.0051*** (-3.02)
TOBIN_Q	0.0164* (1.74)	0.0119 (1.17)	0.0094 (0.95)	0.0142 (1.20)	0.0000 (0.02)	0.0043*** (2.90)	0.0028 (1.40)	0.0010 (0.39)
ROA	0.2553** (2.36)	0.3121*** (3.17)	0.1523* (1.79)	0.1685 (1.48)	0.0393* (1.88)	0.0390 (1.21)	0.0571* (1.86)	0.0514 (1.65)
CENTRAL	0.0280 (0.65)	-0.0268 (-0.74)	-0.0357 (-0.89)	-0.0503 (-1.25)	0.0015 (0.16)	-0.0041 (-0.37)	-0.0025 (-0.20)	0.0247* (1.73)
BOARDSIZE	-0.0026 (-0.94)	-0.0042* (-1.70)	-0.0012 (-0.38)	0.0003 (0.10)	0.0005 (0.86)	-0.0002 (-0.22)	-0.0004 (-0.39)	-0.0015 (-1.35)
MAR	-0.0068 (-0.20)	0.0145 (0.54)	-0.0647* (-1.73)	-0.0211 (-0.62)	-0.0005 (-0.05)	-0.0023 (-0.21)	0.0081 (0.64)	0.0112 (1.03)

续表

	(1) 中央-直接 INV	(2) 中央-间接 INV	(3) 地方-直接 INV	(4) 地方-间接 INV	(5) 中央-直接 RD	(6) 中央-间接 RD	(7) 地方-直接 RD	(8) 地方-间接 RD
INDUSTRY	YES	YES	YES	YES	YES	YES	YES	YES
YEAR	YES	YES	YES	YES	YES	YES	YES	YES
N	1035	1002	854	592	474	523	320	249
adj. R²	0.150	0.110	0.168	0.159	0.375	0.362	0.358	0.353

注：(1) 括号中报告是值 T 统计量；(2) "*""**""***" 分别表示10%、5%和1%显著性水平；(3) 标准误经异方差（heteroskedasticity）和公司聚类（cluster）调整。

表 2-10 公司投资、股权分散与国有集团内部资本市场

	(1) 中央-分散 INV	(2) 中央-集中 INV	(3) 地方-分散 INV	(4) 地方-集中 INV	(5) 中央-分散 RD	(6) 中央-集中 RD	(7) 地方-分散 RD	(8) 地方-集中 RD
CONSTANT	-0.0896 (-0.45)	-0.3306* (-1.80)	-0.1917 (-0.59)	-0.0176 (-0.11)	0.1518*** (3.76)	0.1101*** (2.85)	0.0756 (1.22)	0.0456 (0.92)
CF	0.0747 (0.80)	0.0956 (1.19)	0.1697* (1.88)	0.2463*** (3.05)	-0.0016 (-0.08)	0.0135 (0.94)	0.0727*** (2.67)	0.0403*** (2.96)
OCF	-0.0002 (-0.61)	-0.0001 (-0.33)	0.0070** (2.03)	0.0027 (0.82)	-0.0001 (-1.26)	0.0000 (1.06)	0.0011*** (2.85)	0.0019 (1.39)
SIZE	0.0219*** (4.26)	0.0237*** (4.53)	0.0317*** (2.93)	0.0219*** (4.10)	0.0008 (0.58)	-0.0013 (-1.47)	-0.0027 (-1.47)	-0.0002 (-0.12)
AGE	-0.0523** (-2.43)	-0.0083 (-0.57)	-0.0357 (-1.39)	-0.0411*** (-2.87)	-0.0196*** (-4.40)	-0.0093** (-2.52)	-0.0091 (-1.42)	-0.0092** (-2.18)
LEV	-0.0484 (-1.55)	-0.0669** (-2.09)	0.0445 (0.75)	0.0043 (0.14)	0.0003 (0.03)	0.0001 (0.02)	0.0167* (1.78)	0.0018 (0.23)

续表

	(1) 中央-分散 INV	(2) 中央-集中 INV	(3) 地方-分散 INV	(4) 地方-集中 INV	(5) 中央-分散 RD	(6) 中央-集中 RD	(7) 地方-分散 RD	(8) 地方-集中 RD
GROWTH	0.0005 (0.07)	-0.0069 (-1.13)	0.0150 (1.49)	0.0011 (0.16)	0.0010 (0.59)	0.0011 (0.89)	-0.0041* (-1.70)	-0.0020 (-0.80)
TOBIN_Q	0.0196** (2.08)	0.0108 (1.24)	0.0165 (1.18)	0.0041 (0.58)	0.0058*** (4.13)	-0.0004 (-0.48)	0.0071*** (4.23)	-0.0007 (-0.49)
ROA	0.2729*** (2.78)	0.3133*** (2.99)	0.1528 (1.17)	0.1367* (1.80)	0.0335* (1.69)	0.0365 (1.30)	0.0358 (0.99)	0.0583** (2.29)
CENTRAL	-0.0197 (-0.28)	0.0098 (0.23)	-0.0358 (-0.45)	-0.0272 (-0.73)	0.0182 (1.27)	0.0111 (0.99)	0.0155 (0.80)	0.0007 (0.07)
BOARDSIZE	-0.0038 (-1.29)	-0.0021 (-0.98)	0.0018 (0.58)	-0.0016 (-0.58)	0.0004 (0.32)	-0.0001 (-0.27)	0.0005 (0.49)	-0.0009 (-0.92)
MAR	0.0449 (1.18)	-0.0324 (-1.18)	-0.0673* (-1.74)	-0.0325 (-1.02)	-0.0141 (-1.23)	-0.0073 (-0.90)	0.0166 (1.51)	0.0194** (2.12)
INDUSTRY	YES	YES	YES	YES	YES	YES	YES	YES
YEAR	YES	YES	YES	YES	YES	YES	YES	YES
N	782	1255	487	959	367	630	175	394
adj. R^2	0.127	0.142	0.169	0.145	0.432	0.327	0.474	0.269

注：（1）括号中报告值是 T 统计量；（2）"*""**""***"分别表示 10%、5% 和 1% 显著性水平；（3）标准误经异方差（heteroskedasticity）和公司聚类（cluster）调整。

表2-11 公司投资、高管权力与国有集团内部资本市场

	(1) 中央-高 INV	(2) 中央-低 INV	(3) 地方-高 INV	(4) 地方-低 INV	(5) 中央-高 RD	(6) 中央-低 RD	(7) 地方-高 RD	(8) 地方-低 RD
CONSTANT	-0.0085 (-0.04)	-0.3700* (-1.90)	-0.0931 (-0.43)	-0.0718 (-0.35)	0.1374** (2.47)	0.0912** (2.50)	0.1119** (2.26)	0.0101 (0.16)
CF	0.1346 (1.61)	0.0162 (0.18)	0.0557 (0.99)	0.3563*** (3.48)	-0.0040 (-0.23)	0.0322 (1.50)	0.0709*** (3.98)	0.0362 (1.63)
OCF	-0.0004* (-1.77)	0.00004 (0.09)	0.0109 (1.64)	0.0038** (2.29)	-0.0002* (-1.82)	0.0001* (1.79)	0.0019** (2.12)	0.0018*** (4.50)
SIZE	0.0239*** (4.33)	0.0226*** (3.55)	0.0351*** (4.73)	0.0203*** (3.10)	-0.0007 (-0.59)	-0.0005 (-0.53)	-0.0015 (-0.91)	-0.0000 (-0.02)
AGE	-0.0570*** (-2.87)	-0.0044 (-0.29)	-0.0602*** (-3.52)	-0.0325* (-1.73)	-0.0164** (-2.34)	-0.0118*** (-3.62)	-0.0111*** (-3.22)	-0.0064 (-1.02)
LEV	-0.0635** (-2.21)	-0.0625* (-1.66)	-0.0021 (-0.06)	0.0352 (0.85)	-0.0057 (-0.61)	0.0020 (0.35)	0.0130 (1.54)	-0.0030 (-0.39)
GROWTH	-0.0027 (-0.44)	-0.0063 (-0.78)	0.0052 (0.61)	0.0007 (0.09)	0.0016 (1.33)	0.0013 (0.69)	-0.0045*** (-2.79)	-0.0000 (-0.01)
TOBIN_Q	0.0124 (1.38)	0.0179 (1.60)	0.0108 (1.19)	0.0142 (1.09)	0.0038*** (2.66)	0.0006 (0.54)	0.0040** (2.00)	0.0002 (0.13)
ROA	0.2557*** (2.62)	0.3865*** (3.93)	0.1866** (2.11)	0.1456 (1.47)	0.0370 (1.32)	0.0286 (1.34)	0.0564** (2.12)	0.0569* (1.98)
CENTRAL	-0.0199 (-0.57)	0.0084 (0.17)	-0.0605* (-1.78)	-0.0087 (-0.17)	0.0003 (0.03)	0.0004 (0.03)	0.0205 (1.50)	0.0011 (0.08)
BOARDSIZE	-0.0041* (-1.86)	-0.0014 (-0.44)	-0.0002 (-0.08)	-0.0021 (-0.54)	-0.0000 (-0.02)	0.0004 (0.66)	-0.0013 (-1.29)	-0.0002 (-0.27)
MAR	0.0232 (0.86)	-0.0263 (-0.75)	-0.0457 (-1.26)	-0.0374 (-1.04)	-0.0016 (-0.16)	-0.0026 (-0.27)	0.0091 (0.91)	0.0224** (2.18)

续表

	(1) 中央－高 INV	(2) 中央－低 INV	(3) 地方－高 INV	(4) 地方－低 INV	(5) 中央－高 RD	(6) 中央－低 RD	(7) 地方－高 RD	(8) 地方－低 RD
INDUSTRY	YES	YES	YES	YES	YES	YES	YES	YES
YEAR	YES	YES	YES	YES	YES	YES	YES	YES
N	1144	893	774	672	569	428	314	255
adj. R²	0.105	0.172	0.138	0.204	0.309	0.405	0.369	0.309

注：(1) 括号中报告的是 T 统计量；(2) "*""**""***"分别表示10%、5%和1%显著性水平；(3) 标准误经异方差 (heteroskedasticity) 和公司聚类 (cluster) 调整。

表2－12 公司投资、外部融资依赖与国有集团内部资本市场

	(1) 中央－高 INV	(2) 中央－低 INV	(3) 地方－高 INV	(4) 地方－低 INV	(5) 中央－高 RD	(6) 中央－低 RD	(7) 地方－高 RD	(8) 地方－低 RD
CONSTANT	-0.0218	-0.4876***	-0.1173	-0.0741	0.1515***	0.0753**	0.1011**	0.0331
	(-0.13)	(-2.73)	(-0.68)	(-0.32)	(4.57)	(2.05)	(2.49)	(0.57)
CF	0.0993	0.0810	0.1974*	0.2652***	0.0112	0.0103	0.0591***	0.0411**
	(1.15)	(0.92)	(1.80)	(3.65)	(0.77)	(0.52)	(3.19)	(2.47)
OCF	-0.0003**	-0.0003	0.0043***	0.0052	0.00001	0.00001	0.0020***	0.0022*
	(-2.41)	(-0.67)	(3.33)	(1.31)	(0.24)	(0.21)	(5.66)	(1.83)
SIZE	0.0189***	0.0228***	0.0256***	0.0233***	-0.0012	-0.0002	-0.0003	-0.0001
	(3.63)	(4.56)	(3.29)	(3.42)	(-1.17)	(-0.18)	(-0.18)	(-0.09)
AGE	-0.0507***	0.0104	-0.0389**	-0.0377**	-0.0147***	-0.0102**	-0.0124***	-0.0072
	(-3.44)	(0.64)	(-2.33)	(-2.14)	(-4.37)	(-2.36)	(-3.17)	(-1.60)
LEV	-0.0503*	-0.0617*	-0.0226	0.0136	0.0043	-0.0067	0.0054	-0.0016
	(-1.80)	(-1.82)	(-0.58)	(0.38)	(0.74)	(-0.71)	(0.69)	(-0.16)

续表

	(1) 中央-高 INV	(2) 中央-低 INV	(3) 地方-高 INV	(4) 地方-低 INV	(5) 中央-高 RD	(6) 中央-低 RD	(7) 地方-高 RD	(8) 地方-低 RD
GROWTH	-0.0027	-0.0051	0.0054	-0.0019	0.0010	0.0020	-0.0057***	0.0035
	(-0.39)	(-0.82)	(0.54)	(-0.34)	(0.72)	(1.24)	(-3.48)	(1.08)
TOBIN_Q	0.0109	0.0142*	0.0156	0.0077	0.0019	0.0029**	0.0004	0.0041*
	(1.09)	(1.66)	(0.97)	(0.90)	(1.64)	(2.03)	(0.23)	(1.78)
ROA	0.3535***	0.2544**	0.2879***	-0.0115	0.0691***	0.0053	0.0780***	0.0134
	(3.99)	(2.31)	(4.26)	(-0.10)	(3.98)	(0.15)	(2.92)	(0.40)
CENTRAL	-0.0230	0.0216	-0.0004	-0.0602	0.0010	0.0016	0.0087	0.0041
	(-0.69)	(0.52)	(-0.01)	(-1.59)	(0.12)	(0.18)	(0.85)	(0.32)
BOARDSIZE	-0.0002	-0.0049**	0.0010	-0.0014	0.0003	0.0001	-0.0008	-0.0007
	(-0.07)	(-1.99)	(0.23)	(-0.65)	(0.38)	(0.23)	(-0.73)	(-0.91)
MAR	0.0314	-0.0327	-0.0531*	-0.0228	-0.0090	-0.0007	0.0075	0.0191**
	(1.10)	(-1.27)	(-1.78)	(-0.64)	(-1.19)	(-0.08)	(0.71)	(2.20)
INDUSTRY	YES	YES	YES	YES	YES	YES	YES	YES
YEAR	YES	YES	YES	YES	YES	YES	YES	YES
N	945	1092	612	834	541	456	266	303
adj. R²	0.112	0.149	0.166	0.149	0.359	0.294	0.315	0.294

注：（1）括号中报告值是 T 统计量；（2）"*""**""***"分别表示 10%、5% 和 1% 显著性水平；（3）标准误经异方差（heteroskedasticity）和公司聚类（cluster）调整。

表 2 - 13　公司投资、市场化水平与国有集团内部资本市场

	(1) 中央 - 高 INV	(2) 中央 - 低 INV	(3) 地方 - 高 INV	(4) 地方 - 低 INV	(5) 中央 - 高 RD	(6) 中央 - 低 RD	(7) 地方 - 高 RD	(8) 地方 - 低 RD
CONSTANT	-0.0930 (-0.60)	-0.9564*** (-3.13)	-0.0777 (-0.46)	0.0413 (0.08)	0.1334*** (2.94)	0.1249* (1.73)	0.0852 (1.48)	0.0309 (0.32)
CF	0.0605 (0.93)	0.2325* (1.72)	0.1961*** (3.07)	0.3398** (2.08)	0.0063 (0.52)	0.0235 (0.79)	0.0583*** (4.07)	0.0317 (1.16)
OCF	-0.0003 (-1.12)	-0.0006* (-1.74)	0.0055** (2.27)	0.0101 (0.99)	0.00002 (0.51)	-0.0001 (-1.03)	0.0019*** (4.62)	-0.0053*** (-2.98)
SIZE	0.0180*** (4.28)	0.0468*** (5.24)	0.0272*** (4.04)	0.0087 (0.54)	-0.0013 (-1.55)	0.0007 (0.41)	0.0005 (0.39)	-0.0016 (-0.57)
AGE	-0.0223 (-1.53)	-0.0105 (-0.46)	-0.0353** (-2.46)	-0.0294 (-0.87)	-0.0150*** (-4.25)	-0.0119** (-2.04)	-0.0105*** (-3.36)	-0.0071 (-0.79)
LEV	-0.0550** (-2.24)	-0.0809 (-1.46)	-0.0114 (-0.37)	0.0730 (1.23)	0.0056 (1.08)	-0.0139 (-1.09)	-0.0034 (-0.48)	0.0128 (1.25)
GROWTH	-0.0052 (-1.10)	0.0019 (0.16)	-0.0029 (-0.61)	0.0120 (0.87)	0.0005 (0.59)	0.0032 (1.20)	-0.0021 (-0.94)	-0.0035 (-1.65)
TOBIN_Q	0.0123 (1.63)	0.0249** (2.08)	0.0127 (1.41)	-0.0033 (-0.22)	0.0015 (1.64)	0.0048*** (2.70)	0.0035 (1.62)	-0.0017 (-0.80)
ROA	0.3265*** (4.10)	0.2589** (2.12)	0.1402* (1.83)	0.3420 (1.56)	0.0580*** (3.04)	0.0073 (0.21)	0.0317 (1.23)	0.0780** (2.36)
CENTRAL	0.0171 (0.47)	-0.0653 (-1.37)	-0.0334 (-1.04)	0.0001 (0.00)	-0.0014 (-0.16)	0.0002 (0.01)	0.0123 (1.00)	-0.0085 (-0.51)
BOARDSIZE	-0.0035 (-1.62)	-0.0042 (-1.54)	0.0004 (0.15)	-0.0004 (-0.08)	0.0003 (0.46)	0.0000 (0.06)	-0.0003 (-0.36)	-0.0016 (-1.00)
INDUSTRY	YES	YES	YES	YES	YES	YES	YES	YES

续表

	(1) 中央-高 INV	(2) 中央-低 INV	(3) 地方-高 INV	(4) 地方-低 INV	(5) 中央-高 RD	(6) 中央-低 RD	(7) 地方-高 RD	(8) 地方-低 RD
YEAR	YES	YES	YES	YES	YES	YES	YES	YES
N	1451	586	1136	310	713	284	448	121
adj. R²	0.132	0.179	0.156	0.125	0.366	0.324	0.334	0.293

注:(1)括号中报告值是T统计量;(2)"*""**""***"分别表示10%、5%和1%显著性水平;(3)标准误经异方差(heteroskedasticity)和公司聚类(cluster)调整。

表2-14 公司投资、宏观经济不确定性与国有集团内部资本市场

	(1) 中央-高 INV	(2) 中央-低 INV	(3) 地方-高 INV	(4) 地方-低 INV	(5) 中央-高 RD	(6) 中央-低 RD	(7) 地方-高 RD	(8) 地方-低 RD
CONSTANT	-0.3276 (-1.64)	-0.1803 (-1.05)	-0.1306 (-0.61)	-0.0325 (-0.16)	0.1618*** (3.54)	0.1348*** (4.23)	0.1699*** (3.41)	0.0378 (0.83)
CF	0.1194 (1.34)	0.0541 (0.66)	0.2027* (1.95)	0.2606*** (3.71)	0.0212 (0.70)	0.0067 (0.58)	0.0335 (1.33)	0.0582*** (4.18)
OCF	-0.0005** (-2.28)	-0.0001 (-0.35)	0.0025 (0.83)	0.0054** (2.10)	-0.0001 (-1.17)	0.00005 (1.58)	0.0009** (2.36)	0.0024*** (5.22)
SIZE	0.0253*** (4.33)	0.0204*** (4.38)	0.0216*** (2.98)	0.0248*** (3.73)	-0.0002 (-0.22)	-0.0012 (-1.46)	-0.0027 (-1.50)	0.0005 (0.38)
AGE	-0.0242 (-1.34)	-0.0161 (-1.19)	-0.0319* (-1.95)	-0.0447** (-2.60)	-0.0095* (-1.72)	-0.0154*** (-5.27)	-0.0108** (-2.41)	-0.0105*** (-2.97)
LEV	-0.0360 (-1.04)	-0.0701** (-2.29)	-0.0031 (-0.08)	0.0200 (0.56)	-0.0073 (-0.76)	0.0047 (0.88)	0.0046 (0.52)	0.0048 (0.65)
GROWTH	-0.0080 (-0.86)	-0.0013 (-0.25)	0.0052 (0.59)	0.0006 (0.07)	0.0022 (0.78)	0.0009 (0.93)	-0.0035 (-1.45)	-0.0010 (-0.42)

续表

	(1) 中央-高 INV	(2) 中央-低 INV	(3) 地方-高 INV	(4) 地方-低 INV	(5) 中央-高 RD	(6) 中央-低 RD	(7) 地方-高 RD	(8) 地方-低 RD
$TOBIN\_Q$	0.0445**	0.0070	0.0197*	0.0074	0.0056	0.0020**	-0.0014	0.0033*
	(2.22)	(1.02)	(1.69)	(0.80)	(1.51)	(2.45)	(-0.82)	(1.77)
ROA	0.3488***	0.2454***	0.2140**	0.1025	0.0256	0.0482***	0.0935**	0.0405*
	(3.01)	(2.79)	(2.14)	(1.04)	(0.71)	(2.88)	(2.31)	(1.74)
$CENTRAL$	0.0058	-0.0061	-0.0320	-0.0309	0.0061	0.0005	-0.0002	0.0069
	(0.16)	(-0.16)	(-0.91)	(-0.85)	(0.54)	(0.07)	(-0.02)	(0.68)
$BOARDSIZE$	-0.0038*	-0.0024	0.0013	-0.0011	-0.0006	0.0007	-0.0002	-0.0010
	(-1.68)	(-0.99)	(0.50)	(-0.37)	(-1.13)	(1.25)	(-0.23)	(-1.30)
MAR	-0.0079	-0.0226	-0.0392	-0.0316	-0.0139	0.0008	0.0042	0.0199**
	(-0.32)	(-0.53)	(-1.40)	(-0.70)	(-1.58)	(0.09)	(0.46)	(2.34)
$INDUSTRY$	YES	YES	YES	YES	YES	YES	YES	YES
$YEAR$	YES	YES	YES	YES	YES	YES	YES	YES
N	862	1175	636	810	299	698	186	383
adj. R^2	0.173	0.102	0.125	0.170	0.353	0.337	0.253	0.347

注：（1）括号中报告值是 T 统计量；（2）"*""**""***"分别表示 10%、5% 和 1% 显著性水平；（3）标准误经异方差（heteroskedasticity）和公司聚类（cluster）调整。

表 2－15 公司投资、董事长关联与国有集团内部资本市场

	(1) 中央－关联 INV	(2) 中央－无关 INV	(3) 地方－关联 INV	(4) 地方－无关 INV	(5) 中央－关联 RD	(6) 中央－无关 RD	(7) 地方－关联 RD	(8) 地方－无关 RD
CONSTANT	-0.3621* (-1.83)	-0.2682 (-1.54)	-0.2429 (-1.04)	0.1597 (0.89)	0.1789*** (3.20)	0.1059*** (3.58)	-0.0661 (-1.52)	0.1693*** (3.31)
CF	0.1746* (1.78)	0.0357 (0.47)	0.2975*** (2.93)	0.1903*** (2.88)	0.0085 (0.62)	0.0071 (0.44)	0.0473** (2.63)	0.0589*** (3.25)
OCF	-0.0012* (-1.97)	-0.0002 (-0.70)	0.0070** (2.36)	0.0026* (1.79)	0.0015 (1.43)	0.000001 (0.08)	0.0019*** (5.60)	0.0015*** (2.93)
SIZE	0.0192*** (3.73)	0.0266*** (4.58)	0.0362*** (4.97)	0.0145** (2.31)	-0.0015 (-1.17)	-0.0003 (-0.29)	0.0015 (1.27)	-0.0019 (-0.97)
AGE	0.0109 (0.55)	-0.0378** (-2.40)	-0.0192 (-0.80)	-0.0419*** (-3.12)	-0.0238*** (-3.84)	-0.0119*** (-4.12)	-0.0051 (-1.50)	-0.0184*** (-4.21)
LEV	-0.0211 (-0.60)	-0.0825*** (-2.76)	0.0504 (1.13)	-0.0337 (-1.23)	0.0076 (0.73)	-0.0017 (-0.26)	0.0008 (0.11)	0.0155 (1.38)
GROWTH	-0.0026 (-0.38)	-0.0019 (-0.29)	-0.0020 (-0.29)	0.0056 (0.65)	0.0004 (0.30)	0.0013 (1.08)	-0.0003 (-0.16)	-0.0059*** (-2.91)
TOBIN_Q	0.0205 (1.60)	0.0142* (1.88)	0.0282** (2.25)	-0.0027 (-0.46)	0.0011 (0.51)	0.0025*** (2.66)	0.0062*** (3.27)	0.0005 (0.21)
ROA	0.4444*** (3.81)	0.2370*** (2.64)	0.2710*** (3.00)	0.1335* (1.66)	0.0493 (1.53)	0.0373* (1.85)	0.0222 (0.79)	0.0840*** (2.76)
CENTRAL	0.0063 (0.14)	0.0002 (0.01)	-0.0532 (-0.98)	-0.0131 (-0.44)	0.0014 (0.10)	-0.0009 (-0.12)	-0.0051 (-0.62)	0.0043 (0.35)
BOARDSIZE	-0.0037 (-1.24)	-0.0016 (-0.72)	-0.0027 (-0.60)	0.0006 (0.28)	-0.0004 (-0.53)	0.0004 (0.65)	0.0004 (0.65)	-0.0020 (-1.56)
MAR	-0.0527 (-1.37)	0.0176 (0.76)	-0.1475*** (-3.37)	-0.0160 (-0.63)	0.0168 (1.37)	-0.0125 (-1.53)	0.0281** (2.57)	0.0173* (1.88)

续表

	(1) 中央-关联 INV	(2) 中央-无关 INV	(3) 地方-关联 INV	(4) 地方-无关 INV	(5) 中央-关联 RD	(6) 中央-无关 RD	(7) 地方-关联 RD	(8) 地方-无关 RD
INDUSTRY	YES	YES	YES	YES	YES	YES	YES	YES
YEAR	YES	YES	YES	YES	YES	YES	YES	YES
N	719	1318	609	837	293	704	256	313
adj. R^2	0.180	0.117	0.223	0.111	0.499	0.282	0.414	0.332

注：(1) 括号中报告的是值 T 统计量；(2) "*" "**" "***" 分别表示10%，5%和1%显著性水平；(3) 标准误经异方差（heteroskedasticity）和公司聚类（cluster）调整。

表 2-16　公司投资、董事关联与国有集团内部资本市场

	(1) 中央-关联 INV	(2) 中央-无关 INV	(3) 地方-关联 INV	(4) 地方-无关 INV	(5) 中央-关联 RD	(6) 中央-无关 RD	(7) 地方-关联 RD	(8) 地方-无关 RD
CONSTANT	-0.2854* (-1.72)	-0.2567 (-1.11)	-0.1316 (-0.71)	0.0488 (0.23)	0.1459*** (3.71)	0.0837* (1.86)	0.0403 (0.83)	0.1389** (2.11)
CF	0.2515*** (3.10)	-0.1249 (-1.43)	0.2400*** (3.48)	0.2079* (1.84)	0.0216 (1.16)	-0.0082 (-0.49)	0.0630*** (3.35)	0.0341* (1.93)
OCF	-0.0005*** (-2.74)	-0.0001 (-0.48)	0.0082*** (2.71)	0.0002 (0.09)	0.0001 (1.40)	-0.0000 (-0.58)	0.0019*** (4.58)	0.0018*** (3.06)
SIZE	0.0194*** (4.24)	0.0248*** (3.17)	0.0274*** (4.48)	0.0153* (1.78)	-0.0013 (-1.27)	-0.0006 (-0.56)	0.0000 (0.02)	-0.0007 (-0.27)
AGE	-0.0054 (-0.35)	-0.0291 (-1.36)	-0.0366** (-2.35)	-0.0443** (-2.26)	-0.0164*** (-3.76)	-0.0080** (-2.46)	-0.0070** (-2.01)	-0.0189*** (-3.43)
LEV	-0.0547* (-1.92)	-0.0561 (-1.61)	0.0287 (0.84)	-0.0041 (-0.11)	0.0018 (0.23)	-0.0018 (-0.25)	-0.0032 (-0.44)	0.0232** (2.59)

续表

	(1) 中央-关联 INV	(2) 中央-无关 INV	(3) 地方-关联 INV	(4) 地方-无关 INV	(5) 中央-关联 RD	(6) 中央-无关 RD	(7) 地方-关联 RD	(8) 地方-无关 RD
GROWTH	-0.0016 (-0.29)	0.0009 (0.10)	0.0052 (0.86)	-0.0142 (-0.99)	0.0010 (0.96)	0.0017 (0.91)	-0.0013 (-0.65)	-0.0073*** (-3.28)
TOBIN_Q	0.0096 (1.28)	0.0186** (1.99)	0.0115 (1.14)	-0.0005 (-0.05)	0.0023* (1.71)	0.0022 (1.62)	0.0039* (1.96)	-0.0010 (-0.76)
ROA	0.3069*** (3.00)	0.3067*** (2.97)	0.1673** (2.17)	0.1851 (1.35)	0.0291 (0.99)	0.0625*** (3.63)	0.0175 (0.70)	0.1397*** (3.87)
CENTRAL	0.0060 (0.16)	-0.0142 (-0.36)	-0.0678* (-1.89)	0.0332 (0.60)	0.0009 (0.08)	0.0015 (0.16)	0.0093 (0.83)	-0.0035 (-0.36)
BOARDSIZE	-0.0040* (-1.74)	-0.0019 (-0.68)	-0.0007 (-0.24)	0.0008 (0.24)	0.0000 (0.04)	0.0008 (0.96)	-0.0006 (-0.61)	-0.0006 (-0.71)
MAR	-0.0268 (-0.91)	-0.0027 (-0.09)	-0.0568* (-1.72)	-0.0117 (-0.34)	-0.0013 (-0.14)	-0.0139 (-1.41)	0.0071 (0.66)	0.0129 (1.51)
INDUSTRY	YES	YES	YES	YES	YES	YES	YES	YES
YEAR	YES	YES	YES	YES	YES	YES	YES	YES
N	1185	852	987	459	560	437	374	195
adj. R²	0.177	0.101	0.184	0.084	0.366	0.312	0.340	0.358

注:(1)括号中报告值是 T 统计量;(2)"*""**""***"分别表示 10%、5% 和 1% 显著性水平;(3)标准误经异方差(heteroskedasticity)和公司聚类(cluster)调整。

表 2 –17　公司投资、总经理关联与国有集团内部资本市场

	(1) 中央 – 关联 INV	(2) 中央 – 无关 INV	(3) 地方 – 关联 INV	(4) 地方 – 无关 INV	(5) 中央 – 关联 RD	(6) 中央 – 无关 RD	(7) 地方 – 关联 RD	(8) 地方 – 无关 RD
CONSTANT	-0.3486 (-1.32)	-0.2382 (-1.63)	-0.8489** (-2.55)	-0.0658 (-0.40)	0.1721*** (2.79)	0.1193*** (3.56)	-0.0088 (-0.14)	0.0773 (1.51)
CF	0.0924 (0.58)	0.0601 (0.90)	0.2101* (1.81)	0.2269*** (3.21)	0.0176 (1.15)	0.0107 (0.75)	0.0285 (1.39)	0.0559*** (3.84)
OCF	-0.0069* (-1.84)	-0.0002 (-1.02)	0.0146*** (2.77)	0.0034** (2.29)	-0.0008 (-0.53)	0.00001 (0.34)	0.0050** (2.56)	0.0016*** (4.76)
SIZE	0.0122 (1.52)	0.0260*** (5.45)	0.0333*** (3.49)	0.0247*** (4.19)	-0.0033* (-1.84)	-0.0003 (-0.33)	-0.0014 (-1.02)	0.0002 (0.14)
AGE	0.0149 (0.53)	-0.0283** (-2.17)	0.0254 (0.98)	-0.0417*** (-3.25)	-0.0162** (-2.63)	-0.0150*** (-4.20)	-0.0070 (-1.26)	-0.0133*** (-3.61)
LEV	0.1007 (1.10)	-0.0756*** (-2.97)	0.1817*** (3.41)	-0.0146 (-0.57)	0.0272 (1.42)	-0.0018 (-0.31)	0.0056 (0.40)	0.0021 (0.29)
GROWTH	-0.0004 (-0.03)	-0.0031 (-0.62)	-0.0195*** (-3.02)	0.0083 (1.12)	0.0005 (0.42)	0.0016 (1.43)	-0.0009 (-0.57)	-0.0029 (-1.41)
TOBIN_Q	0.0454* (1.74)	0.0118* (1.69)	0.0380*** (4.24)	0.0067 (0.78)	0.0011 (0.30)	0.0027*** (2.76)	0.0037 (1.67)	0.0019 (0.89)
ROA	0.4526** (2.36)	0.2814*** (3.63)	0.4322*** (2.87)	0.1415** (2.07)	-0.1360 (-1.54)	0.0464** (2.41)	0.0678 (1.49)	0.0591** (2.38)
CENTRAL	0.0880 (0.91)	-0.0017 (-0.06)	-0.0045 (-0.06)	-0.0237 (-0.81)	0.0286 (1.68)	0.0003 (0.04)	-0.0000 (-0.00)	0.0077 (0.73)
BOARDSIZE	-0.0067 (-1.46)	-0.0029 (-1.52)	0.0085* (1.87)	-0.0010 (-0.46)	-0.0004 (-0.41)	0.0002 (0.39)	0.0018* (1.77)	-0.0011 (-1.29)
MAR	0.0093 (0.15)	-0.0093 (-0.42)	-0.1257 (-1.66)	-0.0292 (-1.16)	0.0023 (0.16)	-0.0028 (-0.38)	0.0348 (1.58)	0.0160** (2.03)

续表

	(1) 中央-关联 INV	(2) 中央-无关 INV	(3) 地方-关联 INV	(4) 地方-无关 INV	(5) 中央-关联 RD	(6) 中央-无关 RD	(7) 地方-关联 RD	(8) 地方-无关 RD
INDUSTRY	YES	YES	YES	YES	YES	YES	YES	YES
YEAR	YES	YES	YES	YES	YES	YES	YES	YES
N	260	1777	220	1226	109	888	81	488
adj. R²	0.261	0.122	0.386	0.146	0.640	0.333	0.771	0.285

注: (1) 括号中报告值是 T 统计量; (2) "*""**""***"分别表示10%、5%和1%显著性水平; (3) 标准误经异方差 (heteroskedasticity) 和公司聚类 (cluster) 调整。

表 2-18 公司投资、经理层关联与国有集团内部资本市场

	(1) 中央-关联 INV	(2) 中央-无关 INV	(3) 地方-关联 INV	(4) 地方-无关 INV	(5) 中央-关联 RD	(6) 中央-无关 RD	(7) 地方-关联 RD	(8) 地方-无关 RD
CONSTANT	-0.4623** (-2.30)	-0.2778* (-1.68)	-0.4683* (-1.83)	-0.0640 (-0.35)	0.1203** (2.37)	0.1190*** (3.03)	-0.1409** (-2.55)	0.1014** (2.35)
CF	0.2202* (1.93)	0.0346 (0.50)	0.1650** (2.07)	0.2600*** (3.21)	-0.0171 (-0.86)	0.0117 (0.77)	0.1081*** (3.41)	0.0377*** (2.94)
OCF	-0.0017 (-0.38)	-0.0002 (-0.90)	0.0149* (1.94)	0.0026* (1.84)	-0.0005 (-0.72)	0.00001 (0.34)	0.0041*** (2.79)	0.0019*** (6.93)
SIZE	0.0202*** (3.37)	0.0284*** (5.20)	0.0334*** (4.12)	0.0260*** (3.64)	-0.0010 (-0.83)	-0.0003 (-0.32)	-0.0013 (-0.92)	0.0005 (0.37)
AGE	0.0239 (1.10)	-0.0349** (-2.35)	-0.0098 (-0.44)	-0.0444*** (-3.16)	-0.0126*** (-2.90)	-0.0149*** (-3.62)	0.0064 (1.38)	-0.0168*** (-4.36)
LEV	0.0137 (0.35)	-0.0829*** (-2.98)	0.0635 (1.41)	-0.0140 (-0.47)	-0.0018 (-0.17)	-0.0016 (-0.25)	0.0004 (0.04)	0.0100 (1.23)

续表

	(1) 中央-关联 INV	(2) 中央-无关 INV	(3) 地方-关联 INV	(4) 地方-无关 INV	(5) 中央-关联 RD	(6) 中央-无关 RD	(7) 地方-关联 RD	(8) 地方-无关 RD
GROWTH	0.0033 (0.49)	-0.0032 (-0.54)	-0.0079 (-1.26)	0.0056 (0.73)	-0.0004 (-0.33)	0.0017 (1.25)	-0.0021 (-1.39)	-0.0029 (-1.26)
TOBIN_Q	0.0204 (1.44)	0.0129* (1.74)	0.0185* (1.87)	0.0079 (0.80)	-0.0005 (-0.28)	0.0028*** (2.72)	0.0026 (1.36)	0.0021 (0.97)
ROA	0.4285*** (3.17)	0.2610*** (3.14)	0.3007*** (3.49)	0.0544 (0.64)	0.0709* (1.72)	0.0377* (1.86)	0.0428 (1.25)	0.0683*** (3.22)
CENTRAL	0.0555 (0.89)	-0.0185 (-0.60)	-0.0807* (-1.69)	0.0009 (0.03)	-0.0032 (-0.35)	0.0021 (0.24)	0.0069 (0.51)	0.0054 (0.50)
BOARDSIZE	-0.0073** (-2.25)	-0.0025 (-1.15)	0.0061* (1.75)	-0.0011 (-0.48)	0.0002 (0.20)	0.0003 (0.42)	0.0017 (1.50)	-0.0016* (-1.97)
MAR	-0.0256 (-0.59)	-0.0044 (-0.19)	-0.1015** (-2.11)	-0.0278 (-1.02)	-0.0008 (-0.06)	-0.0043 (-0.57)	0.0399*** (2.67)	0.0149** (2.07)
INDUSTRY	YES	YES	YES	YES	YES	YES	YES	YES
YEAR	YES	YES	YES	YES	YES	YES	YES	YES
N	463	1574	437	1009	205	792	157	412
adj. R²	0.221	0.119	0.284	0.143	0.468	0.312	0.611	0.302

注：（1）括号中报告值是 T 统计量；（2）"*""**""***"分别表示10%、5%和1%显著性水平；（3）标准误经异方差（heteroskedasticity）和公司聚类（cluster）调整。

表2-19 公司投资、监事关联与国有集团内部资本市场

	(1) 中央-关联 INV	(2) 中央-无关 INV	(3) 地方-关联 INV	(4) 地方-无关 INV	(5) 中央-关联 RD	(6) 中央-无关 RD	(7) 地方-关联 RD	(8) 地方-无关 RD
CONSTANT	-0.1795 (-1.02)	-0.2824 (-1.45)	-0.4037** (-2.00)	0.1527 (0.71)	0.1401*** (2.90)	0.1073*** (2.80)	0.0288 (0.52)	0.0854 (1.61)
CF	0.2102** (2.18)	-0.0013 (-0.02)	0.3097*** (3.53)	0.1046 (1.39)	-0.0003 (-0.02)	0.0167 (0.96)	0.0650*** (3.00)	0.0343** (2.21)
OCF	-0.0006*** (-2.70)	-0.0001 (-0.25)	0.0075*** (2.63)	0.0010 (0.63)	0.0001 (1.15)	-0.0000 (-0.63)	0.0015*** (4.09)	0.0040** (1.99)
SIZE	0.0188*** (3.57)	0.0256*** (4.13)	0.0275*** (4.00)	0.0202*** (3.04)	-0.0030** (-2.05)	-0.0000 (-0.02)	-0.0003 (-0.18)	-0.0008 (-0.34)
AGE	-0.0028 (-0.17)	-0.0342* (-1.96)	-0.0207 (-1.26)	-0.0501** (-2.69)	-0.0168*** (-3.95)	-0.0115*** (-2.96)	-0.0079* (-1.86)	-0.0120*** (-3.53)
LEV	-0.0477 (-1.58)	-0.0551* (-1.88)	0.0271 (0.67)	-0.0114 (-0.35)	0.0186** (2.34)	-0.0101 (-1.45)	-0.0058 (-0.66)	0.0203** (2.38)
GROWTH	-0.0032 (-0.53)	0.0002 (0.02)	0.0041 (0.63)	-0.0019 (-0.17)	0.0007 (0.41)	0.0010 (0.92)	-0.0018 (-0.88)	-0.0048** (-2.16)
TOBIN_Q	0.0143 (1.35)	0.0142* (1.71)	0.0164 (1.50)	-0.0012 (-0.16)	0.0023 (1.28)	0.0020* (1.78)	0.0046** (2.14)	-0.0007 (-0.69)
ROA	0.3598*** (3.50)	0.2553** (2.57)	0.1750* (1.97)	0.2054** (2.04)	0.0729*** (2.61)	0.0343 (1.58)	0.0197 (0.60)	0.1035*** (3.90)
CENTRAL	-0.0107 (-0.25)	0.0070 (0.19)	-0.0575 (-1.42)	-0.0232 (-0.55)	0.0014 (0.13)	0.0015 (0.16)	0.0141 (1.07)	-0.0008 (-0.13)
BOARDSIZE	-0.0044 (-1.52)	-0.0025 (-1.23)	-0.0021 (-0.55)	0.0003 (0.12)	0.0006 (0.72)	0.0002 (0.42)	-0.0001 (-0.12)	-0.0011* (-1.69)
MAR	-0.0479 (-1.39)	0.0220 (0.89)	0.0019 (0.06)	-0.0681** (-2.04)	0.0121 (1.11)	-0.0134* (-1.69)	0.0160 (1.11)	0.0123** (2.01)

续表

	(1) 中央-关联 INV	(2) 中央-无关 INV	(3) 地方-关联 INV	(4) 地方-无关 INV	(5) 中央-关联 RD	(6) 中央-无关 RD	(7) 地方-关联 RD	(8) 地方-无关 RD
INDUSTRY	YES	YES	YES	YES	YES	YES	YES	YES
YEAR	YES	YES	YES	YES	YES	YES	YES	YES
N	817	1220	784	662	389	608	299	270
adj. R²	0.202	0.084	0.202	0.102	0.392	0.301	0.360	0.341

注：(1) 括号中报告值是 T 统计量；(2)"*""**""***"分别表示 10%、5% 和 1% 显著性水平；(3) 标准误经异方差（heteroskedasticity）和公司聚类（cluster）调整。

表 2-20　公司投资、银企关联与国有集团内部资本市场

	(1) 中央-关联 INV	(2) 中央-无关 INV	(3) 地方-关联 INV	(4) 地方-无关 INV	(5) 中央-关联 RD	(6) 中央-无关 RD	(7) 地方-关联 RD	(8) 地方-无关 RD
CONSTANT	0.0506 (0.19)	-0.4004*** (-2.83)	-0.1426 (-0.70)	0.0216 (0.10)	0.1717** (2.44)	0.0841*** (2.93)	0.0096 (0.17)	0.1116*** (2.66)
CF	0.0440 (0.34)	0.0918 (1.36)	0.2847*** (3.74)	0.1995** (2.36)	-0.0272 (-0.94)	0.0202 (1.39)	0.0503* (1.96)	0.0442*** (3.60)
OCF	-0.0008* (-1.74)	-0.0002 (-0.91)	0.0139*** (2.80)	0.0021 (1.32)	-0.0001 (-0.77)	0.00003 (0.89)	0.0030** (2.08)	0.0016*** (6.21)
SIZE	0.0104* (1.66)	0.0282*** (5.90)	0.0288*** (5.15)	0.0238*** (3.14)	-0.0019 (-1.22)	-0.0005 (-0.59)	-0.0005 (-0.25)	-0.0000 (-0.03)
AGE	-0.0087 (-0.33)	-0.0200 (-1.52)	-0.0418** (-2.09)	-0.0476*** (-3.17)	-0.0178** (-2.20)	-0.0114*** (-3.72)	-0.0030 (-0.48)	-0.0162*** (-4.16)
LEV	-0.0166 (-0.32)	-0.0768*** (-2.98)	0.0785* (1.95)	-0.0134 (-0.43)	0.0010 (0.09)	-0.0009 (-0.15)	0.0094 (0.71)	-0.0023 (-0.33)

续表

	(1) 中央-关联 INV	(2) 中央-无关 INV	(3) 地方-关联 INV	(4) 地方-无关 INV	(5) 中央-关联 RD	(6) 中央-无关 RD	(7) 地方-关联 RD	(8) 地方-无关 RD
GROWTH	-0.0056 (-0.45)	-0.0023 (-0.55)	0.0133 (1.26)	0.0015 (0.25)	0.0022 (1.07)	0.0008 (0.79)	-0.0006 (-0.17)	-0.0038** (-2.59)
TOBIN_Q	0.0218 (1.48)	0.0119 (1.64)	0.0169** (2.01)	0.0042 (0.44)	0.0041* (1.84)	0.0012 (1.43)	0.0053** (2.16)	0.0008 (0.34)
ROA	0.5044*** (4.00)	0.2209** (2.48)	0.1653 (1.40)	0.1872** (2.56)	0.0630** (2.46)	0.0359 (1.55)	0.0460 (1.49)	0.0619** (2.34)
CENTRAL	-0.0248 (-0.44)	0.0062 (0.20)	-0.0957*** (-2.94)	-0.0200 (-0.58)	-0.0058 (-0.39)	0.0055 (0.76)	0.0126 (1.01)	-0.0045 (-0.43)
BOARDSIZE	-0.0042 (-1.32)	-0.0020 (-0.93)	0.0029 (1.04)	-0.0004 (-0.15)	-0.0000 (-0.03)	0.0006 (1.12)	0.0000 (0.06)	-0.0010 (-1.13)
MAR	-0.0423 (-0.64)	0.0051 (0.20)	-0.0738** (-2.22)	-0.0344 (-1.04)	0.0045 (0.28)	-0.0075 (-1.14)	0.0042 (0.47)	0.0179* (1.94)
INDUSTRY	YES	YES	YES	YES	YES	YES	YES	YES
YEAR	YES	YES	YES	YES	YES	YES	YES	YES
N	509	1528	408	1038	256	741	162	407
adj. R²	0.149	0.131	0.277	0.136	0.416	0.315	0.346	0.330

注:(1)括号中报告值是 T 统计量;(2)"*""**""***"分别表示 10%、5% 和 1% 显著性水平;(3)标准误经异方差(heteroskedasticity)和公司聚类(cluster)调整。

第三章

高管个人收益与国有集团内部资本市场：
基于内部人寻租的视角

一 引言

高管个人收益是公司治理领域的核心问题。由于现代公司所有者与经营管理者的分离而导致的代理冲突（Jensen and Meckling，1976），公司所有者通过制定薪酬契约以激励高管，按照所有者利益最大化的原则进行经营管理。然而，薪酬过高或过低，都有可能无法达到预期的激励效果。薪酬契约制定得是否合理，可以根据公司高管薪酬与业绩之间是否具有敏感性来判断。我国国有上市公司薪酬－业绩敏感性普遍偏低（Kato and Long，2006；吴联生、林景艺、王亚平，2010；卢锐、柳建华、许宁，2011），早年由于内部人控制的原因，部分国有公司频繁向高管支付天价薪酬①，之后在政府的干预监管下，陆续出台薪酬管制政策（辛清泉、林斌、王彦超，2007）。国有公司薪

---

① 2007 年，中国平安董事长马明哲薪酬合计 6616.1 万元；2009 年，格力电器董事长朱江红薪酬合计 4000 万元。

酬制定与市场竞争脱节，并失去激励的作用，高管可能会主动通过其他渠道寻求自利，例如在职消费，从而可能损害公司利益。国有产权的公司高管薪酬及在职消费的研究是国内学者的重点关注话题。普遍观点认为，公司高管可以通过薪酬契约获取显性收益，除此之外还能通过在职消费这种较为隐蔽的方式获取个人收益（陈冬华等，2005；2010）。国有公司的薪酬管制及丰富资源为高管在职消费提供了条件和动机。尽管国内学者关于国有公司高管个人收益的研究已经取得了较为丰富的成果，然而针对国有企业集团这种特殊组织形式的高管个人收益研究尚十分缺乏，这在很大程度上可归因于国有企业集团信息披露的限制。然而，国有集团整体上市、分拆上市或者控股进入资本市场，其下属上市公司高管个人收益必定受集团总部控制影响，而与非集团控制上市公司不尽相同，这就为研究集团公司高管个人收益问题提供了良好的契机。

本章试图从国有企业集团内部资本市场的视角，考察集团下属公司是否存在高管通过集团内部资本市场中提供的资金寻租并获取个人收益的现象。企业集团存在内部资本市场，从而可能起到提高资本配置效率（Stein，1997）、缓解融资约束（Campello，2002）、实现胜者选择（Stein，1997）等作用。然而，国内部分针对民营系族集团进行的研究，发现系族集团控股股东通过各种关联交易将集团内部资本市场异化为控股股东进行利益输送的工具（万良勇和魏明海，2006；杨棉之，2006；邵军和刘志远，2007）。相关研究忽略了以下两点：其一，企业集团存在双重代理冲突，除了集团所有者与经营者之间的代理冲突外，集团总部与下属公司经营者之间也存在代理冲突，这意味着下属公司高管未必能够按照集团总部意愿行事。其二，当企业集团存在内部资本市场时，集团总部统一调配内部资本并在集团下属各公司之间流动，然而，作为集团内部最重要的利益相关者之一，下属公司高管会利用自身内部人的职权及优势，主动地参与到集团内部资本配置当中来，或者主动为本公司获得更多内部资本用于投资，或者从流动的内部资本中寻租，获取个人收益以实现自我激励。进一步而言，国有集团下属公司高管与民营系族企业集团下属公司高管在特征上也有所差别：民营集团下属公司高管当中通常包括控股股东，而国有集团下属公司高管几乎不拥有或拥有极少股份，仅作为代理者的角色。因此，当内部资本在国有集团公司之间流动时，高管在较为激烈的代理冲突以及总部治理的情况下，是否会利用内部资本市场进行自利并获取收益，这是一个十分有意义的话题。

鉴于此，本章考察国有集团的下属公司高管是否存在通过集团内部资本市场套取货币薪酬或者在职消费，增加个人收益以满足其自利动机的现象。首先，本章检验了国有产权及集团归属对高管货币薪酬、在职消费的影响差异。其次，对不同政府层级所控制的集团下属公司高管个人收益与公司内部现金流水平的相关关系进行检验。进一步的，考虑集团存在内部资本市场的情况下，国有集团下属公司高管的个人收益与集团内部现金流水平的相关关系，以获得高管是否通过集团内部资本市场套取个人收益的证据。最后，本章依据不同层次的正式、非正式制度的差异性对本章基础结论进行分组检验，从不同视角提供证据并证明本章基础结论的稳健性。研究发现：（1）国有产权显著降低了公司高管薪酬及在职消费水平；集团归属不显著影响国企高管薪酬，但降低了在职消费水平；高管薪酬与国有集团公司内部现金流无显著关系，但高管在职消费与国有集团公司内部现金流显著负相关。（2）整体而言：集团内部资本配置中同样存在委托－代理冲突，高管是否能通过集团内部资本市场获利，主要取决于集团总部的治理能力以及下属公司内部人控制能力的高低。中央集团总部权威及治理能力高，公司总体不存在高管通过内部资本市场套取个人收益的现象；相反高管个人收益甚至会由于集团需要而被减少并通过内部资本市场转出；在职消费的减少相比高管薪酬程度更大。地方集团公司内部人控制现象较为突出，集团下属公司存在显著的高管通过集团内部资本市场套取现金流用作个人收益的现象；并且套取在职消费的程度相比货币薪酬更大。（3）分组检验结果显示：中央、地方集团下属公司高管个人收益与集团内部资本市场的关系受不同层面正式、非正式制度的影响有所差异，但仍然支持基础结论。中央集团公司在受集团总部间接控制、股权分散度高、高管权力高、外部融资依赖度低、市场化发展水平高、宏观经济不确定性低、无董事/经理/监事关联、无银企关联时高管收益与内部资本市场负相关程度更高。地方集团公司在受总部直接控制、高管权力低、外部融资依赖程度高、市场化水平高、宏观经济不确定性低、无董事/经理关联、无银企关联时高管收益与内部资本市场正相关程度更高。（4）中央集团公司高管难以通过内部资本市场套取个人收益，进一步由于集团总部表现的侵占动机，高管个人收益可能被减少并通过内部资本市场流出；地方集团在总部支持动机及治理水平、内部人控制的共同作用下，下属公司高管通过集团内部资本市场套取个人收益。

本章主要的创新与贡献在于：（1）从研究视角而言，将高管个人收益这个公司治理领域的核心问题与国有集团公司内部资本市场相结合，是对现有针对集团内部资本市场的研究中仅注重控股股东行为而缺乏对于其他利益相关者行为，尤其是缺乏针对高管寻租证据研究的一个重要补充。（2）从研究观点而言，认为集团下属公司高管是否通过集团内部资本市场套取个人利益，取决于集团总部对下属公司的治理能力，以及下属公司内部人控制能力的高低。（3）从研究结论而言，发现不同政府层级监管的集团公司高管个人收益与集团内部资本市场的关系截然相反。中央集团公司高管个人收益同时受外部管制、总部权威的制约及侵占，不仅不存在通过集团内部资本市场套利的现象，反而在需要的时候可能会被减少并通过集团内部资本市场流出。地方集团则存在较为严重的内部人控制问题，在总部支持的基础上，下属公司高管主动通过集团内部资本市场套取个人收益，本章结论具有重要的理论及现实意义。

二　文献回顾、理论分析与研究假设

（一）文献回顾

关于公司高管[①]个人收益的研究历来是公司财务及治理领域的核心命题。公司高管在经营管理过程中，首先可以通过薪酬契约直接获取个人收益。高管薪酬包括基本工资、年度激励、福利、津贴以及长期激励，这种多层次的薪酬契约体系在西方

[①]　如无特殊说明，本章中"公司高管"一词，包括董事、监事以及高级管理人员。

国家获得了普遍的认可和应用，并能较好地发挥激励作用。我国公司高管薪酬结构也较为相似，包括工资或年薪、福利、绩效、津贴、长期激励等。但我国多层次的薪酬体系发展较晚，2002 年，国有公司高管开始推行年薪制；2006 年，我国开始实施《上市公司股权激励管理办法（试行）》。在中国证监会修订并于 2013 年正式执行《公开发行证券的公司信息披露内容与格式准则第 2 号—年度报告的内容与格式（2012 年修订）》中，第四十一条规定上市公司应当公布高管年度薪酬情况：首先包括报告期末每位现任及报告期内离任董事、监事和高级管理人员在报告期内分别从公司及其股东单位获得的应付报酬总额，以及实际获得的报酬合计；同时还应披露报告期末每位现任及报告期内离任董事、监事和高级管理人员获得的股权激励，公司应当按照已解锁股份、未解锁股份、可行权股份、已行权股份、行权价以及报告期末市价单独列示。由此可知，上市公司高管薪酬契约主要包括由当年实际获得的报酬组成的货币薪酬（辛清泉等，2007；刘慧龙等，2010），以及由股权激励（沈红波等，2012）或期权激励（丁保利等，2012）组成的长期激励。由于契约的详细信息能够从上市公司公开披露的报告中获取，通常被称为显性薪酬。

国内外对于显性薪酬的研究已取得丰硕的成果，研究重点之一在于高管薪酬是否取决于公司业绩：方军雄（2011）从高管权力的角度来讨论公司高管和员工的薪酬，发现业绩上升和下降时，高管及员工的薪酬－业绩敏感性表现不一致，薪酬黏性也不一致，我国上市公司薪酬存在严重的尺蠖效应。Kato and Long（2006），吴联生、林景艺和王亚平（2010），卢锐、柳建华和许宁（2011）的研究从不同研究视角证明，国有公司由于需要兼顾经济效益和社会责任，以及受行政级别工资制等因素的影响，其高管薪酬 - 业绩敏感性低。Hubbard and Palia（1995），辛清泉、谭伟强（2009），卢锐、柳建华和许宁（2011），陈胜蓝、卢锐（2012）的研究发现，放松外部市场管制、市场化进程的发展、内部控制质量的提高、股权分置改革等因素能够提高公司的高管薪酬 - 业绩敏感性。Murphy（1999），蒋涛、刘运国和徐悦（2014）等研究则认为使用不同的会计业绩信息进行评价会使高管薪酬 - 业绩敏感性不同。研究重点之二为政府干预在高管薪酬制定中发挥的作用：辛清泉、林斌和王彦超（2007）发现政府主导的薪酬管制导致高管薪酬契约失效，无法达到激励、补偿作用，地方政府控制公司因此存在明显的投资过度。沈艺峰、李培功（2010），徐细雄（2012）发现限薪令未能降低国企高管的薪酬和提高薪酬 - 业绩敏感性；进一步会促进国企高管腐败。马连福、王元芳和沈小秀（2013）则认为国企党委会治理能够降低高管绝对薪酬、抑制超额薪酬、缩短薪酬差距。研究重点之三在于非正式制度在高管薪酬制定中发挥的作用：如刘慧龙等（2010），梁莱歆、冯延超（2010），唐松、孙铮（2014），Liang et al.（2015）从政治关联如何影响不同产权性质公司的高管薪酬 - 业绩敏感性以及薪酬成本的角度进行研究。郑志刚、孙娟娟和 Oliver（2012）发现是否存在超额薪酬与董事会是否存在任人唯亲的文化有关。Bryan et al.（2015）从国别文化差异的角度研究公司高管薪酬契约的制定，认为制定高管薪酬契约的目的在于降低公司所有者与管理层之间的冲突，当不同国家中应对冲突的文化背景特征相似时，其薪酬契约也相似。除此之外，学者们从不同视角对高管薪酬展开论证研究，如杜胜利、张杰（2004），罗进辉（2014）从独立董事的视角出发，前者认为独董薪酬受公司业绩、规模、第一大股东持股比例、独董工作时间等因素影响；后者则发现明星独董降低了公司的高管薪酬－业绩敏感性，并且这一现象在民营公司更加显著。

除了通过薪酬契约获取个人收益外，公司高管还能够通过一种较为隐蔽的非契约方式获取个人收益，即在职消费（陈冬华等，2005；罗宏、黄文华，2008；卢锐、魏明海和黎文靖，2008；陈冬华等，2010）。从定义而言，在职消费指公司高管在利用权力、行使职责而对公司进行经营管理的过程中产生的，由公司支付的货币消费及待遇（卢锐、魏明海和黎文靖，2008）。由于我国资本市场发展不完全，存在严重的代理问题，高管总体薪酬水平相较西方发达国家低，长期激励契约发展不够成熟，市场价值观对使用公款的普遍接受（卢锐、魏明海和黎文靖，2008）等因素为高管进行在职消费提供了动机；严重的信息不对称性使得外部投资者及利益相关者难以详尽地了解公司经营及财务信息；加之我国制度法规中并未涉及对高管在职消费的具体披露要求，而这些由公司支付的货币消费可以通过不同科目归入到公司费用的核算中，致使在职消费十分隐蔽，为高管寻求个人收益提供便利。吴育辉、吴世农（2010）的研究就指出，我国公司高管薪酬的制定存在严重的自利倾向，本质上并非公司所有者为激励高管，降低代理问题而制定契约，而是内部人为追求自利的个人收益而利用经营中的职权进行干预。因此在自利动机和隐蔽性的双重驱使下，高管在职消费在我国十分普遍。

据陈冬华、陈信元和万华林（2005）所言，国外专门针对在职消费的实证研究不多。Alchian and Demsetz（1972）认为，信息不对称性使得杜绝管理层在职消费的机会主义行为所耗费的成本可能过大，因此在职消费内生于信息成本。Jensen and Meckling（1976）则认为，在职消费是管理层对公司盈余的挪用，会加重管理者与投资者之间的代理问题。Yermack（2006）研究发现，CEO 使用公司私人飞机进行在职消费的信息披露后，会影响公司股价、回报率，但 CEO 进行在职消费的动机与其薪酬及长期激励契约无关。另外，针对中国的研究如 Gul Cheng and Leung（2011）发现在职消费水平与财务报告质量负相关，并且导致股价信息含量降低。Xu et al.（2014）进一步发现我国国有公司高管过度在职消费时倾向于长期隐瞒不利消息，使得股价崩溃风险提高。卢锐、魏明海和黎文靖（2008），张铁铸、沙曼（2014）从管理层权力的视角进行研究，发现管理者权力越大，在职消费程度越高。

关于我国的进一步研究表明公司高管薪酬与在职消费之间存在密切关系。陈冬华、陈信元、万华林（2005）的研究指出，上市公司在职消费与公司租金、绝对薪酬、公司规模等因素相关；而相对于民营公司薪酬契约内生于公司，国有公司的薪酬契约外生于薪酬管制政策；由于受到薪酬约束，在职消费成为国有公司高管的替代选择。陈冬华、梁上坤、蒋德全（2010）将市场化程度纳入高管薪酬契约研究范畴，发现市场化程度提高，高管薪酬契约随之增长，且货币薪酬契约增长程度远大于在职消费。陈信元等（2009）针对薪酬管制的研究发现其受市场化进程、贫富差距、财政赤字、失业率等因素影响，并与高管腐败正相关。冯根福、赵珏航（2012）的研究表明，给定管理层薪酬时，在职消费与管理层持股比例显著负相关。

总结国内文献，有以下两点值得注意：一是现有关于高管个人收益的研究多以国有企业为研究对象，这主要由于国企是薪酬管制的对象，受限薪酬契约使高管有动机通过在职消费获取隐形报酬，加之国企丰富的资源为在职消费提供空间；而民企是市场化改革下的产物，高管薪酬的制定相对更加遵循市场规则，并且外部利益相关者对其监督更为严密。因此对于国企高管个人收益的研究具有更加丰富的理论及现实含义。二是尽管对于高管个人收益的研究视角比较全面广泛，涉及公司特征层面、市场环境层面、宏观经济政策层面、非正式制度层面等，然而针对特殊的组织结构中高管个人收益的研究尚十分缺乏，比如企业集团。鉴于我国相当大比例的国有上市公司可以归属于不同政府层级所监管的国有集团，并且国有集团公司具有更加典型的中国制度特征，从企业集团的视角讨论国企高管个人收益是十分有意义的。企业集团相关命题研究的缺乏很大程度上受到国有集团信息披露的限制。然而，国有集团整体上市、分拆上市或者控股进入资本市场，其下属上市公司高管个人收益必定受集团控制影响而与非集团控制上市公司不尽相同，这就为研究企业集团高管个人收益问题提供了良好的契机。潘红波、余明桂（2014）指出，集团内部的关联交易会降低公司的高管薪酬－业绩敏感性，当管理层为外来职业经理人或由家族公司成员担任时，该作用有显著差别。Cai and Zheng（2016）针对我国集团控制的上市公司高管薪酬的研究发现，集团内存在相对业绩评价机制，高管薪酬的制定，不只受该上市公司自身业绩的影响，还受集团控制的其他上市公司相对业绩的影响；这种相对业绩评价机制降低了集团控制的上市公司高管的薪酬－业绩敏感性，并且受公司自身性质以及外部市场环境的影响。这些研究为集团公司高管个人收益的研究提供了借鉴。然而其仍旧忽略了一点，企业集团这种特殊的组织结构区别于普通公司的优势，除了存在相对业绩评价机制而可能影响下属公司高管的薪酬－业绩敏感性之外，还在于集团拥有内部资本市场，可以在内部各公司之间提供并转移资金，内部资金流通不仅仅能够影响公司投资。吴育辉、吴世农（2010），罗宏等（2014）的研究反映出我国公司高管倾向于主动和自利地获取个人收益。那么，集团公司拥有的内部资本市场，能在绕开外部监管、降低资金使用成本、控制偿债风险的前提下获得更多资金，为集团下属上市公司高管主动、自利地从内部资本市场获取个人收益提供了空间。国外学者如 Motta（2003），Datta et al.（2009）等研究支持了这一观点，认为集团总部 CEO 与集团分部经理可以在内部资本配置过程中通过搭便车、寻租等获取激励。

（二）理论分析与研究假设

高管个人收益可以具体划分为显性货币薪酬，以及隐形在职消费。在独立公司中，高管薪酬由股东决定，当薪酬契约不能使高管感到满足时，其有动机通过其他途径实现自利，例如在职消费。产权性质不同的企业高管个人收益可能存在差异。首先，民企作为市场经济的产物，高管薪酬的制定更加遵循市场化原则；国企多在政府的干预下开展经营活动，高管薪酬受到较为严格的管制，因此国有公司高管薪酬应当较民营公司低。进一步考虑在职消费，尽管国内学者认同国企在职消费更具有研究价值的观点，然而许多研究结果同时表示国企在职消费未必高于民企，一方面由于国家薪酬管制政策也同时针对在职消费；另一方面民企高管多为公司大股东，其通过在职消费对公司进行利益侵占更为便利。当公司归属于国有集团时，集团总部在下属公司高管薪酬制定中起关键作用。尽管国有企业集团与国有独立企业同样面临薪酬管制，但出于维持公司高管薪酬竞争力的原因，集团总部主导制定的国有集团公司高管薪酬水平与独立公司可能并不存在显著差别；同时在集团总部权威及治理的作用之下，国有集团公司总体在职消费水平应当会降低。

归属于同一集团总部的国有上市公司之间存在内部资本市场，内部资金的流动在集团总部主导下进行。在这一过程中，集团总部与下属公司之间也存在委托－代理的关系。集团总部首先依据一定原则，对下属各公司进行综合判断以及权衡，之后对集团内部资金进行统一配置，使得资金在集团内部各公司之间流动。同时，作为委托人，集团总部将资金配置到各下属公司之后，还应当发挥治理作用，确保配置到下属公司的内部资金能用于总部预期的用途，以实现集团整体获利。下属公司高管作为代理人，应当按照集团总部意愿，将其获得的内部资金用于总部期望的用途，如进行恰当的投资。除此之外，由于内部资本市场中的资金流通为下属公司高管提供了自利渠道（吴育辉、吴世农，2010；罗宏等，2014），在薪酬管制等因素的限制下，国有集团下属公司高管有动机将获得的集团内部资金用作个人收益，甚至会发挥自身的积极主动作用，通过影响总部决策而从内部资本市场获得更多资金用作个人收益。

国有集团公司高管是否会通过内部资本市场套取个人收益的问题，关键在于集团总部治理能力与下属公司高管内部人控制能力的高低。在双重代理冲突以及高管自利动机的驱使下，当下属公司内部人控制能力较强时，国有集团公司高管能够便利地通过内部资本市场套取资金，以增加个人收益。尽管显性薪酬增加对高管带来的边际效用相对于隐性薪酬更大，然而由于国有公司受到较为严格的薪酬管制，加之高管对其自身薪酬契约的干预能力相对较低，通过内部资本市场套取资金并提高薪酬契约的程度相对较小。而对于在职消费这样的隐性薪酬，尽管其边际效用较小，但由于外部管制程度相对较低，加之其本身的隐蔽性，以及高管进行在职消费的便利性，使得高管通过内部资本市场套取在职消费的程度应当相对大于货币薪酬的程度。而当集团总部治理能力较强时，尽管下属公司高管仍旧存在通过资本市场进行自利的动机，但在总部的监督治理下，这种自利动机难以实现，就不存在集团下属公司高管通过内部资本市场套取个人收益的现象。相反，当集团总部治理能力强时，在外部薪酬管制的同时影响下，集团总部有可能倾向于降低下属公司高管个人收益，并通过内部资本市场转出；由于显性薪酬契约较为固定，能操纵的空间相对较小，因此在职消费被通过内部资本市场转出的程度会相对货币薪酬程度高。

国有集团总部治理能力的高低以及下属公司高管内部人控制能力的高低，可能很大程度上取决于其集团总部归属的政府层级。归属于国务院的中央集团公司组织结构更加严密，集团总部权威以及控制力能实现对下属公司较为有效的治理，集团总部主导的内部资本配置能在总部期望下进行，高管难以通过内部资本市场套取个人收益。同时，中央集团公司面临政府更为严格的薪酬管制政策，集团总部出于限制薪酬水平、协调集团总体战略的目的，可能在需要的时候降低下属公司高管薪酬并通过内部资本市场转出至其他公司。另外，归属于地方政府的地方集团公司组织结构相对松散，有很大一部分地方集团公司的总部或母公司是以地方政府国资经营管理公司的形式存在的，集团总部对下属公司的控制及治理能力不如中央集团总部；同时，地方政府对于地方公司存在强烈的地方保护主义倾向，而薪酬管制政策对于地方公司的约束力也相对宽松。这就使地方公司高管的内部人控制能力增加，在自利动机的促使下，地方公司高管可能会显著地表现出通过集团内部资本市场套取个人收益的现象。由此提出以下假设。

假设1：中央集团下属公司高管收入可能被减少并通过内部资本市场转出；高管个人收益随集团内部资本市场现金流增加而减少，且在职消费减少的程度大于货币薪酬。

假设2：地方集团下属公司高管通过内部资本市场套取个人收益，高管个人收益随集团内部资本市场现金流增加而增加，且在职消费增加的程度大于货币薪酬。

三 研究设计

（一）核心变量定义

关于高管个人收益的衡量。参考现有文献，公司高管层可以获取个人收益的激励机制主要包括：年报中公布的薪酬（辛清泉等，2007；刘慧龙等，2010）、股权（沈红波等，2012）或期权（丁保利等，2012）激励。其中股权或期权激励属于中长期收益，与公司现金流或集团内其他公司现金流的相关关系可能并不显著；同时我国享有公司股权的管理层仅占极小部分，使用管理层持股来衡量高管个人收益不具有普适性。除了通过短期薪酬激励和长期股权、期权激励获取个人收益之外，高管还能利用职务之便，通过在职消费获取隐形激励（陈冬华等，2005；罗宏、黄文华，2008；陈冬华等，2010）；并且在职消费可能与公司现金流水平关系较为密切。由此，参考权小峰等（2010）的研究，本章同时使用高管薪酬（SALARY）衡量管理层当期获得的货币性收益；在职消费（MANA_FEE）衡量管理层获得的隐形非货币性收益，长期权益性激励由于与公司现金流不直接相关，故不纳入研究范围。

对于高管薪酬，主要的衡量方法有以下几种：使用年报中披露的高管中薪酬最高的前三名薪酬之和的自然对数衡量高管薪酬（辛清泉等，2007；权小峰，2010；杨德明、赵璨，2012）；使用年报中披露的所有董事、监事、管理层薪酬之和的自然对数衡量（陈冬华等，2005；Firth et al.，2006；刘慧龙等，2010）。本章使用公司所有高管（包括董事、监事、经理）领取的薪酬总额衡量高管薪酬水平。

对于在职消费，国内研究中比较普遍的观点是，基于我国现有上市公司信息披露制度，在职消费难以精确地衡量。现有的使用替代变量进行衡量的方法主要有两种：一是使用陈冬华等（2005，2010）采用的方法，以年报中披露的管理费用为依据，根据管理费用的明细说明，筛选出办公费、差旅费、业务招待费、通信费、出国培训费、董事会费、小车费和会议费八大类作为高管在职消费的衡量。这种方法被卢锐、魏明海和黎文靖（2008）等研究所使用。二是权小峰等（2010）、Luo et al.（2013）所使用的方法：以管理费用为依据，扣除其中的董事、监事、高管及公司成员薪酬，计提的存货跌价准备、坏账准备，当年无形资产摊销额等明显不归属于在职消费的科目支出后的金额作为在职消费水平的衡量。本章使用陈冬华等（2005，2010）的计算方法，从管理费用中筛选了与在职消费有关的八类费用的总金额作为在职消费水平的衡量。

（二）模型设定

根据理论分析，本章建立方程（1）对国有公司、国有集团公司高管个人收益，即高管薪酬、在职消费是否存在显著差别进行初步检验。之后建立方程（2）对不同分组的国有集团公司高管薪酬、在职消费是否依赖公司内部现金流进行检验。进一步的，建立方程（3）对不同分组的国有集团公司高管薪酬、在职消费与集团内部资本市场的关系及相互作用机制进行检验[①]。

[①] 由于前文提到，本书中统一使用 Shin and Stulz（1998）文中其他企业现金流规模来作为内部资本市场度量指标，因此本章节中的模型设定延续了第二章基础模型的设定思路。在此基础上考虑到本章节旨在考察高管个人收益与内部资本市场，因而被解释变量由基础模型中的企业投资调整为了高管个人收益的两个度量指标，并且解释变量中除了核心解释变量企业自身现金流及内部资本市场现金流之外，也相应地对控制变量进行了调整。

$$
\begin{aligned}
SALARY_{it}\ (MANA\_FEE_{it})\ =\ & \alpha + \beta_1 STATE_{it} + \beta_2 JITUAN_{it} + \\
& \beta_3 SIZE_{it} + \beta_4 LEV_{it} + \beta_5 GROWTH_{it} + \\
& \beta_6 Tobin\_Q_{it} + \beta_7 ROA_{it} + \beta_8 PROFIT_{it} + \\
& \beta_9 EXE\_HOLD_{it} + \beta_{10} CENTRAL_{it} + \\
& \beta_{11} BOARDSIZE_{it} + \beta_{12} MAR_{it} + \\
& \sum INDUSTRY + \sum YEAR + \varepsilon_{it}
\end{aligned}
\tag{1}
$$

$$
\begin{aligned}
SALARY_{it}\ (MANA\_FEE_{it})\ =\ & \alpha + \beta_1 CF_{it} + \beta_2 SIZE_{it} + \beta_3 LEV_{it} + \\
& \beta_4 GROWTH_{it} + \beta_5 Tobin\_Q_{it} + \\
& \beta_6 ROA_{it} + \beta_7 PROFIT_{it} + \\
& \beta_8 EXE\_HOLD_{it} + \beta_9 CENTRAL_{it} + \\
& \beta_{10} BOARDSIZE_{it} + \beta_{11} MAR_{it} + \\
& \sum INDUSTRY + \sum YEAR + \varepsilon_{it}
\end{aligned}
\tag{2}
$$

$$
\begin{aligned}
SALARY_{it}\ (MANA\_FEE_{it})\ =\ & \alpha + \beta_1 CF_{it} + \beta_2 OCF_{it} + \beta_3 SIZE_{it} + \\
& \beta_4 LEV_{it} + \beta_5 GROWTH_{it} + \\
& \beta_6 Tobin\_Q_{it} + \beta_7 ROA_{it} + \\
& \beta_8 PROFIT_{it} + \beta_9 EXE\_HOLD_{it} + \\
& \beta_{10} CENTRAL_{it} + \beta_{11} BOARDSIZE_{it} + \\
& \beta_{12} MAR_{it} + \sum INDUSTRY + \\
& \sum YEAR + \varepsilon_{it}
\end{aligned}
\tag{3}
$$

回归方程中，被解释变量分别为高管薪酬总额（*SALA-RY*），等于董事、监事、经理当期薪酬总额除以营业收入以标准化；公司管理层在职消费水平，等于根据管理费用中与在职消费相关的八类费用计算的总金额除以营业收入以标准化。主要解释变量为产权性质虚拟变量（*STATE*），当产权性质为国有时，取值为 1，否则为 0；国有集团归属虚拟变量（JITU-AN），当公司追溯的实际控制人能够归属于同一国有集团总部时，取值为 1，否则为 0；公司自身现金流水平（CF），等于当期经营性现金流量除以期初总资产；集团内部资本市场规模（OCF），等于除本公司外同一集团下属其他公司经营性现金流量总和除以期初总资产。参考高管薪酬和在职消费的相关研究，如陈冬华等（2005，2010），权小峰等（2010）的研究，使用公司规模（SIZE）、财务杠杆（LEV）、销售增长水平（GROWTH）、投资机会即市面值比（TOBIN_Q）、资产回报率（ROA）、销售利润率（PROFIT）、管理层持股比例（CENTRAL）、第一大股东持股比例（CENTRAL）、董事会规模（BOARDSIZE）、市场化程度（MAR）作为控制变量，并同时控制行业（INDUS-TRY）、年度（YEAR）的影响。回归中所涉及的变量定义归纳，见表 3 - 1。

表 3 - 1　变量定义

变量名称	定义以及说明
SALARY	高管薪酬，等于董、监、高领取的薪酬总额/期末营业收入
MANA_FEE	在职消费，等于管理费用中所包含的办公、差旅、业务招待、通信、出国培训、小车、培训、董事会费八类费用的总和/期末营业收入
CF	公司自身现金流水平，等于当期经营性现金流量/期末总资产
OCF	同一集团内其他公司自身现金流水平的总和/期末总资产
STATE	产权性质虚拟变量，当公司为国有公司时，取值为 1，否则为 0
JITUAN	国有集团虚拟变量，当公司归属于某一国有集团时，取值为 1，否则为 0
SIZE	公司规模，等于公司资产总额，取自然对数
LEV	财务杠杆，等于公司资产负债率

续表

变量名称	定义以及说明
GROWTH	销售增长水平等于营业收入年增长率
TOBIN_ Q	投资机会，等于市场价值（股权市值与净债务市值）与期末总资产之比
ROA	资产报酬率，等于净利润/总资产
PROFIT	销售利润率，等于营业利润/营业收入
CENTRAL	股权集中度，等于第一大股东的持股比例
EXE_ HOLD	管理层持股，等于管理层持股数/总股本数
BOARDSIZE	董事会规模，等于董事会人数
MAR	市场化程度，来自于樊纲等《中国市场化指数报告》，2010
INDUSTRY	行业虚拟变量
YEAR	年度虚拟变量

四　样本选择与描述性统计分析

（一）样本选择和数据来源

本章中针对区分产权后的所有上市公司、国有独立及集团型公司、国有集团下属公司样本与第二章一致①。归属于不同国有集团的上市公司样本仍旧合计 3972 个，中央集团公司样本 2328 个，地方集团公司样本 1644 个。本章采用 winsorize（1%）方法对相关变量的极端值进行处理。所需数据均来自国泰安数据库，其中在职消费数据对管理费用进行手工归纳整理获得。

---

① 由于本章研究对象始终为国有集团控制的 A 股资本市场上市公司，则此部分中实证分析的国有集团企业的样本与前一章节的一致，为避免重复，不再赘述国有集团企业样本的搜集、筛选方法。

（二）描述性统计

表 3-2 列出了文中变量的描述性统计结果。国有集团公司高管薪酬均值为 0.0021，方差为 0.0036；在职消费的均值为 0.0144，方差为 0.0204；可见附属于国有集团的上市公司高管薪酬平均水平较为相近，而在职消费则比高管薪酬水平高得多。CF 均值为 0.0474，方差为 0.0796；OCF 均值为 2.3415，方差为 13.0068；可见内部资本市场中集团其他下属公司现金流总和远大于公司自身现金流，高管通过内部资本市场套取个人收益的空间很大；同时由于各集团控制公司的数量存在较大差异，内部资本市场规模的方差也较大。$SIZE$ 均值为 22.1043，方差为 1.4761，表明附属于国有集团的上市公司普遍具有一定规模。LEV 均值为 0.5250，方差为 0.2002，表明附属于国有集团的上市公司普遍具有较高的资产负债率。$GROWTH$ 均值为 0.2216，方差为 0.5658，表明附属于国有集团的上市公司保持了较高的销售增长率。$TOBIN\_Q$ 均值为 1.6729，方差为 1.0124，表明附属于国有集团的上市公司市值普遍远高于面值。ROA 均值为 0.0339，方差为 0.1770，表明附属于国有集团的上市公司资产回报率水平不高，且基本较为相近。$PROFIT$ 均值为 0.0438，方差为 0.2114，反映出附属于国有集团的上市公司利润率较低。EXE_HOLD 均值为 0.0036，方差为 0.0230，表明管理层持股比例普遍较低。$CENTRAL$ 均值为 0.4048，方差为 0.1578，表明附属于国有集团的上市公司第一大股东持股比例维持在一个比较高的水平，与我国资本市场中上市公司现状相符。$BOARDSIZE$ 均值为 9.6710，方差为 2.0681，表明附属于国有集团的上市公司董事会

规模较为相近。*MAR* 均值为 2.2691，方差为 0.2142。

表 3 - 2　主要变量的描述性统计结果

	MEAN	SD	MIN	P25	P50	P75	MAX
SALARY	0.0021	0.0036	0.0001	0.0004	0.0011	0.0025	0.0482
MANA_FEE	0.0144	0.0204	0.0005	0.0047	0.0088	0.0166	0.2143
CF	0.0474	0.0796	- 0.2250	0.0048	0.0458	0.0917	0.2782
OCF	2.3415	13.0068	- 2.2662	0.0085	0.1027	0.5383	111.5660
SIZE	22.1043	1.4761	14.9375	21.1540	21.9110	22.8798	28.9332
LEV	0.5250	0.2002	0.0488	0.3861	0.5429	0.6722	1.0000
GROWTH	0.2216	0.5658	- 0.8130	0.0019	0.1333	0.2977	4.5932
TOBIN_Q	1.6729	1.0124	0.1139	1.1073	1.3423	1.8895	16.4039
ROA	0.0339	0.1770	- 2.7463	0.0095	0.0298	0.0560	7.6960
PROFIT	0.0438	0.2114	- 2.5410	0.0094	0.0440	0.1006	0.6243
EXE_HOLD	0.0036	0.0230	0.0000	0.0000	0.0000	0.0001	0.3468
CENTRAL	0.4048	0.1578	0.0362	0.2805	0.4038	0.5174	0.9200
BOARDSIZE	9.6710	2.0681	4.0000	9.0000	9.0000	11.0000	19.0000
MAR	2.2691	0.2142	1.2060	2.2311	2.3302	2.3961	2.5526

（三）相关性分析

附表 2 列示了主要变量的相关系数矩阵。国有集团公司自身现金流水平（*CF*）与高管薪酬（*SALARY*）、在职消费（*MANA_FEE*）都显著负相关，说明国有集团公司自身可用经营性现金流量越多，高管薪酬和在职消费水平越低。集团内部资本市场现金流水平（*OCF*）与国有集团公司高管薪酬、在职消费都显著正相关，符合本章的初步假定，即国有集团下属公司的高管存在通过内部资本市场套取集团其他公司现金流用作个人收益的情况。除此之外，公司规模（*SIZE*）、资产负债率（*LEV*）、销售增长（*GROWTH*）、销售利润率（*PROFIT*）、第一大股东持股比例（*CENTRAL*）、董事会规模（*BOARDSIZE*）与国有集团公司高管薪酬显著负相关；增长机会（*TOBIN_Q*）、管理层持股比例（*EXE_HOLD*）、市场化水平（*MAR*）与国有集团公司高管薪酬显著负相关；资产回报率（*ROA*）与国有集团公司高管薪酬不显著相关。而公司规模、资产负债率、销售增长、销售利润率、第一大股东持股水平、市场化水平与在国有集团公司职消费显著负相关；增长机会、资产回报率与国有集团公司在职消费显著正相关；管理层持股、董事会规模与国有集团公司在职消费不显著相关。主要变量的相关系数结果与本章理论预期基本一致，并且显著水平普遍较高，可见回归模型中控制这些变量有利于实证结果的可靠性。此外，控制变量之间的相关系数都小于0.5，初步说明它们对多元回归分析产生严重多重共线性的可能性小。而国有集团公司高管通过内部资本市场套取集团其他公司现金用作个人收益的情况在不同制度机制的前提下是否存在差异性，还有待后文多元回归的进一步检验。

五　实证分析

在理论分析的基础上，本章首先考察国有产权以及集团归属是否会影响（包括董事、监事、管理层）高管个人货币性收益（高管薪酬，*SALARY*）以及非货币性收益（在职消费，*MANA_FEE*）；同时检验不同层级政府控制的国有集团公司自身现金流与高管个人收益之间的关系。本章进一步引入集团下属其他公司的现金流水平作为内部资本市场可用资金的代理变量，考察内部资本市场与不同国有集团公司高管个人收益是否存在关系；然后，同样从公司、市场环境、宏观经济社会环境三个层面的正式、非正式制度两个维度来检验内部资本市场与不同国有集团高管个人收益的相互关系。

（一）高管个人收益与内部资本市场：基于国有产权和集团归属的初步检验

1. 高管个人收益与国有产权、集团归属

表 3 – 3 分别对国有产权、集团归属是否影响公司高管个人收益进行检验。Model（1）中，$STATE$ 回归系数在 1% 显著水平上为 − 0.0007，而 Model（3）中 STATE 回归系数在 1% 显著性水平为 − 0.0043，这表明国有产权限制并降低了公司高管薪酬、在职消费的水平，并且对在职消费的抑制程度大于高管薪酬。Model（2）中，$JITUAN$ 回归系数不显著，而 Model（4）中该回归系数在 1% 显著性水平上为 − 0.0032，反映出集团归属对国有公司高管薪酬的作用并不明显，但能够显著的降低受国有集团控制的公司在职消费水平。

表 3 – 3　高管个人收益与国有产权、集团归属

	（1）全样本 SALARY	（2）国有公司 SALARY	（3）全样本 SALARY	（4）国有公司 SALARY
CONSTANT	0.0371 *** (17.05)	0.0220 *** (11.91)	0.1931 *** (12.36)	0.1303 *** (7.34)
STATE	− 0.0007 *** (− 3.45)		− 0.0043 *** (− 3.77)	
JITUAN		− 0.0002 (− 1.45)		− 0.0032 *** (− 3.03)
SIZE	− 0.0015 *** (− 15.69)	− 0.0009 *** (− 11.98)	− 0.0052 *** (− 10.28)	− 0.0030 *** (− 5.71)
LEV	− 0.0053 *** (− 9.93)	− 0.0029 *** (− 4.95)	− 0.0199 *** (− 6.30)	− 0.0138 *** (− 3.17)
GROWTH	− 0.0004 *** (− 3.47)	− 0.0002 (− 1.57)	− 0.0011 (− 1.55)	− 0.0009 (− 1.26)

续表

	（1）全样本 SALARY	（2）国有公司 SALARY	（3）全样本 SALARY	（4）国有公司 SALARY
TOBIN_Q	0.0002*** (2.95)	0.0007*** (3.91)	0.0002 (0.79)	0.0023*** (2.82)
ROA	0.0011*** (3.69)	0.0003 (0.26)	0.0070*** (2.65)	0.0173*** (4.08)
PROFIT	-0.0052*** (-6.84)	-0.0041*** (-4.63)	-0.0326*** (-7.36)	-0.0287*** (-4.39)
EXE_HOLD	0.0003 (0.54)	0.0092*** (2.68)	-0.0075*** (-2.75)	0.0084 (0.33)
CENTRAL	-0.0023*** (-5.39)	-0.0012*** (-2.66)	-0.0133*** (-4.56)	-0.0058 (-1.55)
BOARDSIZE	0.0001*** (3.00)	0.0001** (2.22)	0.0003 (1.23)	0.0002 (0.68)
MAR	0.0004 (1.08)	0.0004 (1.39)	-0.0170*** (-3.75)	-0.0144*** (-2.84)
INDUSTRY	YES	YES	YES	YES
YEAR	YES	YES	YES	YES
N	15384	8580	8739	4185
adj. R²	0.335	0.307	0.264	0.236

注：（1）括号中报告值是T统计量；（2）"*""**""***"分别表示10%、5%和1%显著性水平；（3）标准误经异方差（heteroskedasticity）和公司聚类（cluster）调整。

2. 高管个人收益、国有集团归属与现金流量

表3-4将国有集团公司样本进一步划分为中央集团公司、地方集团公司，检验公司内部现金流与高管层货币性个人收益（高管薪酬，SALARY）及非货币性个人收益（在职消费，MANA_FEE）的关系。Model（1）、Model（2）、Model（3）中CF回归系数都不显著，表明无论何种国有集团公司，其高管薪酬都不依赖于公司内部现金流的多少。Model（4）、Model（5）、Model（6）的回归结果显示，CF系数显著为负，并且分组的系数也较为相近，可见不同种类的国有集团公司高管在职消费都随着公司内部现金流的增加而降低。

表 3 - 4　高管个人收益、国有集团归属与现金流量

	(1)集团公司 SALARY	(2)中央集团 SALARY	(3)地方集团 SALARY	(4)集团公司 MANA_FEE	(5)中央集团 MANA_FEE	(6)地方集团 MANA_FEE
CONSTANT	0.0195*** (10.21)	0.0200*** (8.48)	0.0240*** (6.53)	0.0948*** (4.24)	0.1201*** (4.24)	0.0746* (1.84)
CF	-0.0016 (-1.28)	-0.0003 (-0.19)	-0.0029 (-1.41)	-0.0231*** (-2.67)	-0.0261* (-1.79)	-0.0239*** (-3.18)
SIZE	-0.0009*** (-8.83)	-0.0008*** (-8.22)	-0.0011*** (-5.21)	-0.0017** (-2.27)	-0.0017** (-2.37)	-0.0026 (-1.51)
LEV	-0.0029*** (-3.51)	-0.0027*** (-2.64)	-0.0023* (-1.93)	-0.0174*** (-3.11)	-0.0209*** (-3.42)	-0.0013 (-0.25)
GROWTH	-0.0002** (-2.23)	-0.0002* (-1.94)	-0.0003* (-1.70)	-0.0011 (-1.60)	-0.0012 (-1.26)	-0.0013** (-2.06)
TOBIN_Q	0.0003* (1.83)	0.0004 (1.26)	0.0002 (1.52)	0.0012 (1.48)	0.0015 (1.35)	0.0002 (0.37)
ROA	0.0019 (1.08)	0.0005 (0.79)	0.0130*** (4.70)	0.0247*** (15.74)	0.0246*** (17.41)	0.0072 (0.21)
PROFIT	-0.0055*** (-3.58)	-0.0043* (-1.93)	-0.0093*** (-4.48)	-0.0328*** (-3.24)	-0.0381*** (-4.05)	-0.0015 (-0.09)
EXE_HOLD	0.0102** (2.10)	0.0094 (1.23)	0.0109* (1.74)	0.0222 (0.88)	0.0396 (1.04)	-0.0030 (-0.09)
CENTRAL	-0.0004 (-0.66)	-0.0009 (-1.11)	0.0008 (0.87)	-0.0046 (-0.89)	-0.0093 (-1.33)	-0.0005 (-0.07)
BOARDSIZE	0.0001 (1.63)	0.0001** (2.35)	0.0000 (0.62)	0.0008* (1.91)	0.0008 (1.49)	0.0006 (0.96)
MAR	0.0010** (2.00)	0.0006 (1.12)	0.0011 (1.21)	-0.0145** (-2.00)	-0.0163* (-1.67)	-0.0083 (-0.93)
INDUSTRY	YES	YES	YES	YES	YES	YES
YEAR	YES	YES	YES	YES	YES	YES
N	3493	2061	1432	1856	1145	711
adj. R^2	0.292	0.286	0.404	0.244	0.324	0.216

注：（1）括号中报告值是 T 统计量；（2）"*""**""***"分别表示 10%、5% 和
1% 显著性水平；（3）标准误经异方差（heteroskedasticity）和公司聚类（cluster）调整。

3. 高管个人收益与国有集团内部资本市场

表 3 - 5 在表 3 - 4 的基础上，加入内部资本市场变量
（OCF），以考察不同类型国有集团公司内部资本市场与高管个
人收益的关系。Model（1）、Model（2）、Model（3）回归结果

显示，不分组时，国有集团公司 OCF 系数并不显著；但分组检验后，中央集团公司 OCF 回归系数在 1% 水平上显著为 - 0.0002，地方集团公司则在 5% 显著性水平上为 0.0002。可以看出，中央集团公司高管个人收益随着集团内部资本市场现金流的增加而降低；而地方集团公司高管个人收益则随着集团内其他公司现金流的增加而增加。针对在职消费的回归结果中，Model（4） OCF 回归系数不显著，Model（5）显著为负，Model（6）显著为正，这意味着中央集团公司在职消费水平随着集团内部资本市场现金流的增加而降低；而地方集团公司在职消费水平随着集团内部资本市场现金流的增加而增加。

表 3 - 5　高管个人收益与国有集团内部资本市场

	(1)集团公司 SALARY	(2)中央集团 SALARY	(3)地方集团 SALARY	(4)集团公司 MANA_FEE	(5)中央集团 MANA_FEE	(6)地方集团 MANA_FEE
CONSTANT	0.0197*** (10.38)	0.0206*** (8.60)	0.0214*** (6.51)	0.0970*** (4.34)	0.1231*** (4.34)	0.0684* (1.71)
CFA	- 0.0016 (- 1.24)	- 0.00002 (- 0.01)	- 0.0026 (- 1.32)	- 0.0224*** (- 2.64)	- 0.0236* (- 1.66)	- 0.0264*** (- 3.33)
OCF	- 0.00001 (- 0.84)	- 0.00002*** (- 2.65)	0.0002** (2.45)	- 0.0001 (- 1.02)	- 0.0001** (- 2.00)	0.0015*** (3.58)
SIZE	- 0.0009*** (- 8.95)	- 0.0009*** (- 8.32)	- 0.0009*** (- 5.25)	- 0.0017** (- 2.33)	- 0.0018** (- 2.45)	- 0.0018 (- 1.07)
LEV	- 0.0030*** (- 3.62)	- 0.0029*** (- 2.86)	- 0.0022* (- 1.85)	- 0.0180*** (- 3.22)	- 0.0232*** (- 3.75)	- 0.0023 (- 0.50)
GROWTH	- 0.0002** (- 2.23)	- 0.0003* (- 1.96)	- 0.0003* (- 1.68)	- 0.0011 (- 1.59)	- 0.0011 (- 1.22)	- 0.0014** (- 2.37)
TOBIN_Q	0.0003* (1.87)	0.0004 (1.32)	0.0001 (1.33)	0.0012 (1.53)	0.0016 (1.42)	- 0.0004 (- 0.54)
ROA	0.0019 (1.10)	0.0006 (0.92)	0.0109*** (4.19)	0.0251*** (16.03)	0.0253*** (17.35)	0.0019 (0.06)
PROFIT	- 0.0055*** (- 3.60)	- 0.0044* (- 1.95)	- 0.0079*** (- 3.12)	- 0.0332*** (- 3.28)	- 0.0387*** (- 4.10)	0.0059 (0.38)
EXE_HOLD	0.0101** (2.07)	0.0090 (1.19)	0.0109* (1.89)	0.0213 (0.85)	0.0372 (1.00)	0.0025 (0.08)
CENTRAL	- 0.0004 (- 0.63)	- 0.0008 (- 1.04)	0.0006 (0.61)	- 0.0046 (- 0.88)	- 0.0094 (- 1.32)	- 0.0017 (- 0.29)

续表

	(1)集团公司 SALARY	(2)中央集团 SALARY	(3)地方集团 SALARY	(4)集团公司 MANA_FEE	(5)中央集团 MANA_FEE	(6)地方集团 MANA_FEE
BOARDSIZE	0.0001 (1.59)	0.0001** (2.23)	0.0000 (0.16)	0.0008* (1.90)	0.0008 (1.48)	0.0004 (0.66)
MAR	0.0010** (2.00)	0.0006 (1.17)	0.0010 (1.16)	-0.0148** (-2.05)	-0.0169* (-1.75)	-0.0121 (-1.37)
INDUSTRY	YES	YES	YES	YES	YES	YES
YEAR	YES	YES	YES	YES	YES	YES
N	3493	2061	1432	1856	1145	711
adj. R^2	0.293	0.290	0.429	0.245	0.329	0.249

注：（1）括号中报告值是 T 统计量；（2）"＊""＊＊""＊＊＊"分别表示 10%、5% 和 1% 显著性水平；（3）标准误经异方差（heteroskedasticity）和公司聚类（cluster）调整。

表 3-3、3-4、3-5 的回归结果可以归纳为以下几点：（1）国有产权显著降低了公司的高管薪酬，原因可能在于薪酬管制；同时国有产权也显著降低了公司高管的在职消费水平，原因可能由于国有公司高管受到的约束相对于民营公司多（卢锐、魏明海和黎文靖，2008），因此尽管高管有动机和条件进行在职消费，但在职消费水平还是较低。国有公司归属于集团控制仅会降低高管在职消费，而对高管薪酬影响不显著，这可能由于国有集团公司在集团总部的监督管理下，高管通过在职消费谋求私利的现象能够得到一定程度的抑制。（2）高管薪酬与国有集团公司内部现金流无显著关系，但高管在职消费与国有集团公司内部现金流显著负相关；这反映出在职消费是以牺牲经营性现金流为代价的（Jensen and Meckling，1976）。（3）中央集团公司总体不存在高管通过内部资本市场套取个人收益的现象；相反在集团总部的统一调配下，高管的个人收益甚至被降低并且通过内部资本市场流出，假设 1 得证。而地方集团公司总体上存在高管通过内部资本市场套取集团其他公司现金流

用作个人收益的现象，并且套取在职消费的现象更明显［Model
（6）回归系数显著大于 Model（5）］，假设 2 得证。实证结果显
示出中央集团高管收益随集团内部资本市场的增加而显著降低。
本章认为，从个人收益角度而言，中央集团下属公司高管受到
更严格的监管及控制，不仅避免了高管通过集团内部资本市场
套取个人收益，高管收益还面临管制可能会成为内部资本市场
的贡献方；而地方集团高管则主动自利地通过集团内部资本市
场套取收益，中央集团内部资本市场相对地方集团更加有效。
该结论是否稳健，仍有待后文进一步地分组检验。

（二）高管个人收益与国有集团内部资本市场：基于正式
制度的检验

考虑到宏观和微观不同层面的正式制度存在差异可能会影
响国有集团内部资本市场与高管个人收益的关系，在前文结论
基础之上，本章从公司、市场环境、宏观经济社会环境几个层
面的正式制度对样本进行分组检验。

1. 高管个人收益与国有集团内部资本市场：基于控制方式的视角

表 3-6 是根据控制权和现金流权是否分离而对中央、地方
集团公司的分组回归结果。Model（1）、Model（2）中，*OCF* 回
归系数显著为负，意味着无论何种控制方式，中央集团公司的
高管薪酬都随着集团内部资本市场现金流水平的增加而降低。
Model（5）、Model（6）显示，直接控制的中央公司内部资本市
场与高管在职消费无显著关系，但间接控制的央企高管在职消
费仍旧随着内部资本市场可用现金流的增加而降低。这仍旧反
映出中央集团总部对集团控制力较强，下属公司高管难以通过

内部资本市场套取货币性或非货币性收益；并且尤其在间接控制的公司，高管个人收益更容易被通过内部资本市场向外转移。Model（3）、Model（4）、Model（7）、Model（8）中 OCF 的回归系数则显示，地方集团公司存在高管通过私有内部资本市场套取个人收益的情况；直接控制的公司高管更容易通过内部资本市场套取货币性收益（薪酬）；间接控制的公司高管更容易通过内部资本市场套取非货币性收益（在职消费）。

2. **高管个人收益与国有集团内部资本市场：基于股权分散的视角**

表 3 - 7 进一步将中央、地方集团公司分为股权分散和股权集中组，进行分组检验。Model（1）、Model（2）中，OCF 系数显著为负，表明中央集团公司无论是股权分散或集中，高管薪酬都随着内部资本市场现金流的增加而降低，但股权分散时降低的程度更大；Model（5）中 OCF 回归系数显著为负、Model（6）中不显著，表明在股权分散的中央集团公司中，高管在职消费水平更容易受到抑制而通过内部资本市场转出以支持集团其他公司。地方集团公司的回归中，Model（3）、Model（4）OCF 回归系数不显著，Model（7）、Model（8）则显著为正，表明股权分散抑或集中，高管个人收益与内部资本市场都不相关；而股权分散的地方集团公司，高管套取集团内部资本市场现金流用作在职消费的程度更大。

3. **高管个人收益与国有集团内部资本市场：基于高管权力的视角**

表 3 - 8 根据管理层权力的高低对中央、地方集团公司进行进一步的分组检验。Model（1）、Model（2）显示，中央集团公司 OCF 系数都显著为负，表明其高管薪酬随着集团内部资本市场现金流水平的增加而降低，并且高管权力高时高管薪酬随内

部资本市场增加而减少的更多。而 Model（3）中 OCF 回归系数不显著，Model（4）则显著为正，则表明在高管权力低的地方集团公司才存在高管通过集团内部资本市场套取个人收益的现象。Model（5）、Model（6）回归结果表明，当高管权力高时，中央集团公司存在更加显著的将在职消费转出支持集团其他公司的现象，与高管薪酬一致；而 Model（7）、Model（8）回归结果则显示，在高管权力高时，地方集团公司存在更显著的高管套取内部资本市场现金流作为在职消费的现象，这与地方集团公司高管薪酬的回归结果相反。

4. 高管个人收益与国有集团内部资本市场：基于外部融资依赖的视角

表 3－9 根据外部融资依赖度的高度对中央、地方集团公司进行分组检验。Model（1）、Model（5）中 OCF 回归系数不显著，而 Model（2）、Model（6）中 OCF 回归系数显著为负，表明只有在低外部融资依赖的中央集团公司中，高管个人收益才会随着集团其他公司需要而通过内部资本市场转出。Model（3）、Model（4）、Model（7）、Model（8）的回归结果则显示，无论外部融资依赖度高低，地方集团公司始终存在通过内部资本市场套取现金流以用作高管个人收益的现象。

5. 高管个人收益与国有集团内部资本市场：基于市场化水平的视角

表 3－10 是根据公司所处地区市场化发展程度对中央、地方集团公司的分组回归结果。对高管薪酬的回归中，Model（1）中 OCF 系数在 10% 显著性水平上为负，Model（3）中 OCF 系数在 1% 显著性水平上为正，Model（2）、Model（4）回归结果不显著；表明在高市场化地区，中央集团其他公司需

要现金流时，中央集团公司高管薪酬会被降低并转移至集团其他公司；而地方集团公司则更明显地存在高管通过内部资本市场套取个人收益的现象。Model（5）、Model（8）中 OCF 回归系数不显著，而 Model（6）显著为负，Model（7）显著为正，表明中央集团公司在低市场化地区在职消费会由于集团其他公司现金流的需求而降低并通过内部资本市场转出；而地方集团公司则在高市场化地区更明显地存在高管通过内部资本市场套取个人收益的现象。

6. 高管个人收益与国有集团内部资本市场：基于宏观经济不确定视角

表 3 - 11 是根据宏观经济不确定性对中央、地方集团公司的分组回归结果。对高管薪酬的回归结果显示，Model（1）、Model（2）显著为负，Model（3）、Model（4）显著为正，表明地方集团公司无论宏观经济不确定性高或低，其高管薪酬都随集团内部资本市场现金流增加而降低，表现出支持；而地方集团公司则不论宏观经济不确定性高或低，都存在高管通过内部资本市场套取私人货币性收益的情况。针对在职消费的回归结果中，当宏观经济不确定性高时，中央、地方集团公司的高管在职消费与内部资本市场都不显著相关，但宏观经济不确定性低时，中央集团公司显著表现为支持，地方集团公司则显著表现为利用内部资本市场套取私人非货币性收益。总体来说，宏观经济不确定性低的时期，中央集团公司高管个人收益随内部资本市场现金流增加而降低的程度更大；而地方集团公司高管个人收益随内部资本市场现金流增加而增加的程度更大。

表 3-6 高管个人收益、控制方式与国有集团内部资本市场

	(1) 中央直接 SALARY	(2) 中央间接 SALARY	(3) 地方直接 SALARY	(4) 地方间接 SALARY	(5) 中央直接 MANA_FEE	(6) 中央间接 MANA_FEE	(7) 地方直接 MANA_FEE	(8) 地方间接 MANA_FEE
CONSTANT	0.0195*** (6.17)	0.0248*** (6.27)	0.0226*** (5.35)	0.0206*** (4.14)	0.2038*** (3.08)	0.1211*** (2.71)	0.0387 (0.49)	0.0679** (2.34)
CFA	0.0004 (0.24)	-0.0019 (-0.98)	-0.0022 (-0.93)	-0.0050* (-1.67)	-0.0222* (-1.74)	-0.0396 (-1.47)	-0.0242** (-2.31)	-0.0314*** (-3.20)
OCF	-0.00001* (-1.72)	-0.00002** (-4.16)	0.0007*** (5.14)	0.00005 (0.80)	-0.0001 (-0.70)	-0.0002*** (-3.41)	0.0009** (2.44)	0.002* (2.94)
SIZE	-0.0009*** (-6.76)	-0.0010*** (-6.17)	-0.0010*** (-5.19)	-0.0008*** (-3.44)	-0.0031*** (-3.65)	-0.0012 (-0.83)	-0.0028 (-1.14)	-0.0007 (-0.60)
LEV	-0.0035** (-2.39)	-0.0016** (-2.10)	-0.0010 (-0.85)	-0.0021** (-2.34)	-0.0194*** (-2.46)	-0.0191*** (-2.73)	-0.0049 (-0.65)	-0.0002 (-0.03)
GROWTH	-0.0003 (-1.19)	-0.0003* (-1.74)	-0.0004* (-1.69)	-0.0002 (-1.22)	-0.0005 (-0.47)	-0.0028 (-1.60)	-0.0013 (-1.08)	-0.0011 (-1.43)
TOBIN_Q	0.0007* (1.69)	0.0000 (0.06)	-0.0001 (-0.88)	0.0001 (0.53)	0.0021 (1.26)	0.0015 (1.40)	-0.0001 (-0.11)	-0.0001 (-0.07)
ROA	0.0115 (1.15)	0.0002 (0.55)	0.0178** (2.06)	0.0129*** (5.97)	0.0532 (1.49)	0.0256*** (14.42)	-0.0414 (-0.71)	0.0220 (0.83)
PROFIT	-0.0073 (-1.16)	-0.0035*** (-3.01)	-0.0055*** (-2.63)	-0.0116*** (-3.85)	-0.0421** (-2.16)	-0.0376*** (-4.25)	0.0111 (0.53)	0.0096 (0.59)
EXE_HOLD	0.0120 (0.86)	0.0024 (0.36)	0.0127** (2.23)	-0.0077 (-0.97)	0.0486 (1.02)	0.0511 (0.77)	0.0209 (0.55)	-0.0419 (-1.45)
CENTRAL	-0.0003 (-0.32)	-0.0022* (-1.88)	0.0008 (0.88)	-0.0027** (-2.03)	-0.0056 (-0.51)	-0.0129 (-1.45)	0.0019 (0.23)	-0.0113 (-1.56)
BOARDSIZE	0.0001** (2.48)	0.0001 (0.99)	0.0000 (0.61)	-0.0000 (-0.08)	0.0007 (1.21)	0.0007 (0.85)	0.0012 (1.01)	0.0001 (0.28)

续表

	(1) 中央直接 SALARY	(2) 中央间接 SALARY	(3) 地方直接 SALARY	(4) 地方间接 SALARY	(5) 中央直接 MANA_FEE	(6) 中央间接 MANA_FEE	(7) 地方直接 MANA_FEE	(8) 地方间接 MANA_FEE
MAR	0.0005 (0.62)	0.0004 (0.52)	0.0003 (0.30)	0.0010 (0.83)	-0.0243 (-1.60)	-0.0153 (-1.15)	0.0093 (0.52)	-0.0210** (-2.21)
INDUSTRY	YES	YES	YES	YES	YES	YES	YES	YES
YEAR	YES	YES	YES	YES	YES	YES	YES	YES
N	1055	1006	847	585	585	560	435	276
adj. R²	0.346	0.303	0.415	0.621	0.362	0.330	0.203	0.450

注：(1) 括号中报告值是 T 统计量；(2)"*""**""***"分别表示 10%、5%和 1%显著性水平；(3) 标准误经异方差（heteroskedasticity）和公司聚类（cluster）调整。

表 3 - 7　高管个人收益、股权分散与国有集团内部资本市场

	(1) 中央-分散 SALARY	(2) 中央-集中 SALARY	(3) 地方-分散 SALARY	(4) 地方-集中 SALARY	(5) 中央-分散 MANA_FEE	(6) 中央-集中 MANA_FEE	(7) 地方-分散 MANA_FEE	(8) 地方-集中 MANA_FEE
CONSTANT	0.0295*** (5.74)	0.0167*** (7.92)	0.0234*** (3.80)	0.0211*** (5.29)	0.0956** (2.38)	0.1210*** (3.51)	0.0240 (0.39)	0.0866* (1.85)
CFA	-0.0004 (-0.11)	-0.0011 (-1.01)	-0.0016 (-0.34)	-0.0050*** (-2.63)	-0.0216 (-0.60)	-0.0166* (-1.67)	-0.0728** (-2.58)	-0.0162* (-1.93)
OCF	-0.00003** (-2.54)	-0.00002*** (-3.24)	0.0001 (1.06)	0.0004 (1.64)	-0.0002** (-1.99)	-0.0001 (-0.87)	0.0019*** (3.57)	0.0015*** (2.82)
SIZE	-0.0012*** (-5.10)	-0.0008*** (-7.59)	-0.0013*** (-3.63)	-0.0009*** (-5.53)	-0.0027** (-2.02)	-0.0013 (-1.55)	0.0012 (0.55)	-0.0029 (-1.51)
LEV	-0.0046** (-2.43)	-0.0009* (-1.66)	-0.0028 (-1.58)	-0.0012 (-1.16)	-0.0306** (-2.56)	-0.0177*** (-2.94)	-0.0169* (-1.70)	0.0045 (1.03)

续表

	(1) 中央－分散 SALARY	(2) 中央－集中 SALARY	(3) 地方－分散 SALARY	(4) 地方－集中 SALARY	(5) 中央－分散 MANA_FEE	(6) 中央－集中 MANA_FEE	(7) 地方－分散 MANA_FEE	(8) 地方－集中 MANA_FEE
GROWTH	-0.0007**	-0.0002*	-0.0004	-0.0003*	-0.0011	-0.0016	-0.0023**	-0.0011
	(-2.15)	(-1.66)	(-1.33)	(-1.72)	(-0.58)	(-1.37)	(-2.06)	(-1.54)
TOBIN_Q	0.0004	0.0001	0.0002	0.0000	0.0020	0.0006	-0.0012	-0.0000
	(0.97)	(0.94)	(1.43)	(0.03)	(1.25)	(0.57)	(-1.12)	(-0.00)
ROA	0.0004	0.0009	0.0121***	0.0127	0.0270***	-0.0772*	-0.1088	0.0181
	(0.75)	(0.29)	(5.90)	(1.44)	(18.20)	(-1.72)	(-1.38)	(0.54)
PROFIT	-0.0060**	0.0001	-0.0110***	-0.0036	-0.0440***	0.0153	0.0726*	-0.0008
	(-2.27)	(0.03)	(-3.90)	(-1.17)	(-5.32)	(1.09)	(1.76)	(-0.05)
EXE_HOLD	0.0083	0.0351**	0.0096	0.0234	0.0180	0.3996	-0.0300	-0.1892**
	(1.18)	(2.00)	(1.32)	(1.00)	(0.65)	(1.50)	(-1.15)	(-2.44)
CENTRAL	-0.0014	0.0013*	0.0018	0.0023**	-0.0059	0.0028	-0.0012	0.0070
	(-0.61)	(1.93)	(0.90)	(2.12)	(-0.29)	(0.39)	(-0.09)	(1.02)
BOARDSIZE	0.0001	0.0001	-0.0000	0.0000	0.0001	0.0007	0.0012	-0.0002
	(1.08)	(1.23)	(-0.36)	(0.56)	(0.15)	(1.07)	(0.81)	(-0.51)
MAR	0.0006	0.0008	0.0032*	-0.0002	-0.0019	-0.0221*	-0.0182	-0.0081
	(0.62)	(1.55)	(1.75)	(-0.24)	(-0.12)	(-1.96)	(-1.19)	(-0.82)
INDUSTRY	YES	YES	YES	YES	YES	YES	YES	YES
YEAR	YES	YES	YES	YES	YES	YES	YES	YES
N	782	1279	499	933	417	728	233	478
adj. R²	0.322	0.390	0.601	0.290	0.417	0.328	0.391	0.295

注：（1）括号中报告值是 T 统计量；（2）"*""**""***"分别表示 10%、5% 和 1% 显著性水平；（3）标准误经异方差（heteroskedasticity）和公司聚类（cluster）调整。

表 3－8　高管个人收益、高管权力与国有集团内部资本市场

	(1) 中央－高 SALARY	(2) 中央－低 SALARY	(3) 地方－高 SALARY	(4) 地方－低 SALARY	(5) 中央－高 MANA_FEE	(6) 中央－低 MANA_FEE	(7) 地方－高 MANA_FEE	(8) 地方－低 MANA_FEE
CONSTANT	0.0267*** (6.61)	0.0193*** (7.71)	0.0211*** (5.10)	0.0222*** (4.57)	0.1383*** (3.88)	0.2729*** (13.64)	0.0402 (1.04)	0.0759 (1.06)
CFA	0.0006 (0.25)	-0.0010 (-0.76)	-0.0018 (-0.65)	-0.0050** (-2.18)	-0.0309 (-1.21)	-0.0185 (-1.50)	-0.0430*** (-3.17)	-0.0218** (-2.05)
OCF	-0.00003*** (-3.50)	-0.00001*** (-3.36)	0.0001 (1.33)	0.0007*** (5.06)	-0.0002*** (-2.65)	-0.0001 (-1.48)	0.0023*** (2.68)	0.0007 (1.62)
SIZE	-0.0011*** (-6.08)	-0.0009*** (-8.40)	-0.0009*** (-4.18)	-0.0010*** (-4.35)	-0.0025* (-1.95)	-0.0030*** (-2.84)	-0.0005 (-0.36)	-0.0040 (-1.37)
LEV	-0.0033** (-2.35)	-0.0015** (-2.00)	-0.0023** (-1.97)	-0.0007 (-0.46)	-0.0282*** (-3.41)	-0.0058 (-1.21)	-0.0049 (-0.96)	0.0015 (0.19)
GROWTH	-0.0004* (-1.81)	-0.0002 (-1.03)	-0.0003* (-1.97)	-0.0003 (-1.10)	-0.0028* (-1.78)	0.0002 (0.19)	-0.0013* (-1.74)	-0.0010 (-0.86)
TOBIN_Q	0.0004 (1.34)	0.0001 (0.56)	0.0001 (0.79)	-0.0001 (-0.43)	0.0016 (1.24)	0.0009 (0.69)	-0.0005 (-0.56)	-0.0003 (-0.24)
ROA	0.0005 (0.78)	-0.0077* (-1.89)	0.0122*** (6.39)	0.0190 (1.47)	0.0261*** (17.99)	-0.0114 (-0.43)	-0.0106 (-0.30)	-0.0023 (-0.04)
PROFIT	-0.0061** (-2.52)	0.0047** (2.13)	-0.0104*** (-3.83)	-0.0053 (-1.47)	-0.0456*** (-5.56)	-0.0008 (-0.07)	0.0213 (0.99)	-0.0026 (-0.11)
EXE_HOLD	0.0035 (0.72)	0.0223 (1.63)	0.0115 (1.59)	0.0232** (2.23)	0.0239 (0.69)	0.0857 (0.91)	-0.0186 (-0.59)	0.0763 (1.07)
CENTRAL	-0.0022** (-2.09)	0.0023*** (2.79)	-0.0015 (-1.43)	0.0016 (1.39)	-0.0155* (-1.87)	0.0161* (1.69)	-0.0147** (-2.26)	0.0064 (0.66)
BOARDSIZE	0.0001* (1.96)	0.0001*** (2.67)	0.0000 (0.32)	0.0000 (0.08)	0.0012 (1.44)	-0.0002 (-0.54)	0.0005 (1.12)	0.0006 (0.76)

续表

表 3 – 9 高管个人收益、外部融资依赖与国有集团内部资本市场

	(1) 中央-高 SALARY	(2) 中央-低 SALARY	(3) 地方-高 SALARY	(4) 地方-低 SALARY	(5) 中央-高 MANA_FEE	(6) 中央-低 MANA_FEE	(7) 地方-高 MANA_FEE	(8) 地方-低 MANA_FEE
CONSTANT	0.0209***	0.0187***	0.0174***	0.0268***	0.2542***	0.0996***	0.0303	0.0997
	(6.08)	(6.84)	(4.55)	(5.04)	(11.90)	(4.14)	(1.51)	(1.46)
CFA	-0.0006	0.0006	0.0009	-0.0055*	-0.0071	-0.0321*	-0.0159**	-0.0330**
	(-0.24)	(0.41)	(0.39)	(-1.91)	(-0.37)	(-1.75)	(-2.53)	(-2.51)
OCF	-0.00001	-0.00002***	0.0004***	0.0003***	-0.0001	-0.0002***	0.0008**	0.0022***
	(-1.57)	(-3.41)	(4.30)	(4.67)	(-0.58)	(-4.80)	(2.54)	(4.54)
SIZE	-0.0009***	-0.0007***	-0.0008***	-0.0012***	-0.0003	-0.0022**	-0.0005	-0.0026
	(-6.24)	(-5.42)	(-4.89)	(-3.92)	(-0.35)	(-2.14)	(-0.56)	(-1.01)
LEV	-0.0033***	-0.0027***	-0.0027**	-0.0006	-0.0268***	-0.0207***	-0.0055	-0.0016
	(-2.65)	(-2.63)	(-2.32)	(-0.31)	(-3.38)	(-3.01)	(-1.29)	(-0.24)
MAR	0.0005	0.0002	0.0008	0.0004	-0.0116	-0.0011	-0.0128	0.0038
	(0.83)	(0.27)	(0.73)	(0.40)	(-1.02)	(-0.12)	(-1.30)	(0.22)
INDUSTRY	YES	YES	YES	YES	YES	YES	YES	YES
YEAR	YES	YES	YES	YES	YES	YES	YES	YES
N	1156	905	770	662	646	499	382	329
adj. R²	0.348	0.426	0.550	0.403	0.417	0.386	0.310	0.245

注：（1）括号中报告值是 T 统计量；（2）"*""**""***"分别表示 10%、5% 和 1% 显著性水平；（3）标准误经异方差（heteroskedasticity）和公司聚类（cluster）调整。

续表

	(1) 中央-高 SALARY	(2) 中央-低 SALARY	(3) 地方-高 SALARY	(4) 地方-低 SALARY	(5) 中央-高 MANA_FEE	(6) 中央-低 MANA_FEE	(7) 地方-高 MANA_FEE	(8) 地方-低 MANA_FEE
GROWTH	-0.0005**	0.0001	-0.0001	-0.0004	-0.0013	-0.0005	-0.0012	-0.0017*
	(-2.11)	(0.40)	(-0.32)	(-1.44)	(-0.78)	(-0.44)	(-1.40)	(-1.96)
TOBIN_Q	0.0005	0.0003	0.0002**	-0.0001	0.0034**	0.0011	0.0005	-0.0013
	(1.26)	(1.38)	(2.16)	(-0.46)	(2.10)	(0.95)	(0.95)	(-1.16)
ROA	0.0023	0.0004	0.0141***	0.0094	-0.0204	0.0253***	-0.0197	0.0097
	(0.71)	(0.94)	(8.07)	(1.47)	(-0.44)	(18.94)	(-1.00)	(0.25)
PROFIT	-0.0023	-0.0067**	-0.0120***	-0.0024	-0.0189*	-0.0516***	0.0066	0.0094
	(-0.78)	(-2.37)	(-4.68)	(-0.90)	(-1.85)	(-3.78)	(0.72)	(0.39)
EXE_HOLD	0.0076	0.0077*	0.0196***	0.0065	0.0362	0.0258	0.0134	0.0014
	(0.90)	(1.69)	(2.82)	(1.06)	(0.88)	(0.46)	(0.33)	(0.04)
CENTRAL	-0.0004	-0.0015	0.0001	0.0008	-0.0047	-0.0130*	-0.0019	-0.0022
	(-0.35)	(-1.65)	(0.10)	(0.63)	(-0.43)	(-1.86)	(-0.39)	(-0.25)
BOARDSIZE	0.0001	0.0001*	-0.0000	-0.0000	-0.0002	0.0013	-0.0005	0.0008
	(1.25)	(1.93)	(-0.34)	(-0.11)	(-0.29)	(1.54)	(-0.99)	(0.98)
MAR	0.0008	0.0005	0.0012	0.0005	-0.0111	-0.0056	-0.0043	-0.0173
	(1.14)	(0.96)	(1.30)	(0.44)	(-0.98)	(-0.57)	(-0.49)	(-1.32)
INDUSTRY	YES	YES	YES	YES	YES	YES	YES	YES
YEAR	YES	YES	YES	YES	YES	YES	YES	YES
N	971	1090	604	828	554	591	283	428
adj. R²	0.256	0.372	0.593	0.376	0.298	0.467	0.312	0.233

注：(1) 括号中报告值是 T 统计量；(2) "*""**""***" 分别表示10%、5%和1%显著性水平；(3) 标准误经异方差 (heteroskedasticity) 和公司聚类 (cluster) 调整。

表3-10 高管个人收益、市场化水平与国有集团内部资本市场

	(1) 中央-高 SALARY	(2) 中央-低 SALARY	(3) 地方-高 SALARY	(4) 地方-低 SALARY	(5) 中央-高 MANA_FEE	(6) 中央-低 MANA_FEE	(7) 地方-高 MANA_FEE	(8) 地方-低 MANA_FEE
CONSTANT	0.0247*** (6.74)	0.0182*** (5.02)	0.0231*** (4.54)	0.0103* (1.78)	0.1625*** (4.16)	0.1795** (2.29)	0.0626 (1.03)	0.1554** (2.07)
CFA	0.0017 (0.80)	-0.0052 (-1.14)	-0.0037 (-1.61)	-0.0006 (-0.38)	-0.0121 (-0.84)	-0.0698 (-1.50)	-0.0331*** (-3.67)	0.0095 (0.86)
OCF	-0.00001* (-1.78)	-0.00002 (-1.59)	0.0004*** (2.95)	0.0001 (1.32)	-0.0001 (-0.78)	-0.0002*** (-2.79)	0.0014*** (3.26)	0.0016 (0.74)
SIZE	-0.0009*** (-7.44)	-0.0007*** (-4.92)	-0.0010*** (-4.73)	-0.0001 (-0.46)	-0.0017** (-2.04)	-0.0022 (-1.04)	-0.0017 (-0.88)	-0.0032 (-1.21)
LEV	-0.0037** (-2.44)	-0.0000 (-0.02)	-0.0026* (-1.88)	-0.0027*** (-3.55)	-0.0248*** (-3.34)	-0.0155 (-1.31)	-0.0021 (-0.35)	-0.0077 (-0.92)
GROWTH	-0.0004** (-2.44)	-0.0002 (-0.55)	-0.0002 (-1.10)	-0.0003 (-1.26)	-0.0002 (-0.19)	-0.0058* (-1.96)	-0.0016* (-1.94)	0.0004 (0.47)
TOBIN_Q	0.0004 (1.25)	0.0001 (0.35)	0.0000 (0.37)	0.0002 (1.05)	0.0019 (1.61)	0.0007 (0.41)	-0.0002 (-0.21)	-0.0022 (-1.31)
ROA	0.0003 (0.76)	0.0126* (1.96)	0.0099*** (3.68)	0.0130*** (2.73)	0.0244*** (16.97)	0.0418** (2.16)	-0.0013 (-0.03)	0.0046 (0.17)
PROFIT	-0.0050 (-1.35)	-0.0060*** (-2.64)	-0.0069** (-2.10)	-0.0113*** (-3.29)	-0.0450*** (-2.75)	-0.0371*** (-3.79)	0.0088 (0.54)	-0.0084 (-0.39)
EXE_HOLD	0.0085 (1.09)	0.0155*** (3.17)	0.0073 (1.25)	0.0322*** (4.97)	0.0439 (1.20)	0.0945 (0.59)	-0.0026 (-0.07)	-0.0405 (-0.74)
CENTRAL	-0.0002 (-0.26)	-0.0029* (-1.94)	0.0007 (0.60)	-0.0013 (-1.48)	-0.0075 (-0.91)	-0.0164 (-0.87)	0.0042 (0.62)	-0.0198* (-1.84)
BOARDSIZE	0.0001* (1.92)	0.0000 (1.12)	-0.0000 (-0.47)	-0.0001 (-0.78)	0.0014* (1.79)	-0.0000 (-0.04)	0.0004 (0.46)	0.0008 (1.05)

续表

	(1) 中央－高 SALARY	(2) 中央－低 SALARY	(3) 地方－高 SALARY	(4) 地方－低 SALARY	(5) 中央－高 MANA_FEE	(6) 中央－低 MANA_FEE	(7) 地方－高 MANA_FEE	(8) 地方－低 MANA_FEE
MAR	-0.0009	0.0012	0.0007	-0.0012	-0.0429**	-0.0149	-0.0086	-0.0367**
	(-0.73)	(1.49)	(0.43)	(-1.26)	(-2.59)	(-0.63)	(-0.56)	(-2.19)
INDUSTRY	YES	YES	YES	YES	YES	YES	YES	YES
YEAR	YES	YES	YES	YES	YES	YES	YES	YES
N	1472	589	1133	299	845	300	566	145
adj. R²	0.334	0.225	0.347	0.828	0.363	0.333	0.205	0.671

注：（1）括号中报告值是 T 统计量；（2）"*""**""***"分别表示10%、5%和1%显著性水平；（3）标准误经异方差（heteroskedasticity）和公司聚类（cluster）调整。

表 3 - 11　高管个人收益、宏观经济不确定性与国有集团内部资本市场

	(1) 中央－高 SALARY	(2) 中央－低 SALARY	(3) 地方－高 SALARY	(4) 地方－低 SALARY	(5) 中央－高 MANA_FEE	(6) 中央－低 MANA_FEE	(7) 地方－高 MANA_FEE	(8) 地方－低 MANA_FEE
CONSTANT	0.0206***	0.0207***	0.0226***	0.0217***	0.2608***	0.0998***	0.0998*	0.0711
	(9.41)	(5.93)	(5.07)	(5.11)	(11.39)	(3.72)	(1.87)	(1.63)
CFA	-0.0010	-0.0002	-0.0044	-0.0009	-0.0200	-0.0219	-0.0261	-0.0261***
	(-0.90)	(-0.08)	(-1.38)	(-0.52)	(-0.95)	(-1.51)	(-1.29)	(-2.96)
OCF	-0.00001***	-0.00002*	0.0002***	0.0005***	-0.0001	-0.0001*	0.0015	0.0016***
	(-3.07)	(-1.94)	(4.59)	(2.97)	(-1.02)	(-1.87)	(1.58)	(3.77)
SIZE	-0.0009***	-0.0009***	-0.0011***	-0.0008***	-0.0024**	-0.0016**	-0.0005	-0.0017
	(-8.36)	(-6.88)	(-4.19)	(-4.54)	(-2.25)	(-2.10)	(-0.28)	(-0.95)
LEV	-0.0010*	-0.0041***	0.0001	-0.0035***	-0.0100	-0.0244***	-0.0062	-0.0020
	(-1.86)	(-2.93)	(0.05)	(-2.76)	(-0.99)	(-3.79)	(-0.60)	(-0.38)

续表

	(1) 中央-高 SALARY	(2) 中央-低 SALARY	(3) 地方-高 SALARY	(4) 地方-低 SALARY	(5) 中央-高 MANA_FEE	(6) 中央-低 MANA_FEE	(7) 地方-高 MANA_FEE	(8) 地方-低 MANA_FEE
GROWTH	-0.0002**	-0.0003	-0.0004*	-0.0000	-0.0012	-0.0012	-0.0018	-0.0014**
	(-2.16)	(-1.23)	(-1.92)	(-0.20)	(-1.01)	(-1.03)	(-0.87)	(-2.17)
TOBIN_Q	0.0002	0.0004	0.0001	0.0001	0.0012	0.0020*	0.0001	-0.0003
	(1.10)	(1.28)	(0.54)	(0.73)	(0.65)	(1.80)	(0.07)	(-0.37)
ROA	0.0025**	0.0004	0.0144***	0.0135***	-0.1845**	0.0262***	0.0437	-0.0109
	(2.24)	(0.98)	(3.06)	(5.33)	(-2.19)	(26.43)	(0.56)	(-0.39)
PROFIT	-0.0015	-0.0061**	-0.0042**	-0.0117***	0.0686**	-0.0410***	-0.0156	0.0130
	(-1.20)	(-2.09)	(-2.24)	(-4.04)	(2.27)	(-4.43)	(-0.39)	(1.15)
EXE_HOLD	0.0074	0.0090	0.0082	0.0145**	0.0543	0.0408	0.0491	-0.0090
	(1.34)	(1.00)	(1.07)	(2.26)	(0.91)	(1.08)	(0.89)	(-0.28)
CENTRAL	-0.0008	-0.0009	-0.0006	0.0013	-0.0007	-0.0121	-0.0052	-0.0015
	(-1.07)	(-0.93)	(-0.54)	(1.22)	(-0.09)	(-1.52)	(-0.52)	(-0.26)
BOARDSIZE	0.0001	0.0001**	-0.0001*	0.0001*	-0.0003	0.0009	0.0003	0.0004
	(1.47)	(2.26)	(-1.66)	(1.71)	(-0.53)	(1.59)	(0.46)	(0.77)
MAR	0.0004	0.0014	0.0015	-0.0004	-0.0043	-0.0118	-0.0207	-0.0100
	(0.96)	(1.43)	(1.50)	(-0.41)	(-0.43)	(-1.39)	(-1.36)	(-1.15)
INDUSTRY	YES	YES	YES	YES	YES	YES	YES	YES
YEAR	YES	YES	YES	YES	YES	YES	YES	YES
N	901	1160	652	780	257	888	163	548
adj. R²	0.347	0.296	0.408	0.517	0.482	0.366	0.183	0.260

注：（1）括号中报告值是 T 统计量；（2）"*""**""***"分别表示 10%、5% 和 1% 显著性水平；（3）标准误经异方差（heteroskedasticity）和公司聚类（cluster）调整。

　　关于各层面正式制度的回归结果可以得出以下结论：（1）当存在两权分离时，中央集团高管个人收益更加容易被作为集团内部资本市场的贡献方，以增加集团内部资本市场资金规模；不存在两权分离时，地方集团公司高管通过集团内部资本市场套取薪酬的现象更明显；存在两权分离时，地方集团公司高管通过集团内部资本市场套取在职消费的现象更明显。（2）股权分散时，中央集团公司高管个人收益更容易被减少并转出，以支持集团其他公司；股权分散时，地方集团公司高管通过集团内部资本市场套取个人收益的现象更加明显。（3）管理者权力更高时，中央集团公司高管个人收益更容易在集团内部资本市场需要资金的时候被减少并输出；管理者权力更高时，地方集团公司高管通过集团内部资本市场套取在职消费的现象更显著；管理层权力更低时，地方集团公司高管通过内部资本市场套取薪酬的现象更显著。（4）外部融资依赖程度低时，中央集团公司高管个人收益更容易在集团内部资本市场需要资金的时候被减少并输出；外部融资依赖程度高时，地方集团公司高管通过内部资本市场套取薪酬的程度更高；外部融资依赖程度低时，地方集团公司高管通过内部资本市场套取在职消费的程度更高。（5）市场化程度高时，中央集团公司高管薪酬较容易在集团内部资本市场需要资金的时候被减少并输出；市场化程度低时，中央集团公司高管在职消费较容易在集团内部资本市场需要资金的时候被减少并输出；市场化程度高时，地方集团公司高管通过内部资本市场套取个人收益的现象更明显。（6）宏观经济不确定性低时，高管个人收益较容易在中央集团内部资本市场需要资金的时候被减少并输出；宏观经济不确定性低时，地方集团公司高管存在更显著的通过内部资本市场套取个人收益的现象。

（三）高管个人收益与国有集团内部资本市场：基于非正式制度的检验

除正式制度之外，非正式制度的差异同样可能影响高管利用内部资本市场获得个人收益的机制和效果，在前文基础结论的前提下，从不同层面非正式制度出发，对中央、地方集团进一步展开分组检验。

1. 高管个人收益与国有集团内部资本市场：基于董事关联的视角

表 3 - 12 根据国有集团公司是否存在董事长关联，对中央和地方集团公司进行进一步分组检验。对高管薪酬的回归结果，Model（1）、Model（3）中 *OCF* 回归系数不显著；Model（2）*OCF* 系数显著为负，Model（4）中 *OCF* 系数显著为正，可见存在董事长关联的中央、地方集团高管薪酬与内部资本市场都不显著相关；而无董事长关联的中央集团存在更显著的降低高管薪酬并转而支持集团其他公司的现象；无董事长关联的地方集团公司存在明显套取内部资本市场现金流为高管货币薪酬的现象。对在职消费的回归中，Model（5）*OCF* 回归系数不显著，Model（6）显著为负，Model（7）、Model（8）显著为正；可见无董事长关联的中央集团公司存在降低在职消费水平以支持内部资本市场的现象；而不存在董事长关联的地方集团公司高管通过内部资本市场套取在职消费的现象更加显著。

表 3 - 13 根据是否存在董事关联对中央集团、地方集团进行分组检验。关于高管薪酬的回归结果显示：Model（1）、Model

（2）中 *OCF* 回归系数显著为负，Model（3）、Model（4）显著
为正，表明中央集团公司高管薪酬都表现出与内部资本市场现
金流的显著负相关；并且董事关联公司负相关程度更大。对于
地方集团公司而言，无论是否存在董事关联，其高管都存在套
取内部资本市场资金以用作私人货币性收益的现象，并且董事
关联公司正相关程度更大。对在职消费的回归中，Model（5）
中 *OCF* 回归系数不显著，Model（6）显著为负，Model（7）、
Model（8）显著为正，表明无董事关联的中央集团公司高管薪
酬与内部资本市场存在明显的负相关关系；而地方集团公司高
管在职消费则无论是否存在董事关联都与集团内部资本市场显
著正相关，且无董事关联公司正相关的程度更大。

2. 高管个人收益与国有集团内部资本市场：基于经理层关联的视角

表 3 - 14 是根据公司总经理是否与集团总部存在关联而对
中央、地方集团进行分组检验的回归结果。对高管薪酬的回归
结果，Model（1）、Model（2）中，存在总经理关联的中央集团
公司 *OCF* 回归系数不显著；不存在总经理关联的中央集团公司
OCF 系数显著为负，表明不存在总经理关联的中央集团公司高
管薪酬容易被通过内部资本市场转至支持集团其他公司。Model
（3）、Model（4）回归结果显示，存在总经理关联的地方集团公
司 *OCF* 回归系数显著为负，不存在总经理关联的地方集团公司
OCF 回归系数显著为正，表明不存在总经理关联的地方集团公
司存在更显著的通过内部资本市场套取私人薪酬的现象。对在
职消费的回归中，Model（5）、Model（6）回归结果表明存在总
经理关联的中央集团公司高管薪酬通过内部资本市场向外转移
的现象更显著；Model（7）回归不显著，Model（8）回归系数

显著为正，则显示不存在总经理关联的地方集团公司才存在高管通过内部资本市场套取私人非货币性薪酬的情况。

表3-15根据是否存在经理层关联对中央、地方集团进行分组检验。关于高管薪酬的回归中，Model（2）显著为负，Model（4）显著为正，表明不存在经理层关联的中央集团公司高管薪酬与集团内部资本市场才表现出负相关；而不存在经理层关联的地方集团公司高管薪酬与集团内部资本市场才表现出正相关。关于在职消费的回归中，Model（5）、Model（6）显示，存在经理层关联的中央集团公司高管在职消费与集团内部资本市场现金流的负相关性越大；Model（7）、Model（8）显示，不存在经理层关联的地方集团公司高管在职消费与集团内部资本市场的正相关性越大。

3. 高管个人收益与国有集团内部资本市场：基于监事关联的视角

表3-16是根据是否存在监事关联而对中央、地方集团公司分组检验的回归结果。对高管薪酬的回归中，Model（1）中 *OCF* 回归系数不显著，Model（2）显著为负，Model（3）、Model（4）显著为正；由此推断，仅不存在监事关联的中央集团公司高管薪酬与集团内部资本市场现金流显著负相关；而监事关联对地方集团高管套取集团内部资本市场资金流的现象无明显影响。针对在职消费的回归结果，Model（5）中 *OCF* 回归系数显著为负，Model（6）不显著，Model（7）、Model（8）显著为正，表明只有存在监事关联时，中央集团公司高管在职消费水平与内部资本市场现金流水平显著负相关；而在不存在监事关联时，地方集团公司在职消费水平与内部资本市场现金流正相关的程度更大。

4. 高管个人收益与国有集团内部资本市场：基于银企关联的视角

表 3-17 是根据是否存在银企关联而对中央、地方集团公司高管个人收益进行分组检验的回归结果。针对高管薪酬的回归中，Model（1）、Model（3）中 OCF 回归系数不显著，Model（2）则显著为负，Model（4）显著为正，表明存在银企关联时，中央、地方集团高管薪酬与集团内部资本市场都无显著相关；而不存在银企关联时，中央集团公司高管薪酬随集团内部资本市场现金流的增加而降低，地方集团公司高管薪酬则随集团内部资本市场现金流的增加而增加。Model（5）、Model（6）、Model（7）中 OCF 回归系数不显著，而 Model（8）则显著为正，表明中央集团公司、存在银企关联的地方集团公司高管在职消费水平与内部资本市场都不相关；而不存在银企关联的地方集团公司在职消费水平显著地随集团内部资本市场现金流的增加而增加。

关于各层面非正式制度的回归结果可以得出如下结论：（1）无董事关联时，中央集团公司高管个人收益在集团内部资本市场需要资金的时候被减少并输出的程度更高；地方集团公司高管通过集团内部资本市场套取个人收益的程度更高。（2）无经理层关联时，中央集团公司高管高管薪酬被输出以支持集团内部资本市场的程度更高；有经理层关联时，中央集团公司高管在职消费被输出以支持集团内部资本市场的程度更高。无经理层关联时，地方集团公司高管通过集团内部资本市场套取个人收益的程度更高。（3）无监事关联时，中央集团公司高管薪酬被转出以支持集团内部资本市场的程度更高，地方集团公司高管通过内部资本市场套取在职消费的程度更高；有监事关联时，中央集团公司高管在职消费被转出以支持集团内部资本市场

表 3 - 12 高管个人收益、董事长关联与国有集团内部资本市场

	(1) 中央-关联 SALARY	(2) 中央-无关 SALARY	(3) 地方-关联 SALARY	(4) 地方-无关 SALARY	(5) 中央-关联 MANA_FEE	(6) 中央-无关 MANA_FEE	(7) 地方-关联 MANA_FEE	(8) 地方-无关 MANA_FEE
CONSTANT	0.0192*** (4.68)	0.0216*** (7.21)	0.0142*** (3.36)	0.0278*** (5.86)	0.1191*** (3.04)	0.1167*** (3.02)	0.0340 (0.54)	0.0494 (0.95)
CFA	-0.0006 (-0.21)	-0.0003 (-0.25)	-0.0051*** (-2.3)	-0.0030 (-1.15)	-0.0259 (-0.89)	-0.0208 (-1.44)	-0.0068 (-0.83)	-0.0461*** (-3.41)
OCF	-0.00001 (-0.21)	-0.00001** (-2.25)	0.0002 (1.57)	0.0002* (1.71)	-0.0007 (-1.43)	-0.0001* (-1.79)	0.0008** (2.07)	0.0018*** (2.63)
SIZE	-0.0007*** (-4.71)	-0.0009*** (-7.17)	-0.0008*** (-3.90)	-0.0012*** (-4.94)	-0.0023 (-1.54)	-0.0017* (-1.91)	-0.0038 (-1.53)	0.0001 (0.03)
LEV	-0.0028** (-2.54)	-0.0029*** (-2.22)	-0.0028*** (-2.81)	-0.0003 (-0.18)	-0.0147 (-1.52)	-0.0238*** (-2.88)	0.0040 (0.56)	-0.0032 (-0.49)
GROWTH	-0.0004 (-1.18)	-0.0002 (-1.53)	0.0000 (0.24)	-0.0006*** (-2.65)	-0.0015 (-0.65)	-0.0008 (-0.88)	-0.0004 (-0.74)	-0.0021** (-2.25)
TOBIN_Q	0.0007 (1.41)	0.0003 (1.27)	0.0003** (2.06)	-0.0001 (-0.48)	0.0028 (1.55)	0.0017 (1.48)	-0.0009 (-0.78)	0.0003 (0.43)
ROA	0.0049 (1.50)	0.0004 (0.75)	0.0096*** (3.05)	0.0196** (2.48)	-0.0273 (-0.68)	0.0261*** (20.66)	-0.0186 (-0.58)	0.0158 (0.44)
PROFIT	-0.0057*** (-2.97)	-0.0039 (-1.43)	-0.0095*** (-2.72)	-0.0068* (-1.70)	-0.0291** (-2.45)	-0.0350** (-2.56)	-0.0047 (-0.25)	0.0131 (0.64)
EXE_HOLD	0.0060 (0.91)	0.0128 (1.07)	0.0194* (1.80)	0.0074 (1.06)	0.0942* (1.69)	0.0419 (0.85)	0.1121* (1.89)	-0.0221 (-0.65)
CENTRAL	-0.0017 (-1.27)	-0.0001 (-0.17)	0.0005 (0.53)	0.0009 (0.79)	-0.0223 (-1.52)	-0.0023 (-0.31)	0.0154 (1.13)	-0.0062 (-0.90)
BOARDSIZE	0.0001** (2.18)	0.0001 (1.57)	0.0002*** (2.70)	-0.0001 (-1.65)	0.0018* (1.66)	0.0005 (1.00)	0.0013* (1.89)	0.0003 (0.45)

续表

	(1) 中央-关联 SALARY	(2) 中央-无关 SALARY	(3) 地方-关联 SALARY	(4) 地方-无关 SALARY	(5) 中央-关联 MANA_FEE	(6) 中央-无关 MANA_FEE	(7) 地方-关联 MANA_FEE	(8) 地方-无关 MANA_FEE
MAR	-0.0000	0.0009	0.0020	0.0006	-0.0085	-0.0175	0.0182	-0.0201*
	(-0.02)	(1.42)	(1.48)	(0.77)	(-0.77)	(-1.28)	(1.29)	(-1.76)
INDUSTRY	YES	YES	YES	YES	YES	YES	YES	YES
YEAR	YES	YES	YES	YES	YES	YES	YES	YES
N	713	1348	596	836	387	758	294	417
adj. R²	0.262	0.332	0.572	0.417	0.358	0.346	0.340	0.272

注：(1) 括号中报告值是T统计量；(2) "*" "**" "***" 分别表示10%、5%和1%显著性水平；(3) 标准误经异方差（heteroskedasticity）和公司聚类（cluster）调整。

表3-13 高管个人收益、董事关联与国有集团内部资本市场

	(1) 中央-关联 SALARY	(2) 中央-无关 SALARY	(3) 地方-关联 SALARY	(4) 地方-无关 SALARY	(5) 中央-关联 MANA_FEE	(6) 中央-无关 MANA_FEE	(7) 地方-关联 MANA_FEE	(8) 地方-无关 MANA_FEE
CONSTANT	0.0221***	0.0199***	0.0205***	0.0181***	0.0907***	0.1462**	0.0219	0.1444***
	(6.81)	(5.97)	(4.93)	(3.86)	(3.33)	(2.47)	(0.39)	(3.95)
CFA	-0.0002	-0.0010	-0.0028	-0.0010	-0.0218	-0.0168	-0.0216**	-0.0238**
	(-0.10)	(-0.53)	(-1.21)	(-0.49)	(-1.16)	(-1.02)	(-2.50)	(-2.46)
OCF	-0.00001***	-0.00002*	0.0003**	0.0005***	-0.0001	-0.0003***	0.0010***	0.0015**
	(-2.90)	(-1.66)	(2.49)	(4.51)	(-1.08)	(-3.56)	(3.08)	(2.43)
SIZE	-0.0009***	-0.0008***	-0.0009***	-0.0009***	-0.0012	-0.0011	-0.0015	-0.0039***
	(-6.29)	(-5.78)	(-3.86)	(-4.90)	(-1.32)	(-0.80)	(-0.73)	(-3.22)
LEV	-0.0022***	-0.0036**	-0.0019	-0.0019**	-0.0266***	-0.0248**	-0.0028	0.0071
	(-2.86)	(-2.34)	(-1.15)	(-2.14)	(-3.65)	(-2.57)	(-0.45)	(1.17)

续表

	(1) 中央-关联 SALARY	(2) 中央-无关 SALARY	(3) 地方-关联 SALARY	(4) 地方-无关 SALARY	(5) 中央-关联 MANA_FEE	(6) 中央-无关 MANA_FEE	(7) 地方-关联 MANA_FEE	(8) 地方-无关 MANA_FEE
GROWTH	-0.0003* (-1.69)	-0.0002 (-1.22)	-0.0002 (-1.26)	-0.0005** (-2.52)	-0.0002 (-0.17)	-0.0012 (-0.92)	-0.0014* (-1.84)	-0.0020* (-1.90)
TOBIN_Q	0.0003 (1.26)	0.0004 (1.31)	0.0002 (1.52)	-0.0002 (-0.98)	0.0010 (1.12)	0.0022* (1.67)	-0.0001 (-0.16)	-0.0001 (-0.04)
ROA	0.0037 (1.13)	0.0004 (0.91)	0.0132*** (4.10)	0.0053 (1.05)	-0.0472 (-1.06)	0.0270*** (19.83)	0.0232 (0.50)	-0.0291 (-0.80)
PROFIT	-0.0040 (-1.64)	-0.0054* (-1.80)	-0.0104*** (-3.76)	-0.0002 (-0.09)	-0.0224 (-1.16)	-0.0385*** (-2.61)	-0.0138 (-0.68)	0.0423** (2.50)
EXE_HOLD	0.0174 (1.02)	0.0036 (0.63)	0.0104 (1.51)	0.0197*** (6.34)	0.0815 (1.37)	0.0268 (0.68)	0.0208 (0.58)	-0.3937** (-2.11)
CENTRAL	-0.0009 (-0.95)	-0.0011 (-1.08)	0.0003 (0.29)	0.0000 (0.02)	-0.0157 (-1.54)	-0.0037 (-0.42)	0.0090 (0.88)	-0.0103* (-1.76)
BOARDSIZE	0.0001 (1.19)	0.0001** (2.18)	0.0000 (0.68)	0.0000 (0.02)	0.0010 (1.28)	0.0003 (0.47)	0.0014 (1.34)	-0.0006 (-1.43)
MAR	0.0005 (0.92)	0.0001 (0.12)	0.0005 (0.45)	0.0021* (1.79)	-0.0067 (-0.73)	-0.0350* (-1.93)	0.0011 (0.08)	-0.0227** (-2.22)
INDUSTRY	YES	YES	YES	YES	YES	YES	YES	YES
YEAR	YES	YES	YES	YES	YES	YES	YES	YES
N	1183	878	982	450	650	495	474	237
adj. R^2	0.266	0.356	0.433	0.602	0.316	0.393	0.219	0.558

注：（1）括号中报告值是 T 统计量；（2）"*""**""***"分别表示10%、5%和1%显著性水平；（3）标准误经异方差（heteroskedasticity）和公司聚类（cluster）调整。

表 3 - 14　高管个人收益、总经理关联与国有集团内部资本市场

	(1) 中央－关联 SALARY	(2) 中央－无关 SALARY	(3) 地方－关联 SALARY	(4) 地方－无关 SALARY	(5) 中央－关联 MANA_FEE	(6) 中央－无关 MANA_FEE	(7) 地方－关联 MANA_FEE	(8) 地方－无关 MANA_FEE
CONSTANT	0.0172*** (4.34)	0.0228*** (8.11)	0.0154*** (3.74)	0.0242*** (6.48)	0.0875** (2.62)	0.1397*** (4.06)	-0.1253** (-2.21)	0.0901* (1.94)
CFA	0.0011 (1.05)	-0.0003 (-0.18)	-0.0031 (-1.42)	-0.0024 (-1.18)	-0.0029 (-0.17)	-0.0306* (-1.94)	0.0184 (1.13)	-0.0299*** (-2.97)
OCF	0.00005 (0.62)	-0.00002** (-2.57)	-0.0003** (-2.52)	0.0002** (2.23)	-0.0028*** (-5.72)	-0.0001* (-1.89)	-0.0006 (-0.41)	0.0015*** (3.40)
SIZE	-0.0010*** (-4.21)	-0.0009*** (-7.68)	-0.0006*** (-3.76)	-0.0011*** (-5.34)	-0.0057*** (-4.26)	-0.0016* (-1.72)	0.0012 (0.63)	-0.0024 (-1.15)
LEV	0.0008 (0.70)	-0.0030*** (-2.90)	-0.0041*** (-3.36)	-0.0019 (-1.47)	0.0175* (1.79)	-0.0267*** (-4.35)	-0.0133 (-1.02)	-0.0013 (-0.26)
GROWTH	-0.0002 (-1.22)	-0.0002* (-1.67)	-0.0001 (-0.66)	-0.0003* (-1.66)	-0.0018* (-1.97)	-0.0014 (-1.28)	0.0007 (0.61)	-0.0014** (-1.98)
TOBIN_Q	0.0003 (0.90)	0.0004 (1.27)	0.0000 (0.14)	0.0002 (1.44)	0.0045* (2.01)	0.0015 (1.31)	-0.0002 (-0.11)	-0.0004 (-0.46)
ROA	-0.0122 (-1.28)	0.0005 (0.84)	-0.0034 (-1.11)	0.0110*** (4.25)	-0.0731 (-0.88)	0.0258*** (18.34)	-0.0874 (-1.45)	0.0012 (0.04)
PROFIT	0.0035 (1.04)	-0.0047** (-2.07)	0.0010 (0.53)	-0.0081*** (-3.09)	0.0344 (1.14)	-0.0401*** (-4.37)	0.0188 (0.98)	0.0125 (0.70)
EXE_HOLD	0.0716 (1.54)	0.0088 (1.15)	0.0217*** (3.77)	0.0068 (1.04)	-0.0161 (-0.06)	0.0382 (1.06)	-0.0007 (-0.01)	-0.0236 (-0.73)
CENTRAL	0.0033 (1.59)	-0.0014 (-1.64)	0.0008 (0.71)	0.0002 (0.24)	0.0013 (0.12)	-0.0096 (-1.22)	-0.0384* (-1.82)	-0.0021 (-0.34)
BOARDSIZE	0.0001 (1.41)	0.0001** (2.29)	0.0001* (1.84)	-0.0000 (-0.58)	-0.0000 (-0.01)	0.0007 (1.28)	0.0033*** (4.60)	0.0001 (0.16)

续表

	(1) 中央-关联 SALARY	(2) 中央-无关 SALARY	(3) 地方-关联 SALARY	(4) 地方-无关 SALARY	(5) 中央-关联 MANA_FEE	(6) 中央-无关 MANA_FEE	(7) 地方-关联 MANA_FEE	(8) 地方-无关 MANA_FEE
MAR	0.0011 (0.96)	0.0004 (0.88)	0.0007 (0.55)	0.0012 (1.46)	0.0143 (1.52)	-0.0211** (-2.03)	0.0344 (1.36)	-0.0125 (-1.41)
INDUSTRY	YES	YES	YES	YES	YES	YES	YES	YES
YEAR	YES	YES	YES	YES	YES	YES	YES	YES
N	253	1808	218	1214	135	1010	91	620
adj. R²	0.477	0.291	0.581	0.440	0.643	0.339	0.630	0.249

注：(1) 括号中报告值是T统计量；(2) "*""**""***"分别表示10%、5%和1%显著性水平；(3) 标准误经异方差（heteroskedasticity）和公司聚类（cluster）调整。

表 3-15 高管个人收益、经理层关联与国有集团内部资本市场

	(1) 中央-关联 SALARY	(2) 中央-无关 SALARY	(3) 地方-关联 SALARY	(4) 地方-无关 SALARY	(5) 中央-关联 MANA_FEE	(6) 中央-无关 MANA_FEE	(7) 地方-关联 MANA_FEE	(8) 地方-无关 MANA_FEE
CONSTANT	0.0170*** (4.25)	0.0241*** (7.25)	0.0178*** (3.23)	0.0224*** (8.41)	0.1075*** (3.70)	0.1380*** (3.58)	0.0110 (0.10)	0.0686** (2.57)
CFA	-0.00003 (-0.02)	-0.0005 (-0.35)	-0.0047 (-1.30)	-0.0015 (-0.84)	-0.0083 (-0.71)	-0.0289* (-1.66)	0.0094 (0.53)	-0.0302*** (-4.15)
OCF	-0.0001 (-0.65)	-0.00001** (-2.33)	-0.0002 (-1.44)	0.0003*** (3.96)	-0.0032*** (-3.22)	-0.0001* (-1.74)	0.0005 (0.52)	0.0015*** (3.33)
SIZE	-0.0009*** (-4.17)	-0.0010*** (-7.13)	-0.0009*** (-4.29)	-0.0010*** (-7.98)	-0.0053*** (-3.34)	-0.0016 (-1.57)	-0.0045 (-1.30)	-0.0005 (-0.48)
LEV	-0.0029 (-1.27)	-0.0026*** (-2.83)	-0.0040*** (-3.33)	-0.0008 (-0.91)	0.0016 (0.17)	-0.0248*** (-4.12)	-0.0078 (-0.72)	0.0017 (0.41)

续表

	(1) 中央－关联 SALARY	(2) 中央－无关 SALARY	(3) 地方－关联 SALARY	(4) 地方－无关 SALARY	(5) 中央－关联 MANA_FEE	(6) 中央－无关 MANA_FEE	(7) 地方－关联 MANA_FEE	(8) 地方－无关 MANA_FEE
GROWTH	-0.0000 (-0.03)	-0.0004** (-2.03)	-0.0003 (-1.34)	-0.0003* (-1.92)	0.0001 (0.08)	-0.0018 (-1.40)	-0.0010 (-0.68)	-0.0016** (-2.04)
TOBIN_Q	0.0006 (1.00)	0.0003 (1.30)	0.0002** (2.03)	0.0000 (0.27)	0.0006 (0.41)	0.0016 (1.49)	0.0009 (0.43)	0.0004 (0.47)
ROA	0.0026 (0.95)	0.0004 (0.75)	0.0128*** (6.51)	0.0114** (2.22)	-0.1234** (-2.49)	0.0258*** (19.71)	-0.1187 (-1.60)	0.0213 (0.74)
PROFIT	-0.0027 (-0.62)	-0.0046** (-2.33)	-0.0124*** (-4.71)	-0.0036** (-2.07)	0.0540** (2.48)	-0.0436*** (-5.00)	0.0226 (0.73)	0.0082 (0.42)
EXE_HOLD	-0.0027 (-0.55)	0.0126 (1.04)	0.0295*** (3.42)	0.0056 (1.08)	0.0320 (1.44)	0.0640 (0.95)	0.1385*** (3.29)	-0.0591** (-2.50)
CENTRAL	0.0017 (1.57)	-0.0014 (-1.49)	0.0006 (0.44)	0.0012 (1.64)	0.0094 (0.88)	-0.0078 (-0.92)	0.0093 (0.41)	-0.0025 (-0.52)
BOARDSIZE	0.0001** (2.04)	0.0001** (2.32)	0.0002* (1.87)	-0.0000 (-0.79)	-0.0003 (-0.55)	0.0009 (1.49)	0.0058*** (2.73)	-0.0006* (-1.79)
MAR	0.0011 (0.94)	0.0003 (0.58)	0.0020 (1.04)	0.0004 (0.83)	0.0016 (0.16)	-0.0207* (-1.77)	0.0133 (0.52)	-0.0201** (-2.39)
INDUSTRY	YES	YES	YES	YES	YES	YES	YES	YES
YEAR	YES	YES	YES	YES	YES	YES	YES	YES
N	455	1606	424	1008	255	890	184	527
adj. R²	0.264	0.304	0.597	0.517	0.473	0.356	0.348	0.401

注：（1）括号中报告值是 T 统计量；（2）"*""**""***"分别表示10%，5%和1%显著性水平；（3）标准误经异方差（heteroskedasticity）和公司聚类（cluster）调整。

表3-16 高管个人收益、监事关联与国有集团内部资本市场

	(1) 中央-关联 SALARY	(2) 中央-无关 SALARY	(3) 地方-关联 SALARY	(4) 地方-无关 SALARY	(5) 中央-关联 MANA_FEE	(6) 中央-无关 MANA_FEE	(7) 地方-关联 MANA_FEE	(8) 地方-无关 MANA_FEE
CONSTANT	0.0221*** (6.49)	0.0212*** (6.56)	0.0195*** (4.63)	0.0201*** (4.99)	0.0903*** (4.11)	0.1400*** (2.93)	0.0237 (0.55)	0.0757 (1.50)
CFA	0.0021 (1.65)	-0.0014 (-0.72)	-0.0028 (-0.96)	-0.0031 (-1.50)	-0.0242* (-1.98)	-0.0220 (-1.06)	-0.0221** (-2.48)	-0.0359** (-2.22)
OCF	-0.00001 (-1.52)	-0.00001* (-1.96)	0.0003*** (3.18)	0.0003*** (2.60)	-0.0003*** (-4.27)	-0.0001 (-1.41)	0.0007** (2.01)	0.0019** (2.21)
SIZE	-0.0009*** (-6.23)	-0.0009*** (-6.38)	-0.0009*** (-3.83)	-0.0008*** (-5.53)	-0.0032*** (-3.27)	-0.0007 (-0.61)	-0.0024 (-1.07)	-0.0015 (-1.05)
LEV	-0.0025** (-2.22)	-0.0030*** (-2.88)	-0.0025* (-1.95)	-0.0014 (-1.58)	-0.0142* (-1.96)	-0.0291*** (-4.03)	-0.0014 (-0.27)	-0.0005 (-0.08)
GROWTH	-0.0000 (-0.19)	-0.0005** (-2.13)	-0.0001 (-0.72)	-0.0006** (-2.00)	0.0008 (0.96)	-0.0032* (-1.70)	0.0001 (0.20)	-0.0031** (-2.44)
TOBIN_Q	0.0004 (1.18)	0.0003 (1.23)	0.0001 (0.95)	-0.0001 (-0.69)	0.0026* (1.91)	0.0013 (1.07)	-0.0007 (-0.67)	0.0006 (0.49)
ROA	-0.0029 (-0.76)	0.0006 (0.94)	0.0113*** (4.97)	0.0103 (1.07)	-0.0713 (-1.39)	0.0271*** (22.38)	-0.0087 (-0.33)	-0.0227 (-0.65)
PROFIT	-0.0003 (-0.10)	-0.0052*** (-2.62)	-0.0099*** (-3.72)	-0.0027 (-0.56)	0.0194 (1.17)	-0.0454*** (-5.18)	-0.0011 (-0.10)	0.0327* (1.79)
EXE_HOLD	0.0005 (0.08)	0.0108 (1.01)	0.0120* (1.84)	0.0155* (1.92)	0.0007 (0.04)	0.0613 (0.92)	-0.0093 (-0.26)	0.0329 (0.50)
CENTRAL	0.0001 (0.15)	-0.0018* (-1.71)	0.0008 (0.80)	-0.0000 (-0.02)	0.0093 (1.25)	-0.0140 (-1.50)	0.0097 (1.08)	-0.0056 (-0.75)
BOARDSIZE	0.0001 (1.35)	0.0002*** (2.64)	0.0001 (0.87)	-0.0001 (-1.29)	-0.0002 (-0.63)	0.0011* (1.82)	0.0009 (1.45)	-0.0002 (-0.36)

续表

	(1) 中央-关联 SALARY	(2) 中央-无关 SALARY	(3) 地方-关联 SALARY	(4) 地方-无关 SALARY	(5) 中央-关联 MANA_FEE	(6) 中央-无关 MANA_FEE	(7) 地方-关联 MANA_FEE	(8) 地方-无关 MANA_FEE
MAR	0.0006	0.0003	0.0017	0.0005	-0.0061	-0.0243*	0.0100	-0.0134
	(0.90)	(0.40)	(1.19)	(0.69)	(-0.77)	(-1.91)	(1.01)	(-1.08)
INDUSTRY	YES	YES	YES	YES	YES	YES	YES	YES
YEAR	YES	YES	YES	YES	YES	YES	YES	YES
N	809	1252	786	646	443	702	380	331
adj. R²	0.332	0.300	0.506	0.480	0.412	0.402	0.409	0.306

注：（1）括号中报告值是 T 统计量；（2）"*""**""***"分别表示 10%、5% 和 1% 显著性水平；（3）标准误经异方差（heteroskedasticity）和公司聚类（cluster）调整。

表 3-17 高管个人收益、银企关联与国有集团内部资本市场

	(1) 中央-关联 SALARY	(2) 中央-无关 SALARY	(3) 地方-关联 SALARY	(4) 地方-无关 SALARY	(5) 中央-关联 MANA_FEE	(6) 中央-无关 MANA_FEE	(7) 地方-关联 MANA_FEE	(8) 地方-无关 MANA_FEE
CONSTANT	0.0294***	0.0187***	0.0258***	0.0214***	0.1752***	0.0771***	0.0794*	0.0738*
	(4.63)	(8.18)	(6.03)	(5.01)	(3.35)	(3.45)	(1.76)	(1.80)
CFA	-0.0036	0.0003	0.0007	-0.0050**	-0.0298	-0.0197	-0.0145	-0.0243***
	(-0.56)	(0.22)	(0.42)	(-2.26)	(-0.54)	(-1.54)	(-1.11)	(-2.81)
OCF	-0.00004	-0.00001**	0.0002	0.0002**	-0.0006	-0.0001	0.0017	0.0014***
	(-1.23)	(-2.06)	(1.10)	(2.49)	(-1.31)	(-1.35)	(1.42)	(3.57)
SIZE	-0.0011***	-0.0008***	-0.0009***	-0.0010***	0.0003	-0.0024***	-0.0019	-0.0021
	(-4.87)	(-8.03)	(-4.65)	(-4.54)	(0.17)	(-3.12)	(-1.07)	(-1.19)
LEV	-0.0029*	-0.0025*	-0.0003	-0.0025	-0.0344***	-0.0143*	0.0076	-0.0015
	(-1.95)	(-1.95)	(-0.24)	(-1.64)	(-2.77)	(-1.93)	(0.73)	(-0.23)

续表

	(1) 中央-关联 SALARY	(2) 中央-无关 SALARY	(3) 地方-关联 SALARY	(4) 地方-无关 SALARY	(5) 中央-关联 MANA_FEE	(6) 中央-无关 MANA_FEE	(7) 地方-关联 MANA_FEE	(8) 地方-无关 MANA_FEE
GROWTH	-0.0005 (-1.25)	-0.0001 (-1.33)	-0.0004* (-1.79)	-0.0002 (-0.80)	-0.0038 (-1.26)	-0.0004 (-0.48)	-0.0020 (-1.41)	-0.0009 (-1.56)
TOBIN_Q	0.0000 (0.18)	0.0004 (1.19)	0.0002 (1.59)	0.0000 (0.24)	0.0009 (0.33)	0.0020 (1.48)	0.0009 (1.10)	-0.0017 (-1.64)
ROA	0.0057 (0.41)	0.0006 (0.92)	0.0181*** (3.21)	0.0081*** (2.60)	-0.0135 (-0.44)	0.0247*** (18.53)	0.0079 (0.24)	-0.0011 (-0.03)
PROFIT	-0.0043 (-1.11)	-0.0045 (-1.49)	-0.0108*** (-2.76)	-0.0060* (-1.76)	-0.0336*** (-4.31)	-0.0366*** (-2.91)	-0.0046 (-0.22)	0.0083 (0.48)
EXE_HOLD	0.0180 (1.13)	0.0043 (0.88)	0.0329*** (3.32)	0.0099 (1.50)	0.0659 (1.01)	0.0237 (0.69)	-0.0287 (-0.28)	0.0141 (0.43)
CENTRAL	0.0012 (0.59)	-0.0013* (-1.83)	0.0015 (1.40)	0.0001 (0.12)	-0.0207 (-1.29)	-0.0059 (-0.93)	-0.0006 (-0.05)	-0.0070 (-1.05)
BOARDSIZE	0.0000 (0.54)	0.0001* (1.77)	-0.0000 (-0.30)	0.0000 (0.77)	-0.0002 (-0.19)	0.0004 (0.89)	-0.0001 (-0.18)	0.0004 (0.53)
MAR	-0.0013 (-0.79)	0.0009* (1.78)	-0.0015* (-1.86)	0.0015 (1.52)	-0.0457** (-2.37)	-0.0028 (-0.34)	-0.0170* (-1.97)	-0.0125 (-1.23)
INDUSTRY	YES	YES	YES	YES	YES	YES	YES	YES
YEAR	YES	YES	YES	YES	YES	YES	YES	YES
N	524	1537	407	1025	284	861	207	504
adj. R^2	0.243	0.333	0.622	0.405	0.427	0.336	0.280	0.303

注: (1) 括号中报告值是 T 统计量; (2) "*" "**" "***" 分别表示 10%, 5% 和 1% 显著性水平; (3) 标准误经异方差 (heteroskedasticity) 和公司聚类 (cluster) 调整。

的程度更高。（4）无银企关联时，地方集团公司高管通过集团内部资本市场套取个人收益的程度更高；无银企关联时，中央集团公司高管薪酬被减少并通过集团内部资本市场输出的程度较高。

六　研究结论与启示

本章以高管个人收益为研究视角，考察国有集团下属公司高管是否存在通过集团内部资本市场套取货币薪酬或者在职消费以满足其自利动机的现象。研究结果显示：（1）国有产权显著降低了公司高管薪酬及在职消费水平。集团归属对国有公司高管薪酬的影响不显著，但集团归属降低了国有公司高管在职消费水平。（2）高管薪酬与国有企业集团内部现金流无显著关系，但高管在职消费与国有企业集团内部现金流显著负相关。（3）中央集团公司总体不存在高管通过内部资本市场套取个人收益的现象；相反在集团总部的统一调配下，高管的个人收益甚至可能被降低并通过内部资本市场流出以支持集团其他公司；并且在职消费的降低相比高管薪酬降低程度更大。（4）地方集团公司总体上存在高管通过内部资本市场套取集团内部资本市场现金流以作个人收益的现象，并且套取在职消费的程度相比货币薪酬更大。（5）对中央集团公司的分组回归结果表明：间接控制、股权分散、高管权力高、外部融资依赖度低、宏观经济不确定性低、无董事会成员关联、无经理层关联、无监事关联、无银企关联时，中央集团公司的高管个人收益更加容易被转出以支持集团内部资本市场。（6）对地方集团公司的分组回归结果表明，直接控制、股权集中、高管权力低、外部融资依赖度高、市场化水平高、宏观经济不确定性低、无董事会成员关联、无经理层关联、无监事关联、无银企关联时，地方集团公司高管通过集团内部资本市场套取个人收益的程度更高。

本章的研究启示在于：集团内部资本配置中同样存在委托－代理冲突，集团下属高管是否能通过集团内部资本市场获利，主要取决于集团总部的治理能力以及下属公司内部人控制能力的高低。中央集团的证据表明，由于总部权威及治理能力，中央集团下属公司高管通过内部资本市场自利的行为得到了较好的抑制。然而在集团总部治理及外部薪酬管制同时作用下，中央下属公司高收入甚至会出于集团需要而被降低，尤其是在职消费，这或许有利于集团总体发展，以及提高治理水平，但却会降低中央集团下属公司高管的积极性，除非高管能获取其他途径的激励，如长期激励、升迁等。同时，地方集团下属公司由于存在较为严重的内部人控制现象，集团总部治理水平较低，下属公司高管因而有动机、有能力通过内部资本市场自利并套取个人收益，这意味着总部提供给下属公司用于投资的内部资金可能被高管挪用。从这一角度而言，地方集团公司内部资本市场无效，地方集团总部应当加强对下属公司高管的监管，同时也应当完善相应激励机制，防止国有资产流失。

第四章

股利政策与国有集团内部资本市场：基于总部利益输送的视角

一 引言

股利政策对企业而言至关重要，股利政策的制定，不仅是企业融资决策的重要组成，也会对其投资决策产生重要影响。现代股利理论开创（Miller and Modigliani，1961）并发展至今数十年，西方学者从信号传递（Miller and Rock，1985），税差影响（Litzenberger and Ramaswamy，1982），代理成本（Lang and Litzenberger，1989），利益侵占（La Porta et al.，2000），行为偏差（Thaler and Shefrin，1981；Kahneman and Tversky，1982）等角度对企业股利政策的制定做出了解释，然而对于企业因何支付股利、支付多少股利并未获得一致结论。综观我国现有关于股利政策的研究，相对于公司投资决策、融资决策而言，无论是在数量上还是在研究深度上都远远有所不如，许多学者甚至将中国企业股利决策称之为"中国股利之谜"。为何有关股利的研究在我国难以开展？一方面，西方股利政策在我国并不完全适用，我国资本市场发展起步较晚，并且经历了分段式的发展历程。股利政策受企业分段式市场化改革影响较大，有的企业甚至还保留了原有的股利支付原则，而难以与市场化进程相统一；另一方面，由于我国企业产权性质的差异及制度背景的独特性，股利政策的制定体现出一些独特的制度特征，从而给相关研究带来了困难。

本章试图从国有集团内部资本市场的角度讨论集团下属公司现金股利政策制定的问题。企业集团通过股权控制的方式控制下属上市公司，则集团总部作为控股股东，不仅是公司股利政策的最大受益者，也是股利政策的关键制定者。现有研究讨论了家族企业、民营系族企业的股利政策（李礼、王曼舒、齐寅峰，2006；魏志华、吴育辉和李常青，2011），但对于国有产权、集团公司的股利政策研究十分缺乏。事实上，国有集团总部如何影响下属上市公司股利政策，是一个十分有意义的命题。一方面，国有集团公司的控股股东是受不同政府监督管理的集团总部，而非民营系族公司的自然人。相比民营集团，国有集团总部由于总部权威而表现出更强的控制力，在股利政策制定中的决策权更强。另一方面，集团总部制定股利政策的考虑，不仅如民营系族集团从资金、投资、收益等效益角度，或从控股股东获利的角度衡量，而且还要权衡政治、社会、政策等因素加以考量。因此集团总部有动机、有权威在权衡各种因素的基础之上影响甚至改变股利政策的制定。除此之外，由于国有企业集团控制的下属公司相对更多，有更大的内部资本市场运作空间，而集团总部通过内部资本市场转移下属各公司现金流，进而在更大程度上操纵并影响下属公司股利政策也成为可能。

鉴于此，本章研究国有集团总部是否存在操纵集团内部资本市场，转移现金流以调节下属公司股利政策，并据此掠夺或者支持的现象。首先，针对国有产权以及集团归属是否影响公司现金股利支付的可能性及支付比例进行分析和检验；其次，考虑不同政府层级所管辖的国有集团下属公司股利支付政策与公司内部现金流的关系；进一步的，检验不同政府层级所管辖的国有集团下属公司股利支付政策与集团内部资本市场现金流的关系，以寻求国有集团下属公司是否在集团总部的操控下通过内部资本市场调整股利政策的证据。最后，从不同层面的正式、非正式制度对集团下属公司进行分组检验，以从不同角度提供证据支持本章结论的稳健性。研究发现：（1）国有产权提高公司支付股利概率，但未影响公司股利支付水平；集团归属不影响国有公司支付股利的概率及股利支付的水平。公司内部现金流多寡不影响中央集团公司股利支付概率，但提高股利支付水平；地方集团公司股利支付的概率及水平与公司内部现金流多寡无关。（2）整体而言，内部资本市场显著影响国有集团公司的股利支付政策。中央集团总部通过内部资本市场转移现金流至适合支付股利的集团下属公司，以套取股利收益。而地方集团总部则更倾向于减少适合支付股利的公司股利支付水平，并通过内部资本市场支持集团内其他公司。地方集团公司被减少股利支付比例转而通过集团内部资本市场支持其他公司的程度，要大于中央集团公司通过集团内部资本市场套取现金流并提高股利支付比例的程度。（3）分组检验表明，集团不同层面的正式、非正式制度影响中央集团总部通过内部资本市场套取股利、地方集团总部通过内部资本市场降低并转出股利的水平。当两权不分离、股权集中、高管权力低、外部融资依赖程度高、市场化发展水平低、宏观经济不确定性低、无董事/经理/监事关联、无银企关联时，中央集团下属公司支付股利的可能性及支付比例随集团内部资本市场资金规模的增加而增加程度更大。当两权不分离、股权集中、高管权力低、外部融资依赖度低、市场化水平高、宏观经济不确定性低、无董事/经理/监事关联、无银企关联时，地方集团下属公司支付股利的概率及支付比例随集团内部资本市场资金规模的增加而降低程度更大，发放股利的资金被转出并用于支持集团下属的其他公司。(4) 回归结果显示，中央集团总部通过内部资本市场调整下属公司的股利政策以进行掠夺；地方集团总部通过内部资本市场调整下属公司的股利政策以进行支持。

本章的主要贡献和创新在于：其一，现有研究如王化成、李春玲和卢闯 (2007)，谢军 (2006)，王茜、张鸣 (2009) 等积极讨论了控股股东在公司股利政策制定中起到的作用，然而对于国有产权的集团总部这种特殊形式的控股股东对集团下属公司股利政策的影响的研究十分缺乏。本章的研究在这一角度丰富了控股股东制定并影响股利政策的相关文献。其二，将集团内部资本市场与股利政策结合起来，发现集团内部资本市场除了发挥 "胜者选择" "平均主义"、提高资本配置效率、降低融资约束、异化为大股东套取私利的工具等作用之外，也成为集团总部操纵或调整股利政策的工具，从研究观点而言，是对于集团内部资本市场研究的重要补充。其三，发现中央集团总部通过集团内部资本市场操纵股利的政策与地方集团总部截然相反。中央集团总部更加倾向于通过集团内部资本市场套取现金流，并经由下属公司支付股利而获利；地方集团总部则倾向于通过集团内部资本市场转出下属公司用于支付股利的富余现金，并支持其他下属公司。从研究结论而言，本章对于结合制度背景并解释我国集团公司财务行为及决策具有重要的意义。

二　文献回顾、理论分析与研究假设

（一）文献回顾

现代股利制度的开端以 MM 理论（Mille and Modigliani，1961）为代表，并在完全市场、无税、投资者理性、对未来投资机会及利润有同质预期等前提假设条件下，认为公司价值仅由投资决策决定，股利政策与公司价值无关。随后学者们不断放松 MM 的严格假设条件，从不同视角对股利政策展开研究，主流的代表性研究有：股利信号理论（Bhattacharya，1979；Miller and Rock，1985；John and Williams，1985 等）认为由于外部市场不完全，公司内部人与外部投资者之间存在信息的不对称，公司内部管理者通过调整股利政策向外部投资者传递公司盈利情况的信号，而外部市场投资者则据此调整其对公司未来经营状况的预期，并具体表现为股价波动。股利代理成本理论（Jensen，1986；Lang and Litzenberger，1989）认为由于股东与公司内部管理者之间存在代理冲突，管理者持有闲置资金或自由现金流时，可能会进行无效率投资，而支付股利能减少闲置资金及自由现金流，约束经理人行为，从而降低代理冲突。利益侵占理论（La Porta et al.，2000；Faccio et al.，2001；Friedman et al.，2003 等）主要观点是，当股权集中普遍存在时，大小股东之间同样存在代理冲突，支付股利或者能减少内部人的利益侵占，促使大股东进一步监督管理，但更加可能成为大股东操纵股利政策以最大化自身利益，侵占小股东权益的工具。除此之外，顾客效应理论（Black and Scholes，1974；Pettit，1977；Kalay，1982）认为公司需要依据不同投资者特征制定并调整股利政策，形成满足不同类型的股东偏好的股利政策，保证公司股票价格的稳定。行为金融理论认为投资者心理偏差通过各种机制影响股利政策，形成自我控制假说（Thaler and Shefrin，1981），后悔厌恶假说（Kahneman and Tversky，1982），心理账户假说（Thaler，1985），股利迎合理论（Baker and Wurgler，2004）等。

在此基础上，国内外学者围绕公司现实经营中影响股利政策的各项因素进行了大量的实证研究。Kasanen et al.（1996），Daniel et al.（2008）的研究证据表明，公司根据股利政策进行盈余管理，如果投资者偏好稳定的股利或需要支付股利，公司会调高盈余以达到股利支付的目标。Jagannathan et al.（2000）针对美国公司财务灵活性与股利政策进行研究。发现公司根据不同情况交叉运用不同股利政策，永久性经营现金流更多时，倾向发现金股利；暂时性非经营性现金流更多时，倾向于股份回购；因此，现金股利通常与较好的市场表现相关，股份回购通常与较差的市场表现相关。Francis et al.（2005）从股权结构的角度展开研究，发现两权分离使公司盈余信息质量下降，但股利信息质量基本能够保持。Denis and Osobov（2008）的研究发现美、英、法、德等发达国家中，规模更大和收益水平更高的公司的股利支付水平更高。Brockman and Unlu（2009）研究发现国别债权人保护水平的差异会影响公司股利政策。债权人和高管倾向于低派息政策以降低债务代理成本，债权人保护程度差的国家股利支付水平显著低，债务代理问题相对于权益代理冲突对于股利政策有更显著影响。

我国学者在国外研究基础之上结合制度背景对我国上市公司股利政策进行了大量的研究。从利益侵占角度展开的研究如陈信元、陈冬华和时旭（2003）指出，在我国普遍股权高度集中的现实背景下，控股股东可以通过关联交易、股利支付的方式转移利益；现金股利未能降低代理成本，反而成为控股股东进行利益侵占的重要手段。陆正飞、王春飞和王鹏（2010）的研究表明，一股独大、内部人控制是我国上市公司激进股利政策的重要原因。从高管角度进行的研究如肖淑芳、喻梦颖（2012），吕长江、张海平（2012）认为公司高管为获得股权激励收益，倾向于利用经营管理职权操纵股利政策，不支付或降低股利支付水平。王茂林、何玉润和林慧婷（2014）认为管理者权力与现金股利显著负相关，支付现金股利会影响投资效率，管理者权力降低了现金股利对非效率投资的影响。从代理成本角度进行的研究如李礼、王曼舒和齐寅峰（2006）认为民营公司所有者决定股利政策，以降低代理成本；魏志华、吴育辉和李常青（2012）的研究认为，家族公司由于存在两类代理冲突，使其具有消极的股利政策。另外，肖珉（2010）从现金流调整的角度认为，现金流富裕的公司支付股利能降低过度投资；而现金流不足的公司难以从以往派现历史中获得现金流而缓解投资不足。祝继高、王春飞（2013）从外部经济变化的角度指出，金融危机会使公司降低股利支付率以应对外部风险的增加；但如果公司在危机期间支付股利，能向市场传递积极信号从而获得积极的市场反应。

尽管针对股利政策的研究取得了丰硕的研究成果，然而国内外相关研究中针对大公司集团的研究尚十分缺乏。国外如Collins and Shackelford（1998）针对美国跨国公司子公司股利政策的研究发现，总部根据子公司在不同市场的跨境转移净税收来制定并调节不同子公司之间的股利政策。Eije and Megginson（2008）则针对欧盟成员国公司在美国经营的分部股利政策展开研究，发现海外分部相比欧盟总部的现金股利政策减少，而股份回购政策增加。由此可见公司总部可以根据外部经营环境等状况权衡并调整子公司或分部的股利政策，以迎合公司整体发展的需要。引起笔者注意的是 Gopalan Nanda and Seru（2014）的研究，认为集团公司的内部资本再配置的过程会影响集团下属公司的股利政策，具体实现过程为集团总部操纵现金富余的下属公司支付股利，利用总部获得的现金股利转而对其他缺乏资金下属公司投资予以支持。这意味着集团公司在总部的统一调配下，其股利政策可以通过集团内部资本市场进行调整，并实现内部资本的跨分部、跨期分配。国内学者陈良华等（2014）也进行了相似的研究，但除此之外国内几乎没有关于股利政策与集团内部资本市场的研究。事实上，控股股东操纵集团内部资本市场获取利益的研究一直是国内学者关注的重点，然而多选择关联交易为切入点展开，如郑国坚、魏明海（2006），郑国坚、魏明海（2007），邵毅平、虞凤凤（2011），刘星、计方和付强（2013），刘星、计方和郝颖（2014），谢军、黄志忠（2014）等。然而，围绕关联交易来研究控股股东是否通过集团内部资本市场获利，有两方面的不足：一是关联交易受到证监会及相关政策法规较为严格的监管，控股股东从中获利的空间可能有限。二是关联交易中很大一部分属于经营性交易，并不能算作控股股东通过集团内部资本市场获利的范畴，而非经营性交易也可能最终流向了其他关联公司而非集团总部，因此用关联交易来衡量控股股东通过内部资本市场套利的多少并不恰当。在参考现有研究的基础之上，本章认为，集团公司由于下属各公司自身经营状况、外部市场环境之间存在很大差异，给总部提供了根据不同下属公司情况调整其股利政策以满足总部作为控股股东的利益需求；再加之集团存在的内部资本市场，为集团总部调整股利政策提供了灵活性和便利性；同时考虑我国国有集团公司的制度背景与行为特征，兼之相关研究的缺乏，使得对国有集团总部如何通过集团内部资本市场调节下属公司股利政策进行研究，是一个具有重要的理论与现实意义的命题。

（二）理论分析与研究假设

股利政策是公司对于是否支付股利、支付多少股利、如何在多个会计年度内分配股利支付的制度安排。王敏（2011）的研究指出，我国公司（尤其是上市公司）常用的股利政策包括现金股利、股票股利、转增股本三种形式，股份回购应用较少，而现金股利①占据主导地位。尽管关于股利支付的理论从不同角度对公司如何支付股利做出了解释，然而，在公司现实经营中，

---

① 由于股票股利、转增股本、股份回购的股利政策与企业现金流不直接相关，并且现金股利是我国企业最为常用的股利政策，因此如无特殊说明，后文中"股利支付"统一指企业的现金股利政策。

难以仅凭借某一类因素来制定股利政策；而可能会权衡多方面的因素来决定是否支付股利、股利支付的多寡。在我国，由于产权性质的不同，公司支付股利的平均水平可能存在差别，但现有研究未就此得到一致的结论。普遍认为，民营公司出于降低代理成本、向外界传递积极信号等原因，较为倾向支付股利，出于税收成本考虑、权益融资成本较高、外部融资约束高等原因，倾向于少付或不支付股利。而国有公司由于代理冲突、外部融资成本低等原因倾向于支付股利，由于内部人自利、过度投资等问题倾向于少付或者不支付股利。公司股利政策可能会受自身现金流的影响。Jagannathan et al.（2000）的研究发现现金股利的支付与公司永久经营性现金流的多寡有关。肖珉（2010）的研究则认为现金流富裕的公司支付股利有助于降低过度投资；股利代理成本理论也认为支付股利是为了降低自由现金流；因此当公司内部现金流多时，股利支付的比例应当也会随之增加，然而并没有证据表明公司内部现金流多的公司就倾向于支付股利。

对于国有公司而言，由于股权集中度高等原因，控股股东在股利政策的制定过程中起到十分关键的作用。考虑国有公司的政府背景，政府对经济的干预可能出于掠夺（Shleifer and Vishny，1998），或者支持（Stiglitz，1989）的目的；同时控股股东对其控制的公司也可能存在掏空（La Potra et al.，2000）或支持（Friedman et al.，2003）的动机。那么，控股股东可以设法操纵股利政策，提高股利支付的比例，对公司实行利益侵占，以最大化自身利益；或者，控股股东倾向于降低股利支付的比例，使公司有更多的现金富余以保证投资经营活动的顺利开展。当公司归属于国有集团时，集团存在内部资本市场，在集团总部的统一调配下，集团内部现金流可以在下属集团公司之间流动。这给控股股东，即集团总部提供了更加便利的操纵股利政策的机会。由于内部资本市场的存在，集团总部欲通过股利政策进行利益掠夺，可以从集团内所有下属公司进行，而不仅限于公司本身；相反，集团总部欲通过股利政策对下属公司进行支持，也能够较为自由地调整股利资金流向，而避免外部市场中资金流动产生的高成本。例如，当需要通过股利政策获利时，集团总部可以在其控制的所有下属公司中挑选当期支付股利能使总部获利程度①达到最大的公司进行股利政策的操纵和调整，然而该公司未必能达到股利支付的要求，或者该公司自身能够支付的股利水平不足以满足集团总部侵占的需求。集团总部能够通过内部资本市场，将其他公司现金流转移至该公司，并且提高该公司的股利支付比例，以此获得更多利益。相反，当集团总部倾向于支持下属公司时，其能够操纵具有富余现金流并能够进行股利支付的下属公司，降低下属公司股利支付的可能性及支付比例，将富余现金流通过集团内部资本市场转出，并支持其他现金流短缺的下属公司。

　　与前文体系一致的是，本章仍旧根据其归属的政府层级不同，将国有集团公司进一步划分为中央、集团下属公司。由于相关研究的缺乏，本章难以从现有文献中找到直接的证据证明某一类国有集团总部倾向于掠夺或者支持的证据。然而国有企业集团总部行为与民营企业集团的实际控制人并不完全一致。

---

① 总部获利程度可能会受到一系列因素的影响，例如税收、股权集中度、行业或环境因素等。

民营企业集团控制人行为多出于获取私利、增加自身财富的目的，国有集团总部在政府监管下，其行为受多方面因素的驱动。具体分析，中央集团公司规模庞大，其控制的上市公司可能仅是集团下属组织中的一部分，由于在资本市场公开上市，公开披露信息并对全体股东负责，因此中央集团下属的上市公司经营要体现一定的效益性。而中央集团下属的其他未在资本市场上市的公司、组织或部门的决策可能要承担更多的非效益因素，如基于政治目的的决策、社会责任、基础设施建设，甚至受国家的委托对外进行投资等。由此看来，中央集团总部需要从下属有效益的公司中获取利益支持集团其他部门、组织、战略的发展；而中央集团下属上市公司由于其中央政府背景，在投资、融资决策都具有优势，即使向控股股东即集团总部提供资金，也不会轻易造成经营困境，故而中央集团总部更加有可能承担"掠夺者"的角色。而地方集团公司归属于地方政府，其集团下属上市公司多为独立、完整的盈利个体，并且在很大程度上而言，地方性的上市公司承担了发展地方经济的作用，是地方经济的名片，甚至成为地方官员政绩的表现。然而即使地方性上市公司能够获得区域政府的政策支持，但公司规模、风险承担能力、政策支持力度都不如中央公司，再加之近年来我国地方性债务普遍面临还本付息的困难，地方性上市公司必然要在外部市场面临融资约束。因而为了使上市公司融资风险降低，投资顺利进行等原因，集团总部就会倾向于减少现金富余公司的股利支付，调集资金通过内部资本市场转移至需要的公司，从而扮演支持者的角色。据此提出假设：

假设1：中央集团总部倾向于通过内部资本市场转移资金并

通过调整下属公司股利政策以进行侵占，中央集团公司股利支付水平随集团内部资本市场现金流的增加而增加。

假设 2：地方集团总部倾向于调整下属公司股利政策并通过内部资本市场转移资金以进行支持，地方集团公司股利支付水平随集团内部资本市场现金流增加而降低。

三 研究设计

（一）核心变量定义

关于股利政策的衡量，现有关于股利政策的研究，主要包括股票股利政策以及现金股利政策，而现金股利政策与公司现金流的关系较为密切。王俊国、王跃堂（2014）使用现金分红比例衡量股利政策；张纯、吕伟（2009）使用是否发放股利的虚拟变量以及每股股利支付金额衡量股利政策；吕长江、张海平（2014）使用股利支付率衡量股利政策。Gopalan et al.（2014）则同时使用现金股利发放的总金额与账面总资产、息税折旧前利润、营业收入的比值来讨论股利政策与集团公司内部资本市场的作用机制。本章参考现有研究，使用是否发放股利的虚拟变量（D_DIV）判断公司当期是否决定发放股利；另外使用现金股利发放的总金额与期初账面总资产的比值来衡量股利发放的多寡（DIVTA）。

（二）模型设定

根据理论分析，本章建立方程（1）对国有公司、国有集团公司是否支付股利、股利支付比例是否存在显著差别进行初步检验。之后建立方程（2）对不同分组的国有集团公司是否发放股利、股利支付的多寡是否依赖公司内部现金流进行检验。进一步的，建立方程（3）对不同分组的国有集团公司是否发放股利、股利支付的多寡与集团内部资本市场的关系及相互作用机制进行检验。[①] 需要说明的是，由于被解释变量取值的特殊性，对于是否发放股利的虚拟变量（D_DIV）回归采用 Logit 模型，而对股利发放多寡（$DIVTA$）的回归采用 Tobit 模型。

$$
\begin{aligned}
D\_DIV_{it}\ (DIVTA_{it})\ =\ &\alpha + \beta_1 STATE_{it} + \beta_2 JITUAN_{it} + \\
&\beta_3 INV_{it} + \beta_4 SIZE_{it} + \beta_5 LEV_{it} + \\
&\beta_6 GROWTH_{it} + \beta_7 Tobin\_Q_{it} + \\
&\beta_8 ROA_{it} + \beta_9 EBITDA_{it} + \\
&\beta_{10} EXE\_HOLD_{it} + \beta_{11} CENTRAL_{it} + \\
&\beta_{12} BOARDSIZE_{it} + \beta_{13} MAR_{it} + \\
&\sum INDUSTRY + \sum YEAR + \varepsilon_{it}
\end{aligned}
\tag{1}
$$

$$
\begin{aligned}
D\_DIV_{it}\ (DIVTA_{it})\ =\ &\alpha + \beta_1 CF_{it} + \beta_2 INV_{it} + \beta_3 SIZE_{it} + \\
&\beta_4 LEV_{it} + \beta_5 GROWTH_{it} + \\
&\beta_6 Tobin\_Q_{it} + \beta_7 ROA_{it} + \beta_8 EBITDA_{it} + \\
&\beta_9 EXE\_HOLD_{it} + \beta_{10} CENTRAL_{it} + \\
&\beta_{11} BOARDSIZE_{it} + \beta_{12} MAR_{it} + \\
&\sum INDUSTRY + \sum YEAR + \varepsilon_{it}
\end{aligned}
\tag{2}
$$

---

① 由于前文提到，本书统一使用 Shin and Stulz（1998）中的其他企业现金流规模作为内部资本市场度量指标，该模型设定仍旧延续了第二章基础模型思路。由于本章节旨在研究股利政策与内部资本市场，因而被解释变量调整为现金股利政策的两个度量指标，并且解释变量中除了核心解释变量企业自身现金流及内部资本市场现金流之外，也相应地对控制变量进行了调整。

$$
\begin{aligned}
D\_DIV_{it}\,(DIVTA_{it}) &= \alpha + \beta_1 CF_{it} + \beta_2 OCF_{it} + \beta_3 INV_{it} + \\
&\quad \beta_4 SIZE_{it} + \beta_5 LEV_{it} + \beta_6 GROWTH_{it} + \\
&\quad \beta_7 Tobin\_Q_{it} + \beta_8 ROA_{it} + \beta_9 EBITDA_{it} + \\
&\quad \beta_{10} EXE\_HOLD_{it} + \beta_{11} CENTRAL_{it} + \\
&\quad \beta_{12} BOARDSIZE_{it} + \beta_{13} MAR_{it} + \\
&\quad \sum INDUSTRY + \sum YEAR + \varepsilon_{it}
\end{aligned}
\tag{3}
$$

回归方程中，被解释变量分别为股利支付虚拟变量（D_DIV），如果当期公司支付股利，则取值为 1；如果当期公司不支付股利，则取值为 0；股利发放比率（$DIVTA$），等于当期支付的现金股利总金额除以账面总资产以标准化。主要解释变量为产权性质虚拟变量（$STATE$），当产权性质为国有时，取值为 1，否则为 0；国有集团归属虚拟变量（$JITUAN$），当公司追溯的实际控制人能够归属于同一国有集团总部时，取值为 1，否则为 0；公司自身现金流水平（CF），等于当期经营性现金流量除以期初总资产；集团内部资本市场规模（OCF），等于除本公司外同一集团下属其他公司经营性现金流量总和除以期初总资产。参考股利政策的相关研究（张纯、吕伟，2009；吕长江、张海平，2014；Gopalan et al.，2014 等），本章使用公司规模（$SIZE$）、财务杠杆（LEV）、公司年龄（AGE）、销售增长水平（$GROWTH$）、投资机会即市面值比（$TOBIN\_Q$）、资产回报率（ROA）、息税折旧前利润（$EBITDA$）、管理层持股比例（EXE_HOLD）、第一大股东持股比例（$CENTRAL$）、董事会规模（$BOARDSIZE$）、市场化程度（MAR）作为控制变量，并同时控制行业（$INDUSTRY$）、年度（$YEAR$）的影响。回归中所涉及的变量定义归纳，见表 4 - 1。

表 4 – 1 变量定义

变量名称	定义以及说明
D_DIV	发放股利虚拟变量，如果当年发放现金股利，取值为 1，否则取值为 0
DIVTA	股利发放额，等于当期现金股利/期初总资产
CF	公司自身现金流水平，等于当期经营性现金流量/期初总资产
OCF	同一集团内其他公司自身现金流水平的总和/其他公司期初总资产
INV	投资支出，等于固定资产、长期投资和无形资产净值当期增量/期初总资产
STATE	产权性质虚拟变量，当公司为国有公司时，取值为 1，否则为 0
JITUAN	国有集团虚拟变量，当公司归属于某一国有集团时，取值为 1，否则为 0
SIZE	公司规模，等于公司资产总额，取自然对数
LEV	财务杠杆，等于公司资产负债率
GROWTH	销售增长水平，等于营业收入年增长率
TOBIN_Q	投资机会，等于市场价值（股权市值与净债务市值）与期末总资产之比
ROA	资产报酬率，等于净利润/总资产
EBITDA	经营收益，等于息税折旧前利润/期初总资产
CENTRAL	股权集中度，等于第一大股东的持股比例
EXE_HOLD	管理层持股，等于管理层持股数/总股本数
BOARDSIZE	董事会规模，等于董事会人数
MAR	市场化程度，来自于樊纲等《中国市场化指数报告》，2010
INDUSTRY	行业虚拟变量
YEAR	年度虚拟变量

四 样本选择与描述性统计分析

（一）样本选择和数据来源

本章针对区分产权后的所有上市公司、国有独立及集团型公司、国有集团下属公司样本与第二章一致①。归属于不同国有集团的上市公司样本合计 3972 个，中央集团公司样本 2328 个，

---

① 本章节集团公司样本的搜集、筛选方法及样本数与第二章一致，此处不再赘述。

地方集团公司样本 1644 个。本章采用 winsorize（1%）方法对相关变量的极端值进行处理。关于现金股利支付金额的数据来自 wind 数据库，其中当年没有发放现金股利的样本中现金股利支付金额等于零，其他数据均来自国泰安数据库。

（二）描述性统计

表 4 - 2 列出了文中变量的描述性统计结果。国有集团公司股利支付虚拟变量均值为 0.5951，方差为 0.4909；股利发放率为 0.0124，方差为 0.0254；可见附属于国有集团的上市公司在样本所涉及范围内有一半多的样本选择了当期支付现金股利，股利支付的平均水平较为相近。CF 均值为 0.0555，方差为 0.0989；OCF 均值为 2.4770，方差为 13.2774；可见内部资本市场中集团其他下属公司现金流总和远大于公司自身现金流，这使得国有集团公司有很大的空间可以通过内部资本市场转移现金流至合适的公司以发放股利；同时由于各集团控制公司的数量存在较大差异，内部资本市场规模的方差也较大。INV 均值为 0.0576，方差为 0.1356，可见国有集团公司投资水平不高。SIZE 均值为 22.1043，方差为 1.4761，表明附属于国有集团的上市公司普遍具有一定规模。LEV 均值为 0.5250，方差为 0.2002，表明样本普遍具有较高的资产负债率。GROWTH 均值为 0.2216，方差为 0.5658，表明附属于国有集团的上市公司保持了较高的销售增长率。TOBIN_Q 均值为 1.6729，方差为 1.0124，表明附属于国有集团的上市公司市值普遍远高于面值。ROA 均值为 0.0339，方差为 0.1770，表明附属于国有集团的上市公司资产回报率水平不高，且基本较为相近。EBITDA 均值为

0.0969，方差为0.0875，表明附属于国有集团的上市公司息税折旧前利润水平较高，且基本较为相近。*CENTRAL* 均值为0.4048，方差为0.1578，表明附属于国有集团的上市公司第一大股东持股比例维持在一个比较高的水平，与我国资本市场中上市公司现状相符。*EXE_HOLD* 均值为0.0036，方差为0.0230，表明管理层持股比例普遍较低。*BOARDSIZE* 均值为9.6710，方差为2.0681，表明附属于国有集团的上市公司董事会规模较为相近。*MAR* 均值为2.2691，方差为0.2142。

表4-2　主要变量的描述性统计结果

	MEAN	SD	MIN	P25	P50	P75	MAX
D_DIV	0.5951	0.4909	0.0000	0.0000	1.0000	1.0000	1.0000
DIVTA	0.0124	0.0254	0.0000	0.0000	0.0046	0.0161	0.9521
CF	0.0555	0.0989	-0.3098	0.0050	0.0502	0.1040	0.3931
OCF	2.4770	13.2774	-2.4516	0.0095	0.1161	0.6077	111.5193
INV	0.0576	0.1356	-0.2846	-0.0054	0.0242	0.0847	0.7618
SIZE	22.1043	1.4761	14.9375	21.1540	21.9110	22.8798	28.9332
LEV	0.5250	0.2002	0.0488	0.3861	0.5429	0.6722	1.0000
TOBIN_Q	1.6729	1.0124	0.1139	1.1073	1.3423	1.8895	16.4039
GROWTH	0.2216	0.5658	-0.8130	0.0019	0.1333	0.2977	4.5932
ROA	0.0305	0.0615	-0.3847	0.0095	0.0298	0.0560	0.2100
EBITDA	0.0969	0.0875	-0.2256	0.0544	0.0843	0.1289	0.5241
CENTRAL	0.4048	0.1578	0.0362	0.2805	0.4038	0.5174	0.9200
EXE_HOLD	0.0036	0.0230	0.0000	0.0000	0.0000	0.0001	0.3468
BOARDSIZE	9.6710	2.0681	4.0000	9.0000	9.0000	11.0000	19.0000
MAR	2.2691	0.2142	1.2060	2.2311	2.3302	2.3961	2.5526

（三）相关性分析

附表3列示了主要变量的相关系数矩阵。国有集团公司自身现金流水平（*CF*）与股利支付虚拟变量（*D_DIV*）、股利支付比率（*DIVTA*）都显著正相关，说明国有集团公司自身现金流越多，国有集团公司越倾向于支付股利和提高股利支付比率。集团内部资本市场现金流水平（*OCF*）与国有集团公司股利支付虚拟变量不显著相关，但与股利支付比率显著正相关，初步说明集团内部资本市场现金流水平不决定国有集团公司是否发放股利，但能够显著提高股利支付比率，符合本章的初步假定，即国有集团附属公司的存在通过内部资本市场套取集团其他公司现金流以发放现金股利的情况。除此之外，投资支出（*INV*）、公司规模（*SIZE*）、增长机会（*TOBIN_Q*）、资产回报率（*ROA*）、息税折旧前利润（*EBITDA*）、第一大股东持股比例（*CENTRAL*）、管理层持股比例（*EXE_HOLD*）、董事会规模（*BOARDSIZE*）、市场化水平（*MAR*）与国有集团公司股利支付虚拟变量显著正相关；资产负债率（*LEV*）与国有集团公司股利支付虚拟变量显著负相关；销售增长（*GROWTH*）与国有集团公司股利支付虚拟变量不显著相关。同时，投资支出、公司规模、销售增长、增长机会、资产回报率、息税折旧前利润、第一大股东持股比例、管理层持股比例、董事会规模、市场化水平与国有集团公司股利支付比率显著正相关；资产负债率与国有集团公司股利支付比率显著负相关。主要变量的相关系数结果与本章理论预期基本一致，并且显著水平普遍较高，可见回归模型中控制这些变量有利于实证结果的可靠性。此外，控制变量之间的相关系数都小于 0.5，初步说明它们对多元回归分析产生严重多重共线性的可能性小。而国有集团公司具体如何通过内部资本市场套取集团其他公司现金流以在合适的公司支付现金股利，且在不同制度机制的前提下是否存在差异性，还有待后文多元回归的进一步检验。

五　实证分析

在理论分析的基础上，本章首先考察国有产权以及集团归属是否会造成公司股利政策（包括是否支付股利，*D_DIV*；股利支付率，*DIVTA*）的差异；同时检验不同层级政府控制下国有集团公司自身现金流与股利政策的关系。进一步的，本章引入集团下属其他公司现金流水平作为内部资本市场资金规模的代理变量，考察国有集团公司股利政策与集团内部资本市场之间的关系；最后，同样从公司、市场环境、宏观经济社会环境三个层面的正式、非正式制度两个维度进行分组检验。

（一）股利政策与内部资本市场：基于国有产权和集团归属的初步检验

1. 股利政策、国有产权与集团归属

表 4 – 3 分别对国有产权、集团归属是否影响国有公司股利政策进行检验。Model（1）中，*STATE* 回归系数在 5% 显著水平上为 0.1083，而 Model（3）中 *STATE* 回归系数不显著，这表明国有产权使得公司更加倾向于支付股利，但并没有增加股利支付的规模。Model（2）、Model（4）中，*JI-TUAN* 回归系数都不显著，说明是否归属于集团并不影响国有公司的股利政策。

表 4 – 3　股利政策、国有产权与集团归属

	（1）全样本 D_DIV	（2）国有公司 D_DIV	（3）全样本 DIVTA	（4）国有公司 DIVTA
CONSTANT	- 16.6697 *** (- 26.78)	- 14.6484 *** (- 18.36)	- 0.1676 *** (- 21.74)	- 0.1280 *** (- 13.65)
STATE	0.1083 ** (2.12)		0.0002 (0.31)	
JITUAN		- 0.0515 (- 0.86)		- 0.0009 (- 1.20)
INV	1.5105 *** (8.08)	1.8022 *** (7.11)	0.0204 *** (7.92)	0.0243 *** (7.78)
SIZE	0.6872 *** (24.93)	0.6666 *** (18.69)	0.0062 *** (19.02)	0.0050 *** (12.86)
LEV	- 2.5653 *** (- 18.16)	- 2.4210 *** (- 12.55)	- 0.0492 *** (- 25.11)	- 0.0370 *** (- 14.83)
TOBIN_Q	- 0.2917 *** (- 9.58)	- 0.2999 *** (- 6.34)	- 0.0032 *** (- 8.11)	- 0.0019 *** (- 3.51)
GROWTH	- 0.1191 *** (- 2.88)	- 0.0436 (- 0.71)	- 0.0000 (- 0.01)	0.0024 *** (3.16)
ROA	35.4464 *** (31.94)	38.3516 *** (24.05)	0.3035 *** (22.44)	0.3595 *** (20.14)
EBITDA	- 6.2515 *** (- 10.79)	- 6.0180 *** (- 7.23)	0.0923 *** (12.39)	0.0598 *** (5.98)
CENTRAL	1.0218 *** (6.77)	1.0410 *** (5.26)	0.0181 *** (8.90)	0.0161 *** (6.55)
EXE_HOLD	1.9086 *** (10.54)	12.6188 *** (5.09)	0.0193 *** (9.26)	0.0991 *** (5.38)
BOARDSIZE	0.0679 *** (5.47)	0.0393 ** (2.53)	0.0010 *** (6.04)	0.0006 *** (3.31)
MAR	0.8320 *** (6.71)	0.3207 ** (2.00)	0.0090 *** (4.83)	0.0027 (1.23)
INDUSTRY	YES	YES	YES	YES
YEAR	YES	YES	YES	YES
N	14961	8329	14961	8330
LR chi2	6559.26	3647.87	7260.38	4375.61

注：（1）被解释变量为 D_DIV 的回归括号中报告值是 Z 统计量；被解释变量为 DIVTA 的回归括号中报告值是 T 统计量；（2）"*""**""***"分别表示10%、5%和1%显著性水平。

2. 股利政策、集团归属与国企现金流量

表 4 – 4 根据政府层级将国有集团公司划分为中央、地方集

团公司，以检验公司内部现金流与股利政策的关系。Model（1）、Model（2）、Model（3）中 CF 回归系数都不显著，表明集团公司是否支付股利与公司内部现金流多寡无关。Model（4）、Model（5）回归结果都在1%的水平上显著为正，可见中央集团股利支付的比例随公司内部现金流的增加而增加；但 Model（6）中对地方集团的回归结果不显著，说明地方集团股利支付的多寡与公司内部现金流多少并不相关。

表4－4　股利政策、集团归属与国企现金流量

	(1)集团公司 D_DIV	(2)中央集团 D_DIV	(3)地方集团 D_DIV	(4)集团公司 DIVTA	(5)中央集团 DIVTA	(6)地方集团 DIVTA
CONSTANT	− 13.8014 *** (− 11.43)	− 11.8915 *** (− 7.41)	− 19.0399 *** (− 8.10)	− 0.1116 *** (− 8.45)	− 0.0951 *** (− 8.38)	− 0.1765 *** (− 5.30)
CF	0.4630 (0.87)	0.1309 (0.18)	0.6820 (0.77)	0.0231 *** (3.47)	0.0217 *** (3.84)	0.0127 (0.85)
INV	2.1887 *** (5.32)	2.5042 *** (4.59)	1.6318 ** (2.38)	0.0298 *** (6.00)	0.0186 *** (4.49)	0.0412 *** (3.69)
SIZE	0.6688 *** (12.57)	0.6073 *** (8.85)	0.8530 *** (8.85)	0.0046 *** (8.34)	0.0041 *** (8.83)	0.0073 *** (5.35)
LEV	− 2.6545 *** (− 8.82)	− 2.3310 *** (− 5.67)	− 3.1377 *** (− 5.95)	− 0.0430 *** (− 11.38)	− 0.0337 *** (− 10.24)	− 0.0531 *** (− 6.30)
TOBIN_Q	− 0.2607 *** (− 3.68)	− 0.2315 *** (− 2.65)	− 0.4291 *** (− 3.10)	− 0.0011 (− 1.42)	0.0008 (1.23)	− 0.0046 ** (− 2.50)
GROWTH	0.0657 (0.62)	0.1517 (1.00)	− 0.0453 (− 0.28)	0.0048 *** (3.83)	0.0022 * (1.88)	0.0078 *** (3.16)
ROA	39.2540 *** (16.07)	42.4406 *** (12.98)	36.2878 *** (8.93)	0.3300 *** (12.38)	0.2403 *** (10.51)	0.4058 *** (6.90)
EBITDA	− 7.5791 *** (− 5.59)	− 9.2152 *** (− 4.99)	− 6.3934 *** (− 2.78)	0.0300 * (1.90)	0.0360 *** (2.62)	0.0472 (1.38)
CENTRAL	0.3562 (1.14)	0.8832 ** (2.01)	− 0.9496 * (− 1.88)	0.0083 ** (2.16)	0.0079 ** (2.27)	− 0.0065 (− 0.81)
EXE_HOLD	18.9317 *** (3.50)	11.5763 ** (2.06)	38.3668 *** (3.36)	0.0687 *** (2.65)	0.0779 *** (3.54)	0.0769 (1.35)
BOARDSIZE	0.0221 (0.93)	0.0674 ** (2.07)	− 0.0304 (− 0.76)	0.0005 * (1.66)	0.0006 ** (2.36)	− 0.0001 (− 0.08)
MAR	0.0025 (0.01)	− 0.6433 * (− 1.73)	1.2055 ** (2.51)	0.0037 (1.01)	0.0018 (0.59)	0.0110 (1.33)
INDUSTRY	YES	YES	YES	YES	YES	YES

续表

	(1)集团公司 D_DIV	(2)中央集团 D_DIV	(3)地方集团 D_DIV	(4)集团公司 DIVTA	(5)中央集团 DIVTA	(6)地方集团 DIVTA
YEAR	YES	YES	YES	YES	YES	YES
N	3408	2005	1400	3408	2007	1401
LR chi2	1517.94	905.82	698.40	1710.22	1327.22	682.64

注：（1）被解释变量为 *D_DIV* 的回归括号中报告值是 T 统计量；被解释变量为 *DIVTA* 的回归括号中报告值是 T 统计量；（2）"*""**""***"分别表示10%、5%和1%显著性水平。

3. 股利政策与国有集团内部资本市场：基础检验

在考虑公司自身现金流的基础上，表4-5加入集团内部资本市场（*OCF*）变量，检验内部资本市场与国有集团公司股利政策的关系。Model（1）、Model（2）中，*OCF* 回归系数在5%的显著性水平上为正；Model（4）、Model（5）中，*OCF* 回归系数在1%显著性水平上为正，这表明中央集团总部通过内部资本市场从集团其他公司套取现金流转移至某公司并进行股利发放，集团其他公司的现金流越多，内部资本市场资金规模，中央集团公司支付股利比例越高。Model（3）、Model（6）中 *OCF* 回归系数分别在5%、1%的显著性水平上为负，可见地方集团公司总体上不存在集团总部通过内部资本市场套取现金作为股利收益的现象，相反集团总部更倾向于减少股利支付，通过内部资本市场支持集团内部其他公司。

表4-5 股利政策与国有集团内部资本市场：基础检验

	(1)集团公司 D_DIV	(2)中央集团 D_DIV	(3)地方集团 D_DIV	(4)集团公司 DIVTA	(5)中央集团 DIVTA	(6)地方集团 DIVTA
CONSTANT	-14.0256*** (-11.57)	-12.2531*** (-7.61)	-18.6407*** (-7.89)	-0.1159*** (-8.76)	-0.1004*** (-8.89)	-0.1660*** (-4.97)
CF	0.4475 (0.84)	0.0860 (0.12)	0.6994 (0.80)	0.0227*** (3.41)	0.0206*** (3.69)	0.0123 (0.82)
OCF	0.0073** (2.19)	0.0084** (2.35)	-0.1272** (-2.08)	0.0002*** (3.80)	0.0002*** (5.47)	-0.0028*** (-2.68)

续表

	(1)集团公司 D_DIV	(2)中央集团 D_DIV	(3)地方集团 D_DIV	(4)集团公司 DIVTA	(5)中央集团 DIVTA	(6)地方集团 DIVTA
INV	2.2189*** (5.38)	2.5580*** (4.68)	1.6188** (2.35)	0.0303*** (6.11)	0.0194*** (4.73)	0.0405*** (3.63)
SIZE	0.6766*** (12.68)	0.6206*** (9.01)	0.8207*** (8.42)	0.0048*** (8.59)	0.0043*** (9.33)	0.0065*** (4.77)
LEV	-2.5790*** (-8.50)	-2.2175*** (-5.35)	-3.2342*** (-6.11)	-0.0410*** (-10.79)	-0.0309*** (-9.39)	-0.0544*** (-6.45)
TOBIN_Q	-0.2749*** (-3.86)	-0.2498*** (-2.84)	-0.4139*** (-2.94)	-0.0013* (-1.70)	0.0005 (0.83)	-0.0042** (-2.33)
GROWTH	0.0663 (0.63)	0.1554 (1.02)	-0.0430 (-0.27)	0.0048*** (3.83)	0.0022* (1.91)	0.0079*** (3.18)
ROA	39.5633*** (16.12)	42.8264*** (13.03)	35.1873*** (8.58)	0.3359*** (12.58)	0.2471*** (10.85)	0.3824*** (6.46)
EBITDA	-7.7201*** (-5.67)	-9.4181*** (-5.08)	-5.7284** (-2.48)	0.0273* (1.73)	0.0322** (2.36)	0.0614* (1.77)
CENTRAL	0.3220 (1.03)	0.8421* (1.91)	-0.8757* (-1.73)	0.0076** (1.98)	0.0070** (2.03)	-0.0051 (-0.64)
EXE_HOLD	19.1829*** (3.53)	11.8778** (2.10)	37.4367*** (3.33)	0.0710*** (2.75)	0.0800*** (3.67)	0.0664 (1.17)
BOARDSIZE	0.0239 (1.00)	0.0723** (2.21)	-0.0256 (-0.64)	0.0005* (1.75)	0.0006** (2.55)	0.0000 (0.04)
MAR	0.0033 (0.01)	-0.6585* (-1.77)	1.3092*** (2.71)	0.0038 (1.03)	0.0014 (0.47)	0.0127 (1.54)
INDUSTRY	YES	YES	YES	YES	YES	YES
YEAR	YES	YES	YES	YES	YES	YES
N	3408	2005	1400	3408	2007	1401
LR chi2	1522.85	911.45	703.07	1724.44	1356.46	690.36

注：（1）被解释变量为 D_DIV 的回归括号中报告值是 Z 统计量；被解释变量为 DIVTA 的回归括号中报告值是 T 统计量；（2）"*""**""***"分别表示 10%、5% 和 1% 显著性水平。

　　以上回归结果可以总结为以下几点：（1）国有产权使得公司更倾向于支付股利，但没有影响股利支付的水平；集团归属不影响国有公司支付股利的决策及股利支付的多少。（2）对于中央集团公司来说，是否支付股利与公司内部现金流的多寡无关；但股利支付的规模与公司内部现金流的多寡正相关。

（3）内部资本市场显著影响了国有集团公司的股利支付政策。总体而言，中央集团公司存在集团总部通过内部资本市场转移现金流至适合支付股利的公司，以套取股利收益。而地方集团总部则更倾向于减少适合支付股利的集团下属公司股利支付水平，并通过内部资本市场支持集团内其他公司。地方集团总部减少集团下属公司股利支付比例转而通过集团内部资本市场支持其他公司的程度，要大于中央集团通过集团内部资本市场套取现金流并提高股利支付比例的程度。

（二）股利政策与国有集团内部资本市场：基于正式制度的检验

宏观和微观不同层面的正式制度的差异可能会影响国有集团内部资本市场对公司股利政策的作用机制和效果。在前文结论基础之上，本章从公司、市场环境、宏观经济社会环境几个层面的不同因素对样本进行分组检验。

1. 股利政策与国有集团内部资本市场：基于控制方式的视角

表 4-6 是根据控制权与现金流权是否分离将中央集团和地方集团进一步分为直接控制和间接控制组以展开分组检验。针对中央集团公司的回归显示，仅有 Model（1）、Model（5）中 OCF 回归系数显著为正，表明仅有中央集团总部直接控制的公司存在通过集团内部资本市场套取现金以支付股利的情况；而间接控制的中央集团公司则不存在此现象。针对地方集团的回归中，Model（3）、Model（7）、Model（8）的 OCF 回归系数显著为负，Model（4）OCF 回归系数不显著，表明地方集团总部更倾向于减少并通过内部资本市场转出直接控制公司的股利以

支持集团其他公司。

2. 股利政策与国有集团内部资本市场：基于股权分散的视角

表4-7是根据股权分散程度对中央集团和地方集团公司进一步分组回归的结果。Model（1）、Model（2）、Model（5）、Model（6）回归结果显示，对中央集团而言，更倾向于通过集团内部资本市场在下属其他公司套取现金流并转移至股权集中的下属公司支付股利；但无论股权分散还是集中，通过集团内部资本市场套取现金流并提高股利支付比例的现象都存在，且提高比例较为一致。地方集团则相反，集团总部更加倾向于减少股权集中的下属公司股利支付的可能性及股利支付的比例，通过内部资本市场转出以支持集团其他公司，而股权分散的下属公司则不明显存在此类现象。

3. 股利政策与国有集团内部资本市场：基于高管权力的视角

表4-8是根据高管权力对中央、地方集团公司进一步分组检验的回归结果。针对中央集团的回归结果，Model（2）、Model（5）、Model（6）中 OCF 回归系数显著为正，表明中央集团总部更倾向于通过集团内部资本市场转移现金流至高管权力较低的下属公司支付股利；高管权力低时，中央集团下属公司获得集团内部资金支持并用于股利支付的比例更大。针对地方集团的回归中，Model（4）、Model（7）、Model（8）回归结果显著为负，显示出地方集团总部更倾向于降低高管权力较低的下属公司支付股利的可能性，并且将高管权力较低的下属公司股利支付比例减少并通过集团内部资本市场转出，以支持集团其他公司的程度更大。

4. 股利政策与国有集团内部资本市场：基于外部融资依赖度的视角

表4-9是根据外部融资依赖度对中央、地方集团公司的进

一步分组检验。回归显示，Model（1）、Model（5）、Model（6）中 OCF 系数显著为正，而 Model（2）则不显著，表明中央集团总部更倾向于通过集团内部资本市场转移资金至外部融资依赖度高进行股利支付，并且使用集团内部资本市场资金支付的股利比例大于外部融资依赖度低的公司。地方集团的回归结果中，Model（4）、Model（8）OCF 系数显著为负，而 Model（3）、Model（7）不显著，表明地方集团总部倾向于不发或者少发外部融资依赖度低的下属公司股利，并通过集团内部资本市场转出用于支付股利的现金以支持集团其他公司。

5. 股利政策与国有集团内部资本市场：基于市场化水平的视角

表 4 – 10 是根据市场化发展水平对中央、地方集团公司进一步分组检验的回归结果。关于中央集团公司的回归中，Model（2）、Model（5）、Model（6）OCF 回归系数显著为正，Model（1）不显著，说明低市场化地区的中央集团下属公司更加容易获得集团内部资本市场的支持用于支付股利，并且股利支付的比例随集团内部资本市场资金规模增加而增加的程度比市场化发展水平高的地区大。关于地方集团公司的回归结果，Model（3）、Model（7）OCF 系数显著为负，而 Model（4）、Model（8）不显著，可见市场化发展水平高的地方集团下属公司用于支付股利的现金流更容易被减少并通过集团内部资本市场转出，以支持集团其他公司，股利支付的可能性及股利支付比例都被降低。

6. 股利政策与国有集团内部资本市场：基于宏观经济不确定性的视角

表 4 – 11 是根据宏观经济不确定性的高低，对中央、地方集团公司进一步进行分组检验的结果。对于中央集团公司的回

归，Model（2）、Model（5）、Model（6）*OCF* 回归系数显著为正，Model（1）不显著，表明中央集团总部更加倾向于在宏观经济不确定性低的时期通过集团内部资本市场转移现金流至下属公司支付股利，然而在宏观经济不确定性高的时期，通过内部资本市场转移并支付股利的水平较高。Model（3）、Model（7）*OCF* 回归系数不显著，而 Model（4）、Model（8）回归系数显著为负，则表明在宏观经济不确定性低的时期，地方集团下属公司股利支付可能性及支付比例都可能被降低，并且通过集团内部资本市场转出以支持其他公司。

关于各层面正式制度的回归结果可以得出以下结论：（1）两权不分离时，中央集团下属公司支付股利的政策显著受到集团内部资本市场的支持，股利支付比例随集团内部资本市场资金规模的增加而增加；地方集团下属公司股利支付的概率及比例随集团内部资本市场的增加而减少，发放股利的资金由内部资本市场转出而支持集团其他公司。（2）股权集中时，中央集团下属公司支付股利的政策显著受到集团内部资本市场的支持，股利支付比例随集团内部资本市场资金规模的增加而增加；地方集团下属公司股利支付的概率及比例随集团内部资本市场的增加而减少，发放股利的资金由内部资本市场转出而支持集团其他公司。（3）高管权力低时，中央集团下属公司支付股利的政策显著受到集团内部资本市场的支持，股利支付比例随集团内部资本市场资金规模的增加而增加；地方集团下属公司股利支付的概率及比例随集团内部资本市场的增加而减少，发放股利的资金由内部资本市场转出而支持集团其他公司。（4）外部融资依赖程度高时，中央集团下属公司支付股利的政策显著受到集团内部资本市场的支持，股利支付比例随集团内部资本市场资金规模的增加而增加；外部融资依赖度低时，地方集团下属公司股利支付的概率及比例随集团内部资本市场的增加而减少，发放股利的资金由内部资本市场转出而支持集团其他公司。（5）市场化发展水平低时，中央集团下属公司支付股利的政策显著受到集团内部资本市场的支持，股利支付比例随集团内部资本市场资金规模的增加而增加；市场化水平高时，地方集团下属公司股利支付的概率及比例随集团内部资本市场的增加而减少，发放股利的资金由内部资本市场转出而支持集团其他公司。（6）宏观经济不确定性低时，中央集团下属公司支付股利的政策显著受到集团内部资本市场的支持，宏观经济不确定性高时，股利支付比例随中央集团内部资本市场资金规模的增加而增加的程度较大；宏观经济不确定性低时，地方集团下属公司股利支付的概率及比例随集团内部资本市场的增加而减少，发放股利的资金由内部资本市场转出而支持集团其他公司。

（三）股利政策与国有集团内部资本市场：基于非正式制度的检验

1. 股利政策与国有集团内部资本市场：基于董事关联的视角

表 4 - 12 是根据董事长是否有在集团总部的曾任职或现任职经历，对中央、地方集团分组检验的回归结果。Model（2）、Model（5）、Model（6）中 OCF 回归系数显著为正，而 Model（1）回归系数不显著，表明不存在董事长关联的中央集团下属公司更可能获得集团内部资金的支持用以支付股利，但存在董事长关联的公司获得集团内部资金支持以增加股利支付比例的

程度相对较大。Model（4）、Model（8）回归系数显著为负，而 Model（3）、Model（7）回归系数不显著，表明不存在董事长关联的地方集团公司股利支付的概率及比例较容易被减少，并通过集团内部资本市场转出，以支持集团其他公司。

表 4 - 13 进一步根据董事会成员是否在集团总部有现兼任或曾任职经历对中央、地方集团进行分组检验。Model（1）、Model（2）、Model（5）中 OCF 回归系数不显著，Model（6）中回归系数显著为正，表明董事关联对于中央集团公司是否能够获得集团内部资本市场现金流用于支付股利不存在显著影响；但无董事关联的中央集团公司能够获得集团内部资本市场现金流用于增加股利支付的比例。Model（4）、Model（8）回归系数显著为负，而 Model（3）、Model（7）回归系数不显著，表明不存在董事关联的地方集团公司股利支付的概率及比例较容易被减少，并通过集团内部资本市场转出，以支持集团其他公司。

2. 股利政策与国有集团内部资本市场：基于经理层关联的视角

表 4 - 14 是根据总经理是否有在集团总部的曾任职或现任职经历，对中央、地方集团分组检验的回归结果。Model（2）、Model（6）中 OCF 回归系数显著为正，而 Model（1）、Model（5）回归系数不显著，表明不存在总经理关联的中央集团下属公司更可能获得集团内部资金的支持用以支付股利，并且股利支付比例随集团内部资本市场资金规模的增加而增加。Model（4）、Model（8）回归系数显著为负，而 Model（3）、Model（7）回归系数不显著，表明不存在总经理关联的地方集团公司股利支付的概率及比例较容易被减少，并通过集团内部资本市场转出，以支持集团其他公司。

表 4 – 15 是根据经理层成员是否有在集团总部的曾任职或现任职经历，对中央、地方集团分组检验的回归结果。Model（2）、Model（6）中 *OCF* 回归系数显著为正，而 Model（1）、Model（5）回归系数不显著，表明不存在经理关联的中央集团下属公司更可能获得集团内部资金的支持用以支付股利，并且股利支付比例随集团内部资本市场资金规模的增加而增加。Model（4）、Model（8）回归系数显著为负，而 Model（3）、Model（7）回归系数不显著，表明不存在经理关联的地方集团公司股利支付的概率及比例较容易被减少，并通过集团内部资本市场转出，以支持集团其他公司。

3. 股利政策与国有集团内部资本市场：基于监事关联的视角

表 4 – 16 进一步根据监事会成员是否在集团总部有现兼任或曾任职经历对中央、地方集团进行分组检验。Model（1）、Model（5）、Model（6）中 *OCF* 回归系数显著为正，Model（2）中回归系数不显著，表明有监事关联时中央集团公司有更大可能性获得集团内部资本市场现金流用于支付股利；但无监事关联的中央集团公司获得集团内部资本市场现金流以增加股利支付的比例更大。Model（4）、Model（7）、Model（8）回归系数显著为负，而 Model（3）回归系数不显著，表明不存在监事关联的地方集团公司股利支付的概率及比例较容易被减少，并通过集团内部资本市场转出，以支持集团其他公司。

4. 国有集团内部资本市场与股利政策：基于银企关联的视角

表 4 – 17 进一步根据国有集团下属公司高管是否在银行金融机构有现兼任或曾任职经历对中央、地方集团进行分组检验。Model（2）、Model（6）中 *OCF* 回归系数显著为正，Model（1）、

表4-6 股利政策、控制方式与集团内部资本市场

	(1) 中央-直接 D_DIV	(2) 中央-间接 D_DIV	(3) 地方-直接 D_DIV	(4) 地方-间接 D_DIV	(5) 中央-直接 $DIVTA$	(6) 中央-间接 $DIVTA$	(7) 地方-直接 $DIVTA$	(8) 地方-间接 $DIVTA$
CONSTANT	-12.678*** (-5.85)	-12.646*** (-4.89)	-15.831*** (-5.07)	-21.415*** (-4.95)	-0.0594*** (-3.87)	-0.1352*** (-7.53)	-0.1711*** (-3.43)	-0.0904*** (-2.70)
CFA	-0.8980 (-0.85)	0.8497 (0.79)	-0.7424 (-0.58)	2.9673** (2.05)	0.0217*** (2.89)	0.0182** (2.30)	-0.0009 (-0.04)	0.0074 (0.56)
CFNOTA	0.0142*** (2.94)	-0.0049 (-0.74)	-0.6006*** (-3.62)	-0.0405 (-0.56)	0.0002*** (6.14)	0.00004 (0.72)	-0.0085*** (-2.66)	-0.0012* (-1.75)
INV	1.8534** (2.55)	3.3275*** (3.83)	1.3797 (1.51)	1.8355 (1.46)	0.0198*** (3.79)	0.0172*** (2.80)	0.0403** (2.42)	0.0284*** (2.74)
SIZE	0.5727*** (5.95)	0.6889*** (6.22)	0.7874*** (6.06)	0.7850*** (4.51)	0.0028*** (4.46)	0.0057*** (7.62)	0.0069*** (3.30)	0.0031** (2.30)
LEV	-2.4829*** (-4.10)	-2.4442*** (-3.93)	-2.7617*** (-3.70)	-4.3074*** (-4.72)	-0.0313*** (-6.83)	-0.0319*** (-6.80)	-0.0582*** (-4.41)	-0.0378*** (-4.81)
TOBIN_Q	-0.3772*** (-2.73)	-0.1804 (-1.47)	-0.4240** (-2.15)	-0.4866** (-1.97)	-0.0032*** (-3.22)	0.0032*** (3.79)	-0.0035 (-1.27)	-0.0029* (-1.68)
GROWTH	0.3190 (1.30)	-0.0349 (-0.17)	0.1812 (0.68)	-0.1028 (-0.41)	0.0046*** (2.96)	-0.0005 (-0.32)	0.0174*** (4.23)	0.0001 (0.03)
ROA	43.9096*** (9.30)	43.0292*** (8.70)	40.4005*** (7.09)	35.9483*** (5.12)	0.2101*** (6.81)	0.2562*** (7.79)	0.4271*** (4.86)	0.3438*** (6.00)
EBITDA	-7.3522*** (-2.65)	-9.9741*** (-3.83)	-6.7762** (-2.11)	-7.8993* (-1.96)	0.0736*** (3.92)	0.0111 (0.58)	0.0615 (1.18)	0.0089 (0.27)
CENTRAL	1.4000** (2.03)	1.0721* (1.66)	-1.1299 (-1.55)	0.3780 (0.40)	0.0051 (0.99)	0.0098** (2.06)	-0.0051 (-0.40)	-0.0001 (-0.01)
EXE_HOLD	34.2544 (1.52)	7.5758 (1.17)	468.4638** (2.44)	41.4831*** (3.66)	0.0743*** (2.46)	0.0588* (1.77)	0.0427 (0.55)	0.1225* (1.79)

续表

	(1) 中央-直接 D_DIV	(2) 中央-间接 D_DIV	(3) 地方-直接 D_DIV	(4) 地方-间接 D_DIV	(5) 中央-直接 DIVTA	(6) 中央-间接 DIVTA	(7) 地方-直接 DIVTA	(8) 地方-间接 DIVTA
BOARDSIZE	0.0387 (0.83)	0.0901* (1.78)	-0.0054 (-0.09)	-0.0672 (-1.06)	0.0008** (2.38)	0.0003 (0.96)	0.0012 (1.14)	-0.0011** (-1.97)
MAR	-0.0352 (-0.06)	-1.0098* (-1.89)	0.2300 (0.33)	2.8928*** (3.34)	-0.0001 (-0.01)	0.0024 (0.58)	0.0072 (0.54)	0.0156** (2.06)
INDUSTRY	YES	YES	YES	YES	YES	YES	YES	YES
YEAR	YES	YES	YES	YES	YES	YES	YES	YES
N	1034	969	783	555	1035	972	829	572
LR chi2	529.23	446.97	407.50	293.33	826.57	644.00	421.28	400.26

注：（1）被解释变量为 D_DIV 的回归括号中报告值是 Z 统计量；被解释变量为 DIVTA 的回归括号中报告值是 T 统计量；（2）"*""**""***"分别表示10%，5%和1%显著性水平。

表 4-7　股利政策、股权分散与集团内部资本市场

	(1) 中央-分散 D_DIV	(2) 中央-集中 D_DIV	(3) 地方-分散 D_DIV	(4) 地方-集中 D_DIV	(5) 中央-分散 DIVTA	(6) 中央-集中 DIVTA	(7) 地方-分散 DIVTA	(8) 地方-集中 DIVTA
CONSTANT	-23.499*** (-4.91)	-12.021*** (-6.58)	-15.839** (-2.22)	-19.369*** (-7.44)	-0.146*** (-5.16)	-0.093*** (-8.03)	-0.0286 (-0.91)	-0.1812*** (-4.31)
CFA	-1.8613 (-0.93)	-0.0089 (-0.01)	-0.8609 (-0.31)	0.8060 (0.79)	-0.0091 (-0.60)	0.0229*** (3.87)	0.0146 (1.08)	0.0122 (0.67)
CFNOTA	0.0061 (0.79)	0.0088** (2.02)	0.0923 (0.61)	-0.2137*** (-2.63)	0.0002*** (2.87)	0.0002*** (4.68)	-0.0005 (-0.62)	-0.0028* (-1.95)
INV	1.8610 (1.46)	2.6042*** (4.09)	-1.2167 (-0.54)	2.3503*** (2.88)	0.0139 (1.47)	0.0217*** (4.80)	0.0138 (1.21)	0.0480*** (3.61)
SIZE	1.0861*** (5.16)	0.6375*** (7.94)	0.7394** (2.09)	0.9125*** (8.21)	0.0058*** (4.68)	0.0045*** (8.95)	-0.0007 (-0.47)	0.0080*** (4.81)

续表

	(1) 中央-分散 D_DIV	(2) 中央-集中 D_DIV	(3) 地方-分散 D_DIV	(4) 地方-集中 D_DIV	(5) 中央-分散 DIVTA	(6) 中央-集中 DIVTA	(7) 地方-分散 DIVTA	(8) 地方-集中 DIVTA
LEV	-0.3053 (-0.27)	-2.4754*** (-5.24)	-2.2308 (-1.23)	-3.9540*** (-6.44)	-0.0126 (-1.39)	-0.033*** (-9.28)	-0.0186** (-2.37)	-0.0630*** (-6.15)
TOBIN_Q	-0.0189 (-0.10)	-0.2961*** (-2.82)	-0.4040 (-1.06)	-0.4582*** (-2.93)	0.0009 (0.67)	0.0006 (0.82)	-0.0028 (-1.63)	-0.0031 (-1.38)
GROWTH	0.0308 (0.08)	0.1839 (1.03)	-0.5821 (-0.91)	0.0784 (0.40)	0.0008 (0.28)	0.0024* (1.94)	-0.0050 (-1.56)	0.0109*** (3.59)
ROA	42.8717*** (5.08)	42.7009*** (11.29)	52.5377*** (3.60)	34.4897*** (7.62)	0.3604*** (5.91)	0.2333*** (9.41)	0.2857*** (4.42)	0.3963*** (5.69)
EBITDA	-7.1738 (-1.63)	-9.1362*** (-4.19)	-10.5367 (-1.17)	-7.1482*** (-2.72)	-0.0377 (-1.09)	0.0419*** (2.82)	0.0129 (0.32)	0.0521 (1.27)
CENTRAL	-4.9074* (-1.80)	1.0375* (1.87)	5.5498 (1.44)	-1.4285** (-2.27)	-0.0209 (-1.09)	0.0089** (2.13)	-0.0263* (-1.72)	-0.0135 (-1.24)
EXE_HOLD	129.1144* (1.86)	54.6037** (2.17)	43.0987*** (2.99)	82.3710*** (2.06)	0.0855* (1.89)	0.1535*** (4.17)	0.0695*** (2.63)	0.0377 (0.19)
BOARDSIZE	0.0743 (0.91)	0.0526 (1.39)	0.1856 (1.45)	-0.0215 (-0.46)	0.0005 (0.79)	0.0004 (1.32)	0.0012** (2.00)	0.0000 (0.03)
MAR	-0.2322 (-0.24)	-0.8472** (-1.99)	-0.0507 (-0.04)	1.1352** (2.05)	0.0044 (0.59)	-0.0006 (-0.17)	0.0186** (2.58)	0.0068 (0.66)
INDUSTRY	YES	YES	YES	YES	YES	YES	YES	YES
YEAR	YES	YES	YES	YES	YES	YES	YES	YES
N	354	1630	265	1124	376	1631	276	1125
LR chi2	173.41	793.81	172.95	579.55	261.33	1192.18	268.52	560.38

注:(1) 被解释变量为 D_DIV 的回归括号中报告值是值 Z 统计量;被解释变量为 DIVTA 的回归括号中报告值是值 T 统计量;(2) "*""**""***"分别表示 10%、5% 和 1% 显著性水平。

表4-8　股利政策、高管权力与集团内部资本市场

	(1) 中央-高 D_DIV	(2) 中央-低 D_DIV	(3) 地方-高 D_DIV	(4) 地方-低 D_DIV	(5) 中央-高 DIVTA	(6) 中央-低 DIVTA	(7) 地方-高 DIVTA	(8) 地方-低 DIVTA
CONSTANT	-11.708*** (-5.28)	-13.664*** (-5.36)	-22.603*** (-6.16)	-15.369*** (-4.34)	-0.1163*** (-6.92)	-0.0705*** (-4.50)	-0.1136*** (-4.23)	-0.1760*** (-2.85)
CFA	0.4733 (0.47)	-0.5706 (-0.50)	1.1294 (0.91)	-0.3893 (-0.26)	0.0174** (2.23)	0.0256*** (3.44)	-0.0009 (-0.08)	-0.0001 (-0.00)
CFNOTA	0.0030 (0.57)	0.0130** (2.26)	-0.0356 (-0.52)	-0.6497*** (-3.56)	0.0001** (2.51)	0.0002*** (4.70)	-0.0012* (-1.88)	-0.0097** (-2.56)
INV	2.7390*** (3.74)	2.3217*** (2.72)	1.4152 (1.55)	1.8281 (1.45)	0.0159*** (2.81)	0.0233*** (4.29)	0.0235*** (3.03)	0.0572*** (2.50)
SIZE	0.6041*** (6.30)	0.6761*** (5.89)	0.8719*** (5.90)	0.7671*** (5.14)	0.0049*** (7.21)	0.0034*** (4.99)	0.0041*** (3.80)	0.0079*** (2.93)
LEV	-1.9474*** (-3.42)	-2.6993*** (-3.99)	-3.6289*** (-4.92)	-3.6939*** (-4.16)	-0.0305*** (-6.72)	-0.0304*** (-6.57)	-0.0364*** (-6.10)	-0.0651*** (-3.79)
TOBIN_Q	-0.1698 (-1.53)	-0.4205*** (-2.70)	-0.3624* (-1.84)	-0.5785** (-2.56)	0.0021*** (2.63)	-0.0029*** (-2.88)	-0.0019 (-1.44)	-0.0025 (-0.69)
GROWTH	0.1530 (0.77)	0.2706 (1.02)	-0.1804 (-0.87)	0.3857 (1.10)	0.0006 (0.40)	0.0039** (2.57)	-0.0000 (-0.02)	0.0175*** (3.63)
ROA	44.8910*** (9.81)	41.7747*** (8.01)	30.8673*** (5.35)	44.9772*** (6.57)	0.2961*** (9.37)	0.1560*** (5.06)	0.2979*** (6.51)	0.5068*** (4.51)
EBITDA	-11.124*** (-4.51)	-6.8569** (-2.23)	-5.4605 (-1.62)	-8.6935** (-2.16)	-0.0043 (-0.23)	0.0950*** (5.03)	0.0198 (0.73)	0.0514 (0.79)
CENTRAL	0.5470 (0.95)	1.9644** (2.33)	-0.2634 (-0.36)	-1.2923 (-1.37)	0.0056 (1.27)	0.0076 (1.31)	-0.0056 (-0.89)	-0.0139 (-0.77)
EXE_HOLD	9.9341 (1.54)	24.9699 (1.16)	42.2591*** (3.86)	660.6646** (2.53)	0.0441* (1.68)	0.1549*** (4.02)	0.0349 (1.09)	0.2178 (0.71)

续表

	(1) 中央-高 D_DIV	(2) 中央-低 D_DIV	(3) 地方-高 D_DIV	(4) 地方-低 D_DIV	(5) 中央-高 DIVTA	(6) 中央-低 DIVTA	(7) 地方-高 DIVTA	(8) 地方-低 DIVTA
BOARDSIZE	0.1135** (2.48)	0.0026 (0.05)	-0.0461 (-0.90)	0.0239 (0.32)	0.0005 (1.51)	0.0004 (1.10)	-0.0005 (-1.17)	0.0010 (0.66)
MAR	-0.7898 (-1.55)	-0.3112 (-0.51)	2.5859*** (3.71)	0.6082 (0.76)	0.0015 (0.36)	0.0010 (0.23)	0.0165*** (2.78)	0.0040 (0.24)
INDUSTRY	YES	YES	YES	YES	YES	YES	YES	YES
YEAR	YES	YES	YES	YES	YES	YES	YES	YES
N	1094	884	754	585	1118	889	754	647
LR chi2	493.02	468.82	388.74	326.24	747.79	754.93	501.15	342.73

注:(1)被解释变量为 D_DIV 的回归括号中报告值是 Z 统计量;被解释变量为 DIVTA 的回归括号中报告值是 T 统计量;(2)"*""**""***"分别表示 10%、5% 和 1% 显著性水平。

表 4-9 股利政策、外部融资依赖度与集团内部资本市场

	(1) 中央-高 D_DIV	(2) 中央-低 D_DIV	(3) 地方-高 D_DIV	(4) 地方-低 D_DIV	(5) 中央-高 DIVTA	(6) 中央-低 DIVTA	(7) 地方-高 DIVTA	(8) 地方-低 DIVTA
CONSTANT	-12.971*** (-5.15)	-11.416*** (-5.50)	-26.476*** (-6.76)	-14.982*** (-4.62)	-0.0930*** (-6.08)	-0.1069*** (-7.01)	-0.3109*** (-4.27)	-0.0959*** (-3.63)
CFA	0.0327 (0.03)	0.5756 (0.54)	0.4521 (0.34)	0.8906 (0.71)	0.0202*** (2.77)	0.0211** (2.55)	0.0482 (1.52)	-0.0066 (-0.57)
CFNOTA	0.0144*** (2.73)	0.0022 (0.41)	-0.0156 (-0.14)	-0.1452* (-1.84)	0.0002*** (5.28)	0.0001** (2.33)	-0.0004 (-0.17)	-0.0019** (-2.52)
INV	3.6347*** (3.76)	2.1881*** (3.14)	1.3491 (1.34)	1.5044 (1.54)	0.0249*** (4.21)	0.0151** (2.64)	0.0497** (2.06)	0.0254*** (2.97)
SIZE	0.7045*** (6.62)	0.5894*** (6.17)	1.0354*** (6.73)	0.6766*** (4.80)	0.0039*** (6.24)	0.0049*** (7.29)	0.0103*** (3.54)	0.0039*** (3.60)

续表

	(1) 中央-高 D_DIV	(2) 中央-低 D_DIV	(3) 地方-高 D_DIV	(4) 地方-低 D_DIV	(5) 中央-高 DIVTA	(6) 中央-低 DIVTA	(7) 地方-高 DIVTA	(8) 地方-低 DIVTA
LEV	-2.4070*** (-3.86)	-2.2841*** (-3.92)	-3.8345*** (-4.57)	-2.7080*** (-3.68)	-0.0301*** (-6.75)	-0.0335*** (-7.11)	-0.0733*** (-3.83)	-0.0309*** (-4.85)
TOBIN_Q	-0.1015 (-0.83)	-0.4242*** (-3.25)	-0.2150 (-0.88)	-0.6743*** (-3.73)	-0.0004 (-0.46)	0.0012 (1.22)	-0.0056 (-1.22)	-0.0028** (-2.08)
GROWTH	-0.1702 (-0.84)	0.6211*** (2.62)	-0.2243 (-0.78)	-0.0015 (-0.01)	0.0014 (0.97)	0.0034** (2.00)	0.0077 (1.26)	0.0039** (2.05)
ROA	43.5968*** (9.18)	45.9916*** (9.23)	25.8381*** (4.44)	48.6545*** (7.39)	0.2711*** (9.23)	0.2224*** (6.31)	0.2240* (1.79)	0.5034*** (10.39)
EBITDA	-8.4516*** (-3.45)	-12.482*** (-4.28)	-0.5013 (-0.13)	-10.731*** (-3.10)	0.0163 (0.98)	0.0508** (2.30)	0.2282*** (2.75)	-0.0375 (-1.41)
CENTRAL	1.1073* (1.65)	0.6431 (1.04)	-0.4836 (-0.59)	-1.2446* (-1.77)	0.0147*** (3.27)	-0.0020 (-0.39)	-0.0152 (-0.87)	0.0003 (0.05)
EXE_HOLD	7.9325 (1.44)	106.3162* (1.82)	31.8810*** (3.04)	190.8821** (2.54)	0.0823*** (3.63)	0.0932* (1.94)	0.2628** (2.02)	-0.0115 (-0.27)
BOARDSIZE	0.0487 (0.93)	0.0891** (2.06)	-0.0793 (-1.17)	0.0077 (0.15)	0.0004 (1.20)	0.0006* (1.92)	-0.0007 (-0.46)	0.0005 (1.04)
MAR	-0.7759 (-1.23)	-0.5554 (-1.16)	1.7833** (2.34)	0.8825 (1.30)	0.0014 (0.31)	0.0020 (0.48)	0.0233 (1.20)	0.0068 (1.12)
INDUSTRY	YES	YES	YES	YES	YES	YES	YES	YES
YEAR	YES	YES	YES	YES	YES	YES	YES	YES
N	924	1065	570	805	940	1067	589	812
LR chi2	444.23	499.58	270.84	434.91	691.79	740.26	245.18	680.71

注：（1）被解释变量为 D_DIV 的回归中括号中报告值是 Z 统计量；被解释变量为 DIVTA 的回归中括号中报告值是 T 统计量；（2）"*""**""***"分别表示 10%、5% 和 1% 显著性水平。

表4-10 股利政策、市场化水平与集团内部资本市场

	(1) 中央-高 D_DIV	(2) 中央-低 D_DIV	(3) 地方-高 D_DIV	(4) 地方-低 D_DIV	(5) 中央-高 DIVTA	(6) 中央-低 DIVTA	(7) 地方-高 DIVTA	(8) 地方-低 DIVTA
CONSTANT	-9.6571*** (-4.38)	-19.4774*** (-4.52)	-18.1189*** (-5.57)	-27.1977*** (-3.43)	-0.0764*** (-4.83)	-0.1497*** (-5.76)	-0.1535*** (-3.16)	-0.2621*** (-4.47)
CFA	-0.4075 (-0.48)	1.8374 (1.13)	0.4988 (0.48)	0.4675 (0.22)	0.0151** (2.44)	0.0274** (2.21)	0.0124 (0.69)	0.0154 (0.81)
CFNOTA	0.0044 (0.99)	0.0168** (2.29)	-0.1232* (-1.82)	-0.2930 (-0.83)	0.0001*** (4.01)	0.0002*** (4.52)	-0.0030*** (-2.69)	-0.0050 (-1.43)
INV	2.0666*** (3.21)	3.9734*** (3.38)	0.8102 (0.97)	5.0485*** (3.00)	0.0198*** (4.25)	0.0081 (0.96)	0.0325** (2.39)	0.0494*** (3.79)
SIZE	0.6352*** (7.90)	0.8910*** (5.04)	0.8802*** (7.76)	1.2260*** (3.81)	0.0038*** (7.72)	0.0067*** (5.77)	0.0060*** (3.72)	0.0095*** (4.24)
LEV	-2.9208*** (-5.76)	-0.9585 (-1.11)	-3.0808*** (-4.86)	-5.9638*** (-4.12)	-0.0351*** (-9.54)	-0.0166** (-2.29)	-0.0494*** (-4.76)	-0.0644*** (-5.82)
TOBIN_Q	-0.2708*** (-2.59)	-0.2618 (-1.36)	-0.4606*** (-2.87)	-0.0555 (-0.13)	0.0005 (0.76)	0.0002 (0.14)	-0.0048** (-2.33)	0.0023 (0.76)
GROWTH	0.1168 (0.63)	0.3700 (1.16)	0.0555 (0.27)	-0.0483 (-0.16)	0.0017 (1.28)	0.0031 (1.50)	0.0109*** (3.49)	-0.0010 (-0.37)
ROA	42.0694*** (10.89)	51.9532*** (7.09)	38.8041*** (7.91)	34.4771*** (3.58)	0.2718*** (10.54)	0.2048*** (4.34)	0.3803*** (5.34)	0.3428*** (4.30)
EBITDA	-8.4669*** (-4.01)	-15.0370*** (-3.46)	-6.5667** (-2.40)	-7.3319 (-1.36)	0.0178 (1.15)	0.0727** (2.55)	0.0950** (2.19)	-0.0162 (-0.41)
CENTRAL	1.2753** (2.29)	-0.5015 (-0.58)	-0.9937* (-1.67)	-1.3697 (-1.08)	0.0074* (1.87)	0.0020 (0.29)	-0.0116 (-1.18)	0.0076 (0.73)
EXE_HOLD	10.5164* (1.87)	101.1063** (2.50)	29.8541** (2.38)	2183.2340 (1.55)	0.0754*** (3.40)	0.1230 (1.63)	0.0367 (0.57)	0.1870* (1.76)

续表

	(1) 中央－高 D_DIV	(2) 中央－低 D_DIV	(3) 地方－高 D_DIV	(4) 地方－低 D_DIV	(5) 中央－高 DIVTA	(6) 中央－低 DIVTA	(7) 地方－高 DIVTA	(8) 地方－低 DIVTA
BOARDSIZE	0.0574 (1.34)	0.1163** (2.00)	-0.0695 (-1.45)	0.0277 (0.21)	0.0006** (1.99)	0.0007 (1.47)	0.0001 (0.15)	-0.0015 (-1.50)
MAR	-1.7371** (-2.32)	-0.4410 (-0.44)	0.6233 (0.64)	2.8586** (1.96)	-0.0044 (-0.79)	0.0041 (0.50)	0.0068 (0.43)	0.0425*** (3.23)
INDUSTRY	YES	YES	YES	YES	YES	YES	YES	YES
YEAR	YES	YES	YES	YES	YES	YES	YES	YES
N	1432	550	1112	276	1433	574	1113	288
LR chi2	674.38	269.42	603.71	151.23	1070.42	372.04	574.43	202.46

注：(1) 被解释变量为 D_DIV 的回归中报告括号中报告值是 Z 统计量；被解释变量为 DIVTA 的回归中报告括号中报告值是 T 统计量；(2) "*""**""***"分别表示 10%、5% 和 1% 显著性水平。

表4－11　股利政策、宏观经济不确定性与集团内部资本市场

	(1) 中央－高 D_DIV	(2) 中央－低 D_DIV	(3) 地方－高 D_DIV	(4) 地方－低 D_DIV	(5) 中央－高 DIVTA	(6) 中央－低 DIVTA	(7) 地方－高 DIVTA	(8) 地方－低 DIVTA
CONSTANT	-11.894*** (-4.77)	-11.272*** (-4.84)	-17.419*** (-5.16)	-23.908*** (-6.23)	-0.1122*** (-6.63)	-0.0701*** (-4.43)	-0.1276*** (-4.49)	-0.1840*** (-2.98)
CFA	0.8055 (0.69)	-0.0682 (-0.07)	0.0287 (0.02)	0.8400 (0.73)	0.0235*** (2.59)	0.0164** (2.37)	-0.0125 (-0.96)	0.0249 (1.08)
CFNOTA	0.0085 (1.55)	0.0095** (1.96)	-0.1372 (-0.99)	-0.1228* (-1.76)	0.0002*** (3.98)	0.0001*** (3.75)	-0.0012 (-0.94)	-0.0035** (-2.42)
INV	3.3666*** (3.83)	2.6835*** (3.58)	2.4716*** (2.57)	0.6817 (0.63)	0.0173*** (2.66)	0.0212*** (4.08)	0.0241*** (2.77)	0.0478*** (2.48)
SIZE	0.5878*** (4.97)	0.6443*** (7.38)	0.7469*** (5.00)	1.0126*** (7.12)	0.0039*** (5.13)	0.0045*** (7.97)	0.0042*** (3.63)	0.0083*** (3.81)

续表

	(1) 中央-高 D_DIV	(2) 中央-低 D_DIV	(3) 地方-高 D_DIV	(4) 地方-低 D_DIV	(4) 中央-高 DIVTA	(5) 中央-低 DIVTA	(6) 地方-高 DIVTA	(7) 地方-低 DIVTA
LEV	-2.3255*** (-3.57)	-2.1004*** (-3.74)	-2.7171*** (-3.35)	-4.0782*** (-5.44)	-0.0327*** (-6.15)	-0.0292*** (-7.14)	-0.0319*** (-4.55)	-0.0717*** (-5.23)
TOBIN_Q	-0.0901 (-0.46)	-0.3261*** (-3.15)	-0.5216** (-2.05)	-0.3659** (-2.04)	0.0018 (1.34)	-0.0000 (-0.05)	-0.0024 (-1.20)	-0.0034 (-1.34)
GROWTH	0.8096*** (2.94)	-0.1119 (-0.59)	-0.0862 (-0.37)	-0.0068 (-0.03)	0.0065*** (3.57)	-0.0004 (-0.26)	0.0022 (1.11)	0.0113*** (2.76)
ROA	57.055*** (8.63)	39.249*** (9.81)	47.532*** (6.58)	28.301*** (5.30)	0.3279*** (7.55)	0.2012*** (7.74)	0.5171*** (9.79)	0.2658*** (2.84)
EBITDA	-18.901*** (-5.11)	-6.8778*** (-3.15)	-9.7685** (-2.36)	-3.4401 (-1.11)	-0.0055 (-0.21)	0.0479*** (3.05)	-0.0094 (-0.29)	0.0990* (1.82)
CENTRAL	1.3455* (1.90)	0.7017 (1.19)	-1.6694** (-2.07)	-0.4079 (-0.58)	0.0087 (1.54)	0.0070* (1.66)	0.0009 (0.14)	-0.0096 (-0.74)
EXE_HOLD	9.7556 (1.05)	13.3980* (1.74)	28.8674** (2.56)	88.8042** (2.01)	0.0661 (1.38)	0.0897*** (3.84)	0.0425 (0.73)	0.0292 (0.36)
BOARDSIZE	0.1091** (2.17)	0.0522 (1.16)	0.0196 (0.32)	-0.0679 (-1.20)	0.0011*** (2.77)	0.0002 (0.59)	0.0008 (1.45)	-0.0002 (-0.15)
MAR	-0.5859 (-1.27)	-1.1362 (-1.59)	1.1953** (2.01)	2.0474** (2.12)	0.0057 (1.45)	-0.0100* (-1.86)	0.0102* (1.82)	0.0078 (0.45)
INDUSTRY	YES	YES	YES	YES	YES	YES	YES	YES
YEAR	YES	YES	YES	YES	YES	YES	YES	YES
N	850	1155	608	778	851	1156	621	780
LR chi2	440.45	519.04	333.14	393.30	638.98	767.12	557.84	335.91

注:(1) 被解释变量为 D_DIV 的回归括号中报告值是 Z 统计量;被解释变量为 DIVTA 的回归括号中报告值是 T 统计量;(2) "*""**""***"分别表示10%、5%和1%显著性水平。

表 4-12　股利政策、董事长关联与集团内部资本市场

	(1) 中央-关联 D_DIV	(2) 中央-无关 D_DIV	(3) 地方-关联 D_DIV	(4) 地方-无关 D_DIV	(5) 中央-关联 DIVTA	(6) 中央-无关 DIVTA	(7) 地方-关联 DIVTA	(8) 地方-无关 DIVTA
CONSTANT	-13.484*** (-4.27)	-10.491*** (-5.18)	-19.469*** (-4.90)	-16.708*** (-4.90)	-0.0586*** (-3.41)	-0.1102*** (-7.10)	-0.2251*** (-2.95)	-0.1135*** (-4.47)
CFA	1.4756 (1.01)	-0.1863 (-0.21)	2.5387* (1.67)	-1.1757 (-0.96)	0.0421*** (5.29)	0.0097 (1.33)	0.0625* (1.83)	-0.0072 (-0.74)
CFNOTA	0.0059 (0.13)	0.0079** (2.15)	-0.0066 (-0.09)	-0.3993*** (-3.46)	0.0003** (2.04)	0.0001*** (4.85)	-0.0029* (-1.65)	-0.0039*** (-3.92)
INV	3.0723*** (3.14)	2.5117*** (3.55)	1.4158 (1.24)	1.7338* (1.81)	0.0243*** (4.18)	0.0156*** (2.85)	0.0258 (1.11)	0.0256*** (3.28)
SIZE	0.8270*** (6.23)	0.5217*** (6.06)	1.0114*** (6.05)	0.6845*** (4.64)	0.0039*** (5.66)	0.0045*** (7.06)	0.0121*** (3.89)	0.0039*** (3.78)
LEV	-2.1434*** (-2.60)	-1.9734*** (-3.93)	-3.5504*** (-3.63)	-2.9786*** (-4.10)	-0.0189*** (-3.56)	-0.0325*** (-7.89)	-0.0775*** (-3.71)	-0.0315*** (-5.74)
TOBIN_Q	-0.5169*** (-2.72)	-0.2492** (-2.47)	-0.2541 (-0.98)	-0.5623*** (-3.13)	-0.0019 (-1.57)	0.0007 (0.88)	-0.0022 (-0.49)	-0.0010 (-0.85)
GROWTH	0.6458** (2.19)	0.0817 (0.46)	-0.1617 (-0.57)	-0.0434 (-0.21)	0.0083*** (4.83)	-0.0004 (-0.25)	0.0147*** (3.01)	0.0005 (0.30)
ROA	64.2610*** (8.53)	39.8105*** (10.17)	37.5692*** (5.22)	37.4289*** (6.60)	0.2790*** (7.90)	0.2557*** (8.61)	0.2435* (1.92)	0.4258*** (10.46)
EBITDA	-16.063*** (-4.64)	-8.7741*** (-3.72)	-7.5872* (-1.88)	-2.3924 (-0.75)	0.0024 (0.13)	0.0341* (1.80)	0.1301* (1.75)	-0.0204 (-0.83)
CENTRAL	1.2028 (1.36)	0.4699 (0.85)	-0.9263 (-1.03)	-1.2858* (-1.82)	0.0098* (1.84)	0.0031 (0.68)	-0.0263 (-1.40)	0.0010 (0.19)
EXE_HOLD	757.0442 (1.32)	11.0360** (1.98)	37.8671*** (3.16)	52.7278 (1.12)	0.0506 (1.55)	0.1094*** (3.76)	0.1877 (1.17)	-0.0012 (-0.03)

表 4 - 13　股利政策、董事关联与集团内部资本市场

	(1) 中央 - 关联 D_DIV	(2) 中央 - 无关 D_DIV	(3) 地方 - 关联 D_DIV	(4) 地方 - 无关 D_DIV	(5) 中央 - 关联 $DIVTA$	(6) 中央 - 无关 $DIVTA$	(7) 地方 - 关联 $DIVTA$	(8) 地方 - 无关 $DIVTA$
CONSTANT	-11.086*** (-5.03)	-10.899*** (-4.35)	-18.621*** (-6.51)	-21.402*** (-4.34)	-0.071*** (-5.41)	-0.105*** (-4.93)	-0.167*** (-3.63)	-0.145*** (-3.90)
CFA	0.4965 (0.47)	-0.0530 (-0.05)	1.3697 (1.23)	-3.3316* (-1.84)	0.0263*** (3.94)	0.0171* (1.76)	0.0322 (1.56)	-0.0347** (-2.26)
CFNOTA	0.0102 (1.50)	0.0072 (1.59)	-0.0378 (-0.53)	-0.3761** (-2.57)	0.0001 (1.39)	0.0002*** (4.64)	-0.0029** (-2.10)	-0.0033*** (-2.80)
INV	3.4333*** (4.49)	2.0048** (2.31)	1.5867* (1.91)	1.7232 (1.22)	0.0205*** (4.18)	0.0227*** (3.09)	0.0405*** (2.69)	0.0233** (1.98)
SIZE	0.6852*** (6.99)	0.5541*** (4.88)	0.8091*** (6.74)	0.7348*** (3.51)	0.0038*** (6.83)	0.0041*** (4.59)	0.0071*** (3.73)	0.0054*** (3.59)
BOARDSIZE	-0.0517 (-0.86)	0.1292*** (2.98)	-0.0199 (-0.24)	-0.0372 (-0.72)	-0.0003 (-0.85)	0.0008*** (2.58)	-0.0012 (-0.79)	0.0001 (0.12)
MAR	-1.1848* (-1.72)	-0.7320 (-1.55)	-0.1858 (-0.17)	1.6780*** (2.79)	0.0004 (0.09)	0.0003 (0.07)	-0.0088 (-0.38)	0.0111** (2.19)
INDUSTRY	YES	YES	YES	YES	YES	YES	YES	YES
YEAR	YES	YES	YES	YES	YES	YES	YES	YES
N	696	1296	577	798	705	1302	593	808
LR chi2	390.99	570.03	311.97	433.12	613.68	885.56	282.79	651.70

注：(1) 被解释变量为 D_DIV 的回归中括号中报告值是 Z 统计量；被解释变量为 $DIVTA$ 的回归中括号中报告值是 T 统计量；(2) "*""**""***"分别表示10%、5%和1%显著性水平。

续表

	(1) 中央-关联 D_DIV	(2) 中央-无关 D_DIV	(3) 地方-关联 D_DIV	(4) 地方-无关 D_DIV	(5) 中央-关联 DIVTA	(6) 中央-无关 DIVTA	(7) 地方-关联 DIVTA	(8) 地方-无关 DIVTA
LEV	-2.0564*** (-3.45)	-2.7814*** (-4.39)	-2.5093*** (-3.61)	-4.3595*** (-4.06)	-0.0255*** (-6.12)	-0.0349*** (-6.53)	-0.0618*** (-4.85)	-0.0357*** (-4.29)
TOBIN_Q	-0.4477*** (-3.21)	-0.2633** (-2.12)	-0.5171*** (-2.78)	-0.4161 (-1.56)	-0.0010 (-1.12)	0.0007 (0.72)	-0.0076*** (-2.88)	0.0018 (1.04)
GROWTH	0.6467*** (2.82)	-0.1716 (-0.78)	-0.0448 (-0.25)	0.0466 (0.09)	0.0034** (2.56)	-0.0007 (-0.32)	0.0097*** (3.16)	0.0032 (0.80)
ROA	54.4240*** (10.83)	38.2257*** (7.86)	42.8665*** (7.69)	30.7817*** (3.83)	0.2612*** (9.35)	0.2621*** (6.69)	0.3058*** (3.59)	0.4434*** (7.06)
EBITDA	-16.311*** (-6.02)	-5.7157*** (-2.01)	-8.8334*** (-2.93)	0.1095 (0.02)	0.0230 (1.46)	0.0370 (1.50)	0.1145** (2.35)	-0.0139 (-0.33)
CENTRAL	1.6206** (2.57)	-0.7100 (-1.01)	-1.0417 (-1.56)	-1.5227 (-1.36)	0.0114*** (2.75)	-0.0050 (-0.83)	-0.0174 (-1.48)	0.0086 (0.99)
EXE_HOLD	27.2280 (1.10)	9.8051* (1.72)	41.4239*** (3.48)	15.6486 (0.24)	0.1009*** (3.26)	0.0579* (1.70)	0.1036 (1.56)	0.9088* (1.93)
BOARDSIZE	0.0352 (0.78)	0.1067** (1.98)	0.1023* (1.65)	-0.0820 (-1.12)	0.0002 (0.66)	0.0013*** (3.01)	0.0005 (0.56)	0.0001 (0.16)
MAR	-1.1545** (-2.25)	-0.9102 (-1.46)	0.8902 (1.40)	3.2090*** (3.27)	-0.0001 (-0.03)	-0.0032 (-0.57)	0.0101 (0.87)	0.0088 (1.05)
INDUSTRY	YES	YES	YES	YES	YES	YES	YES	YES
YEAR	YES	YES	YES	YES	YES	YES	YES	YES
N	1154	838	969	424	1158	849	969	432
LR chi2	588.24	383.40	536.09	250.25	870.86	598.28	468.52	370.98

注：（1）被解释变量为 D_DIV 的回归括号中报告值是 Z 统计量；被解释变量为 DIVTA 的回归括号中报告值是 T 统计量；（2）"*""**""***"分别表示10%、5%和1%显著性水平。

表4-14 股利政策、总经理关联与集团内部资本市场

	(1) 中央-关联 D_DIV	(2) 中央-无关 D_DIV	(3) 地方-关联 D_DIV	(4) 地方-无关 D_DIV	(5) 中央-关联 DIVTA	(6) 中央-无关 DIVTA	(7) 地方-关联 DIVTA	(8) 地方-无关 DIVTA
CONSTANT	-18.4520** (-2.14)	-11.121*** (-6.60)	-11.7466 (-1.36)	-18.793*** (-7.01)	-0.0878*** (-3.07)	-0.0971*** (-7.75)	-0.0055 (-0.18)	-0.1946*** (-4.59)
CFA	-0.2192 (-0.07)	0.3541 (0.45)	-0.5156 (-0.16)	0.8304 (0.87)	0.0248** (2.11)	0.0195*** (3.11)	-0.0038 (-0.31)	0.0160 (0.92)
CFNOTA	-0.0912 (-0.86)	0.0087** (2.41)	0.1841 (0.93)	-0.2248*** (-2.96)	-0.0008 (-1.37)	0.0002*** (5.32)	0.0011 (1.56)	-0.0031** (-2.24)
INV	5.4549 (1.64)	2.3089*** (4.00)	3.2104 (1.22)	1.6170** (2.15)	0.0165* (1.92)	0.0161*** (3.52)	0.0124 (1.31)	0.0484*** (3.77)
SIZE	0.9495*** (2.86)	0.5754*** (7.58)	0.8769*** (2.71)	0.7901*** (6.99)	0.0030*** (2.75)	0.0044*** (8.04)	0.0030** (2.48)	0.0070*** (4.04)
LEV	-4.0029 (-1.30)	-2.0049*** (-4.63)	-3.1861 (-1.50)	-3.0418*** (-5.32)	-0.0113 (-1.06)	-0.0309*** (-8.70)	-0.0231** (-2.59)	-0.0540*** (-5.65)
TOBIN_Q	-0.6290 (-1.01)	-0.2809*** (-3.09)	-0.2691 (-0.44)	-0.4770*** (-3.15)	0.0004 (0.18)	0.0002 (0.23)	-0.0016 (-0.81)	-0.0049** (-2.38)
GROWTH	0.8173 (1.27)	0.1734 (1.08)	-0.1334 (-0.27)	-0.0927 (-0.52)	0.0093*** (3.94)	0.0010 (0.79)	-0.0010 (-0.46)	0.0088*** (3.07)
ROA	82.9852*** (5.02)	42.2607*** (12.13)	57.6589*** (3.83)	36.9050*** (8.21)	0.3049*** (5.95)	0.2398*** (9.53)	0.3122*** (5.21)	0.4151*** (6.16)
EBITDA	-18.756*** (-2.90)	-9.4283*** (-4.66)	-20.1002** (-2.13)	-5.2170** (-2.11)	0.0106 (0.42)	0.0432*** (2.76)	-0.0717** (-2.13)	0.0682* (1.73)
CENTRAL	4.0903 (1.52)	0.2822 (0.60)	1.7294 (0.80)	-0.8090 (-1.45)	0.0100 (1.03)	0.0050 (1.31)	0.0242*** (3.02)	-0.0026 (-0.28)
EXE_HOLD	278.3632 (1.35)	10.5304* (1.92)	740.6294 (0.70)	35.9796*** (3.33)	0.5013 (0.97)	0.0720*** (3.20)	0.1879*** (3.41)	0.0665 (1.00)

续表

	(1) 中央-关联 D_DIV	(2) 中央-无关 D_DIV	(3) 地方-关联 D_DIV	(4) 地方-无关 D_DIV	(5) 中央-关联 DIVTA	(6) 中央-无关 DIVTA	(7) 地方-关联 DIVTA	(8) 地方-无关 DIVTA
BOARDSIZE	-0.0677 (-0.38)	0.0869** (2.49)	0.1472 (0.83)	-0.0583 (-1.33)	0.0004 (0.92)	0.0006** (2.28)	0.0004 (0.72)	-0.0002 (-0.26)
MAR	-0.0214 (-0.01)	-0.6858* (-1.75)	-2.9905 (-1.26)	1.6210*** (3.09)	0.0088 (1.10)	0.0015 (0.45)	-0.0243*** (-2.78)	0.0170* (1.82)
INDUSTRY	YES	YES	YES	YES	YES	YES	YES	YES
YEAR	YES	YES	YES	YES	YES	YES	YES	YES
N	1154	838	969	424	1158	849	969	432
LR chi2	588.24	383.40	536.09	250.25	870.86	598.28	468.52	370.98

注：(1) 被解释变量为 D_DIV 的回归括号中报告值是 Z 统计量；被解释变量为 DIVTA 的回归括号中报告值是 T 统计量；(2) "*""**""***"分别表示 10%、5% 和 1% 显著性水平。

表 4-15　股利政策、经理关联与集团内部资本市场

	(1) 中央-关联 D_DIV	(2) 中央-无关 D_DIV	(3) 地方-关联 D_DIV	(4) 地方-无关 D_DIV	(5) 中央-关联 DIVTA	(6) 中央-无关 DIVTA	(7) 地方-关联 DIVTA	(8) 地方-无关 DIVTA
CONSTANT	-12.856*** (-3.37)	-12.243*** (-6.31)	-19.396*** (-3.53)	-17.683*** (-5.96)	-0.0850*** (-4.52)	-0.1069*** (-7.28)	-0.0774** (-2.09)	-0.1818*** (-3.81)
CFA	-0.1795 (-0.09)	0.3835 (0.47)	-0.0918 (-0.04)	0.7377 (0.72)	0.0133 (1.42)	0.0228*** (3.33)	-0.0093 (-0.60)	0.0215 (1.07)
CFNOTA	-0.0696 (-0.93)	0.0089** (2.44)	-0.0108 (-0.08)	-0.1641** (-2.08)	-0.0006 (-1.14)	0.0002*** (5.12)	-0.0008 (-0.81)	-0.0028* (-1.81)
INV	4.4235*** (2.76)	2.2721*** (3.72)	1.5477 (0.93)	1.8674** (2.32)	0.0234*** (3.58)	0.0166*** (3.29)	0.0104 (0.85)	0.0492*** (3.36)
SIZE	0.8305*** (4.65)	0.5865*** (6.96)	1.0782*** (4.86)	0.7495*** (5.86)	0.0035*** (4.26)	0.0048*** (7.51)	0.0051*** (3.73)	0.0067*** (3.29)

续表

	(1) 中央－关联 D_DIV	(2) 中央－无关 D_DIV	(3) 地方－关联 D_DIV	(4) 地方－无关 D_DIV	(5) 中央－关联 DIVTA	(6) 中央－无关 DIVTA	(7) 地方－关联 DIVTA	(8) 地方－无关 DIVTA
LEV	-3.1576** (-2.31)	-2.0345*** (-4.46)	-5.0059*** (-3.78)	-2.5733*** (-4.13)	-0.0207*** (-2.95)	-0.0320*** (-8.24)	-0.0379*** (-3.80)	-0.0541*** (-4.93)
TOBIN_Q	-0.5694** (-2.15)	-0.2186** (-2.27)	-0.1268 (-0.42)	-0.4688*** (-2.91)	0.0004 (0.26)	0.0005 (0.66)	-0.0040** (-2.05)	-0.0040 (-1.62)
GROWTH	0.7285* (1.87)	0.1257 (0.74)	-0.2699 (-0.75)	0.0603 (0.30)	0.0043** (2.49)	0.0017 (1.20)	0.0023 (0.89)	0.0122*** (3.49)
ROA	68.3934*** (6.84)	40.9341*** (11.29)	40.7812*** (3.91)	37.9155*** (7.82)	0.2877*** (7.46)	0.2478*** (8.93)	0.4258*** (5.78)	0.4402*** (5.69)
EBITDA	-18.409*** (-3.65)	-8.8944*** (-4.25)	-5.9179 (-0.89)	-6.8633*** (-2.60)	0.0199 (1.01)	0.0363** (2.10)	-0.0040 (-0.09)	0.0409 (0.90)
CENTRAL	2.9327** (2.41)	0.1714 (0.33)	1.1225 (0.92)	-1.2173** (-2.01)	0.0059 (0.99)	0.0060 (1.39)	0.0007 (0.08)	-0.0066 (-0.61)
EXE_HOLD	229.5149 (1.62)	10.5470* (1.93)	1043.1275* (1.87)	31.6507*** (2.94)	0.0522 (1.60)	0.1016*** (3.56)	0.0893 (1.39)	0.0557 (0.74)
BOARDSIZE	-0.1674* (-1.84)	0.1281*** (3.35)	0.0713 (0.58)	-0.0628 (-1.39)	-0.0000 (-0.05)	0.0008*** (2.74)	-0.0003 (-0.43)	0.0000 (0.00)
MAR	-1.2361 (-1.07)	-0.6625 (-1.61)	-1.2550 (-0.82)	1.5729*** (2.91)	0.0070 (1.21)	0.0004 (0.10)	-0.0093 (-0.84)	0.0176* (1.68)
INDUSTRY	YES	YES	YES	YES	YES	YES	YES	YES
YEAR	YES	YES	YES	YES	YES	YES	YES	YES
N	444	1545	405	968	452	1555	420	981
LR chi2	261.18	676.73	272.67	454.13	476.79	970.97	370.91	454.09

注：（1）被解释变量为 D_DIV 的回归括号中报告值是 Z 统计量；被解释变量为 DIVTA 的回归括号中报告值是 T 统计量；（2）"*""**""***"分别表示 10%、5% 和 1% 显著性水平。

表4-16　股利政策、监事关联与集团内内部资本市场

	(1) 中央-关联 D_DIV	(2) 中央-无关 D_DIV	(3) 地方-关联 D_DIV	(4) 地方-无关 D_DIV	(5) 中央-关联 DIVTA	(6) 中央-无关 DIVTA	(7) 地方-关联 DIVTA	(8) 地方-无关 DIVTA
CONSTANT	-15.010*** (-5.42)	-10.061*** (-4.77)	-17.924*** (-5.30)	-21.331*** (-4.97)	-0.0770*** (-4.81)	-0.1181*** (-6.97)	-0.1615*** (-2.73)	-0.1394*** (-4.88)
CFA	0.9835 (0.73)	-0.4182 (-0.45)	1.9270 (1.59)	-0.8092 (-0.52)	0.0263*** (3.36)	0.0119 (1.54)	0.0327 (1.26)	-0.0117 (-0.96)
CFNOTA	0.0113* (1.72)	0.0073 (1.64)	-0.0556 (-0.76)	-0.3874*** (-2.83)	0.0001** (2.15)	0.0002*** (5.21)	-0.0029* (-1.81)	-0.0032*** (-2.85)
INV	3.6542*** (3.63)	2.4232*** (3.53)	0.8627 (0.91)	2.9429** (2.54)	0.0213*** (3.65)	0.0198*** (3.50)	0.0327 (1.66)	0.0295*** (3.37)
SIZE	0.8009*** (6.18)	0.5394*** (5.90)	0.8668*** (6.31)	0.8000*** (4.53)	0.0035*** (5.34)	0.0051*** (7.29)	0.0076*** (3.14)	0.0050*** (4.40)
LEV	-3.2827*** (-4.30)	-1.8384*** (-3.53)	-3.3864*** (-4.34)	-3.2848*** (-3.60)	-0.0358*** (-7.19)	-0.0292*** (-6.61)	-0.0722*** (-4.42)	-0.0347*** (-5.36)
TOBIN_Q	-0.3063* (-1.69)	-0.2699*** (-2.62)	-0.2791 (-1.36)	-0.5080** (-2.13)	-0.0011 (-0.97)	0.0009 (1.15)	-0.0072** (-2.15)	-0.0003 (-0.23)
GROWTH	0.5533* (1.91)	0.0025 (0.01)	-0.0725 (-0.39)	0.1102 (0.26)	0.0047*** (3.01)	-0.0002 (-0.13)	0.0091** (2.38)	0.0038 (1.48)
ROA	50.5798*** (8.22)	42.5316*** (10.05)	37.8463*** (6.54)	36.7200*** (5.25)	0.2006*** (6.44)	0.3025*** (9.22)	0.3462*** (3.27)	0.4049*** (8.70)
EBITDA	-13.686*** (-3.83)	-9.2219*** (-3.91)	-7.1100** (-2.23)	-3.5917 (-0.84)	0.0536*** (2.86)	0.0076 (0.39)	0.1212** (1.99)	-0.0174 (-0.61)
CENTRAL	0.2377 (0.29)	0.7654 (1.34)	-0.9233 (-1.23)	-1.0756 (-1.21)	0.0071 (1.42)	0.0073 (1.52)	-0.0143 (-0.93)	0.0081 (1.27)
EXE_HOLD	18.3196 (0.76)	12.6387** (2.11)	37.3721*** (3.35)	1132.55** (2.60)	0.0527 (1.57)	0.1120*** (3.70)	0.0823 (0.98)	0.0577 (0.78)

续表

	(1) 中央-关联 D_DIV	(2) 中央-无关 D_DIV	(3) 地方-关联 D_DIV	(4) 地方-无关 D_DIV	(5) 中央-关联 DIVTA	(6) 中央-无关 DIVTA	(7) 地方-关联 DIVTA	(8) 地方-无关 DIVTA
BOARDSIZE	0.0129 (0.22)	0.1056** (2.47)	0.0269 (0.38)	-0.0907 (-1.47)	0.0008** (2.17)	0.0005 (1.63)	0.0003 (0.21)	-0.0000 (-0.08)
MAR	-0.0288 (-0.04)	-1.2521** (-2.54)	0.4388 (0.56)	2.2918*** (3.09)	0.0047 (1.07)	-0.0024 (-0.57)	0.0008 (0.05)	0.0153** (2.51)
INDUSTRY	YES	YES	YES	YES	YES	YES	YES	YES
YEAR	YES	YES	YES	YES	YES	YES	YES	YES
N	790	1199	747	630	793	1214	770	631
LR chi2	414.95	520.99	389.37	384.05	667.94	782.76	345.95	542.52

注：(1) 被解释变量为 D_DIV 的回归括号中报告值是值 Z 统计量；被解释变量为 DIVTA 的回归括号中报告值是值 T 统计量；(2) "*" "**" "***"
分别表示 10%、5% 和 1% 显著性水平。

表 4-17 股利政策、银企关联与集团内部资本市场

	(1) 中央-关联 D_DIV	(2) 中央-无关 D_DIV	(3) 地方-关联 D_DIV	(4) 地方-无关 D_DIV	(5) 中央-关联 DIVTA	(6) 中央-无关 DIVTA	(7) 地方-关联 DIVTA	(8) 地方-无关 DIVTA
CONSTANT	-11.513*** (-3.56)	-14.580*** (-7.60)	-24.659*** (-4.59)	-17.532*** (-6.11)	-0.0614*** (-2.98)	-0.1223*** (-9.36)	-0.1158*** (-4.95)	-0.1745*** (-3.48)
CFA	-1.3359 (-0.77)	0.1846 (0.22)	2.0605 (1.20)	0.4454 (0.40)	0.0381*** (3.23)	0.0140** (2.30)	0.0111 (1.11)	0.0214 (1.01)
CFNOTA	0.0131 (0.78)	0.0095** (2.57)	-0.3263** (-1.98)	-0.0661 (-0.80)	0.00002 (0.20)	0.0002*** (6.68)	-0.0021** (-2.28)	-0.0010 (-0.68)
INV	3.1964** (2.51)	2.3428*** (3.73)	1.9386 (1.15)	1.7913** (2.25)	0.0350*** (4.02)	0.0124*** (2.79)	0.0119 (1.35)	0.0496*** (3.39)
SIZE	0.5231*** (3.62)	0.7464*** (8.75)	0.9708*** (4.33)	0.8088*** (6.89)	0.0028*** (3.05)	0.0051*** (9.52)	0.0037*** (3.85)	0.0077*** (3.92)

续表

	(1) 中央-关联 D_DIV	(2) 中央-无关 D_DIV	(3) 地方-关联 D_DIV	(4) 地方-无关 D_DIV	(5) 中央-关联 DIVTA	(6) 中央-无关 DIVTA	(7) 地方-关联 DIVTA	(8) 地方-无关 DIVTA
LEV	-0.5498 (-0.48)	-2.5345*** (-5.28)	-2.9965** (-2.20)	-3.3543*** (-5.35)	-0.0198** (-2.58)	-0.0316*** (-8.92)	-0.0298*** (-4.53)	-0.0566*** (-4.89)
TOBIN_Q	-0.0835 (-0.43)	-0.3005*** (-2.85)	-0.3491 (-1.11)	-0.4580*** (-2.69)	0.0004 (0.34)	0.0003 (0.44)	-0.0008 (-0.66)	-0.0065** (-2.58)
GROWTH	-0.0537 (-0.16)	0.2552 (1.42)	0.1660 (0.36)	-0.1216 (-0.67)	0.0043* (1.87)	0.0004 (0.34)	-0.0022 (-0.88)	0.0088*** (2.79)
ROA	74.9701*** (7.60)	39.8259*** (10.53)	39.0008*** (3.52)	33.8907*** (7.17)	0.2882*** (5.66)	0.2549*** (10.26)	0.2995*** (5.78)	0.4440*** (5.63)
EBITDA	-9.8155** (-2.56)	-10.070*** (-4.43)	-9.3908 (-1.42)	-4.5551* (-1.74)	0.0456* (1.72)	0.0174 (1.13)	-0.0046 (-0.16)	0.0707 (1.57)
CENTRAL	-0.5288 (-0.49)	1.0499** (2.05)	-1.1060 (-0.88)	-1.0154* (-1.72)	0.0052 (0.72)	0.0080** (2.13)	-0.0008 (-0.14)	-0.0097 (-0.87)
EXE_HOLD	9.0681 (0.85)	47.9058** (2.25)	36.2631 (0.88)	37.3012*** (3.19)	0.1037** (2.34)	0.0723*** (3.07)	0.0791 (0.86)	0.0856 (1.25)
BOARDSIZE	0.2321*** (3.13)	0.0181 (0.45)	-0.0576 (-0.62)	-0.0348 (-0.72)	0.0006 (1.33)	0.0005* (1.74)	0.0003 (0.58)	-0.0002 (-0.23)
MAR	-0.9235 (-0.90)	-0.5000 (-1.18)	2.7659*** (2.66)	1.1357* (1.90)	0.0062 (0.84)	0.0018 (0.57)	0.0190*** (3.37)	0.0050 (0.42)
INDUSTRY	YES	YES	YES	YES	YES	YES	YES	YES
YEAR	YES	YES	YES	YES	YES	YES	YES	YES
N	483	1495	384	1001	511	1496	399	1002
LR chi2	268.30	700.13	217.41	509.04	427.38	1049.33	377.33	494.73

注：（1）被解释变量为 D_DIV 的回归括号中报告值是 Z 统计量；被解释变量 DIVTA 的回归括号中报告值是 T 统计量；（2）"*""**""***"分别表示10%、5%和1%显著性水平。

Model（5）中回归系数不显著，表明无银企关联时中央集团公司有更大可能性获得集团内部资本市场现金流用于支付股利，并能够提高股利支付的比例。Model（3）、Model（7）回归系数显著为负，而 Model（4）、Model（8）回归系数不显著，表明存在银企关联的地方集团公司股利支付的概率及比例较容易被减少，并通过集团内部资本市场转出，以支持集团其他公司。

关于非正式制度的回归结果可以得出以下结论：（1）无董事长关联时，中央集团下属公司支付股利的政策显著受到集团内部资本市场的支持，董事长关联时，股利支付比例随中央集团内部资本市场资金规模的增加而增加的程度较大；无董事长关联时，地方集团下属公司股利支付的概率及比例随集团内部资本市场的增加而减少，发放股利的资金被由内部资本市场转出而支持集团其他公司。董事关联不显著影响中央集团股利支付的可能，但无董事关联时，股利支付比例随中央集团内部资本市场资金规模的增加而增加；无董事关联时，地方集团下属公司股利支付的概率及比例随集团内部资本市场的增加而减少，发放股利的资金由内部资本市场转出而支持集团其他公司。（2）无总经理及经理层关联时，中央集团下属公司支付股利的政策显著受到集团内部资本市场的支持，股利支付比例随集团内部资本市场资金规模的增加而增加；无总经理及经理层关联时，地方集团下属公司股利支付的概率及比例随集团内部资本市场的增加而减少，发放股利的资金由内部资本市场转出而支持集团其他公司。（3）监事关联时，中央集团下属公司支付股利的政策显著受到集团内部资本市场的支持；无监事关联时，地方集团下属公司股利支付的概率及比例随集团内部资本市场的增加而减少，发放股利的资金由内部资本市场转出而支持集团其他公司。（4）无银企关联时，中央集团下属公司支付股利的政策显著受到集团内部资本市场的支持，股利支付比例随集团内部资本市场资金规模的增加而增加；存在银企关联时，地方集团下属公司股利支付的概率及比例随集团内部资本市场的增加而减少，支付股利的资金被由内部资本市场转出而支持集团其他公司。

六　研究结论与启示

本章以股利政策为研究对象，考察国有集团总部是否通过集团内部资本市场套取操纵股利政策的现象。研究发现：（1）国有产权使公司更倾向于支付股利，但没有影响股利支付的水平；集团归属不影响国有产权公司支付股利的决策及股利支付的多少。（2）对于中央集团公司来说，是否支付股利与公司内部现金流的多寡无关；但股利支付的规模与公司内部现金流的多寡正相关。（3）内部资本市场显著影响了国有集团公司的股利支付政策，总体而言，中央集团总部存在通过集团内部资本市场调整股利政策以套取下属公司现金流的现象，而地方集团总部则更倾向于减少股利支付以通过内部资本市场支持集团内其他公司。地方集团减少股利支付比例转而通过集团内部资本市场支持其他公司的程度，要大于中央集团通过集团内部资本市场套取现金流并提高股利支付比例的程度。（4）对中央集团的分组检验结果表明：两权不分离时、股权集中时、高管权力低时、外部融资依赖程度高时、市场化发展水平低时、宏观经济不确定性低时、无董事长关联时、无董事关联时、无总经理及经理层关联时、无监事关联时、无银企关联时，中央集团下属公司支付股利的可能性及支付比例随集团内部资本市场资金规模的增加而增加。（5）对地方集团的分组检验结果表明：两权不分离时、股权集中时、高管权力低时、外部融资依赖度低时、市场化水平高时、宏观经济不确定性低时、无董事长及董事关联时、无总经理及经理层关联时、无监事关联时、无银企关联时，地方集团下属公司支付股利的概率及支付比例随集团内部资本市场资金规模的增加而降低，发放股利的资金被转出并用于支持集团下属的其他公司。

本章的研究启示在于：第一次发现国有集团总部通过集团内部资本市场调整下属公司股利政策并对下属公司进行掠夺或支持的证据。尽管微观、市场和宏观层面影响因素的差异可能会使集团总部行为有所偏差，但本章的回归结果比较稳健地显示出，中央集团总部更倾向于掠夺，而地方集团总部则更倾向于支持。这对于现有关于集团内部资本市场的研究结论是一个重要的补充。对于中央集团而言，尽管总部掠夺下属公司现金流并非寻求私利，而可能是出于集团整体战略、遵循政府方针或支持集团其他非上市组织发展的需要，但仍有可能在一定程度上放大被掠夺的下属上市公司的风险，降低其效益水平，这是中央集团总部需要注意并权衡的。而对于地方集团而言，调低某些下属公司的股利支付并通过内部资本市场转出现金流以支持其他企业，在短期之内可以低成本、低风险为被支持公司提供资金，但仍旧可能增加集团整体风险。因而提升下属公司竞争力，积极参加外部市场竞争，在自身实力的基础下展开经营决策，才能适应外部市场的发展。

第五章

国有产权、政府层级与集团内部资本
市场运作机制：特征及展望

一 国有企业集团内部资本市场运作机制：研究结论及核心特征

前文在对公司集团内部资本市场的相关文献及理论进行回顾、总结的基础上，结合中国背景特征，选取国有集团下属上市公司为研究对象，以集团内部资本市场为研究主体，从集团内部资本配置、下属公司高管寻租、集团总部利益输送的角度对国有集团内部资本市场进行研究，总体而言，笔者研究得到以下主要结论。

针对集团内部资本配置的研究发现：归属于不同政府层级的集团下属公司内部资本配置效果存在差异。首先，融资约束决定了国有集团公司是否能够获得集团内部资金的支持，中央集团公司面临的融资约束相对地方集团要低，意味着中央集团公司对集团内部资金的需求低于地方公司。因此，整体而言，回归结果显示出中央集团下属公司投资支出未能获得集团内部资本的支持，其集团内部资本配置是无效的；地方集团下属公司投资支出能够获得集团内部资本的支持，并且具有更优投资机会的下属公司能够获得更多集团内部资本的支持，其集团内部资本配置是有效率的。同时，集团总部对于下属公司的动机导致了同一类国有集团在不同分组情况下内部资本配置效果的不同。进一步分组检验的结果显示，中央集团总部对下属公司存在较为明显的掠夺倾向，因此当下属公司更加容易在外部市场筹集资金时，其投资支出会随着集团内部资本市场现金流的增加而减少；地方集团总部对下属公司存在较为明显的支持倾向，因此当下属公司与集团总部关系更为密切，或面临融资约束增加，其投资支出能够获得集团内部资本市场现金流的更多支持。

针对下属公司高管个人收益的研究发现：集团总部的治理水平、集团下属公司内部人控制程度、集团总部动机共同决定了国有集团下属公司高管是否能够通过内部资本市场进行寻租。对于中央集团而言，由于集团总部治理水平更高，下属公司高管不能通过内部资本市场套取个人收益；由于集团总部对下属公司表现出掠夺倾向，高管个人收益会随着集团内部资本市场现金流的增加而降低，意味着高管个人收益可能会被降低并通过内部资本市场转移至其他公司。对于地方集团而言，由于集团下属公司内部人控制程度较高，以及集团总部表现出支持倾向，高管个人收益表现出显著的随内部资本市场现金流增加而增加的现象，意味着高管能够通过内部资本市场中提供的现金流中寻租，并用以增加个人收益。

针对集团总部利益输送的研究发现：政府层级归属影响集团总部利益输送的方向。中央集团总部倾向于掠夺，通过集团内部资本市场转移现金流至适合支付股利的下属公司，以套取股利收益；地方集团总部倾向于支持，降低适合支付股利的下属公司股利支付水平，通过集团内部资本市场转出并支持其他公司。

最重要的在于，从整体而言，本书的研究结论显示：国有集团公司存在活跃的内部资本市场。中央集团总部在内部资本配置中总体表现为"掠夺之手"；不仅没有积极为下属公司投资提供内部资金，甚至在一些情况下表现出对下属公司投资资金的掠夺；集团总部对下属公司的治理水平较高，从而有效抑制了下属公司管理层追求私利的行为，甚至在某些情况下对高管表现出掠夺；同时倾向于从下属各公司转移资金至适合支付股利的下属公司，从而集团总部通过收取股利获益。地方集团总部在内部资本配置中总体表现为"扶持之手"；其积极调配内部资金以支持下属各公司的投资，并且对拥有更好投资机会的公司分配更多内部资金；集团总部治理水平较低，下属公司存在较为严重的内部人控制问题，因而高管能够通过集团内部资本市场套取个人收益，获取隐性在职消费收益的程度比显性货币薪酬的程度大；而集团总部倾向于减少适合支付股利的下属公司股利支付水平，通过内部资本市场转出并支持其他下属公司。

本书中各章节的分组检验结果显示：不仅宏观、微观层面的正式制度、因素对内部资本市场中集团总部主导的资本配置行为、下属公司高管寻租行为、集团总部利益输出行为产生影响；宏观、微观层面的非正式制度、因素同样对这三种行为也存在重要影响。不仅公司与外部市场之间的非正式关系如银企关联等对这三种行为存在影响，集团总部与下属公司管理层之间的非正式关系如董事关联、经理层关联、监事关联等对这三种行为也存在显著影响。

二 国有企业集团内部资本市场运作机制：政策建议与研究展望

本书的结论能够提供以下两方面的政策建议。

对于中央集团而言，总部不主动调配内部资本支持下属公司投资，促使下属公司不依赖于内部资金，而从外部市场筹集资金，这会增加下属公司的融资成本及风险。在外部政策约束及集团总部的治理下，下属公司高管几乎不存在通过内部资本市场寻租的空间，这固然能够提高下属公司治理水平，但在一定程度上不利于高管激励。集团总部能够通过股利政策获利，但却降低了下属公司的现金流水平，不利于其经营的顺利开展。从整体而言，中央集团内部资本市场运作表现出总部对下属公司的掠夺，总部从中获益的同时有损下属公司的积极性，不利于高管激励，也不利于公司经营的顺利开展。

对于地方集团而言，集团总部积极为下属公司投资项目提供内部支持，积极减少股利支付比例，并转而支持其他公司，这些能够在一定程度上缓解其融资约束，降低公司的筹资风险。然而集团总部的大力支持给下属公司内部人员提供了寻租空间，同时集团总部的大力支持以及政府地方保护主义的扶持会加剧内部人寻租的动机，长久依靠集团总部的扶持可能会导致公司竞争力的降低。地方集团总部在内部资本市场的决策当中表现出明显的支持动机，这有利于公司投资及其他经营决策的顺利开展，但因此也滋生了较为严重的内部人控制问题。总部应当设法提高对集团下属公司的控制力及治理水平，在对下属公司进行支持的同时实现良性发展。

当然，本书的研究结果仍旧存在一些局限。例如，本书各章节的内容，是在假设总部权威、控制力以及对下属公司资源调配拥有决策权的基础上进行的。然而对于国有集团内部资本市场的研究并没有将集团总部纳入研究分析框架。除了下属公司之间在集团总部的调配下存在内部资本市场，资金在内部流动之外，集团总部与下属公司之间可能也存在内部资本市场中的资金流动，然而由于集团总部数据难以获得，本书未能就集团总部与下属公司之间的资金流动提出确切的研究证据。同时，在 Duchin and Sosyura（2013）的研究中，同样认为集团总部与分部之间的非正式关系对内部资本配置存在影响，并且作者使用了分部经理与集团总部 CEO 是否有同样教育、非营利组织工作、工作经历来衡量非正式关系。本书同样认为集团内部的非正式关系是集团内部资本运作的关键影响因素，但由于集团总部历史信息披露的不完整性，本书难以使用同样的方法衡量集团总部与下属公司之间的非正式关系，故而使用了下属公司高管在集团总部的现任或曾任职经历来作为非正式关系替代指标。另外，除了集团总部数据缺乏之外，集团下属的其他公司（非上市公司或其他组织机构）也同样参与集团内部资本市场的资源配置，然而同样由于数据的缺乏，本书未能将非上市的下属公司或组织纳入国有集团内部资本市场的分析框架，导致本书研究结论可能产生一定偏差。

同时，关于投资与国有集团内部资本配置的研究中，本书使用资本投资支出以及研发投资支出同时对内部资本配置进行检验，以确保回归结果的稳健性。然而，对于投资支出还能进一步进行细分，例如研发投资可以进一步区分研究阶段的支出、开发阶段的支出，两阶段潜在的风险、收益水平都不一致；而实物资本投资也能够进一步区分为流动性投资、长期性投资（王义中、宋敏，2014），并且投资所需资金的使用周期、获得回报的时间都不一致。对不同投资方式的深入研究才能探求集团总部配置内部资本的真正决策依据。

而针对集团下属公司高管是否通过内部资本市场套取个人收益的研究中，本书同时选取了显性货币收益、隐性在职消费收益作为衡量高管个人收益的标准，并且对两种不同收益模式与国有集团内部资本市场的关系进行了研究。然而现有关于高管个人收益的研究，多基于高管非正常收益的视角（郑志刚等，2012；权小峰等，2010；罗宏等，2014），认为高管在本应获得的正常收益之上获取非正常收益或超额收益，才是高管寻租行为。使用高管超额收益来代替本书中高管收益水平，应当能够更加明晰地反映出集团下属公司高管是否存在通过内部资本市场套取利益的证据。

关于集团总部是否通过内部资本市场进行利益输送的研究中，本书从股利政策的角度进行研究，然而国内现有研究多基于控股股东基于内部市场关联交易进行利益输送的视角。本书在股利政策研究中获得的结论应当同样置于内部关联交易的研究框架中加以对比分析，以为集团总部通过内部资本市场进行利益输送提供多样化证据。

　　同时，在本书研究的基础上，结合相关领域的研究前沿及趋势，未来有以下两个方面可以进一步拓展。其一，本书研究中涉及的三个主题为内部资本配置、下属公司内部人寻租、集团总部利益输送。然而，这三个主题之间可能由于相互作用而影响集团内部资本的跨期配置。例如，集团总部在掌握下属公司信息、统一配置资源的基础之上，可能由于下一期公司预期投资决策的改变而通过内部资本市场调整当期的股利政策，以支持下一期公司投资（Gopalan et al., 2014）。但从跨期角度出发来考察国有集团内部资本运作的问题是本书缺乏的，也是进一步研究中值得讨论的话题。其二，本书针对国有产权的集团内部资本市场研究获得了较为丰富的结论及证据。然而本书部分研究视角也是国内民营企业集团研究中缺乏的，针对民营企业集团的研究是否能取得与本书趋同一致的结论，产生差异的原因何在？这也是进一步研究中值得讨论的话题。

参考文献

中文文献

安同良、施浩：《中国制造业企业 R&D 行为模式的观测与实证——基于江苏省制造业企业问卷调查的实证分析》，《经济研究》2006 年第 2 期，第 21～30 页。

蔡卫星、赵峰、曾诚：《政治关系、地区经济增长与企业投资行为》，《金融研究》2011 年第 4 期，第 100～112 页。

曾庆生、万华林：《上市降低了国有企业的股权代理成本吗?》，《财经研究》2013 年第 21 期，第 37～46 页。

曾义：《上市公司集团化经营与现金持有水平——基于集团多元化和内部资本市场效率视角的分析》，《经济与管理研究》2012 年第 11 期，第 69～77 页。

陈冬华、陈信元、万华林：《国有企业中的薪酬管制与在职消费》，《经济研究》2005 年第 2 期，第 92～101 页。

陈冬华、梁上坤、蒋德权：《不同市场化进程下高管激励契约的成本与选择：货币薪酬与在职消费》，《会计研究》2010 年第 11 期，第 56～64 页。

陈良华、王惠庆、马小勇：《分部经理机会行为与内部资本市场配置效率研究》，《东南大学学报》（哲学社会科学版）2014 年第 4 期，第 47～53 页。

陈胜蓝、卢锐：《股权分置改革、盈余管理与高管薪酬业绩敏感性》，《金融研究》2012 年第 10 期，第 180～190 页。

陈爽英、井润田、龙小宁、邵云飞：《民营企业家社会关系资本对研发投资决策影响的实证研究》，《管理世界》2010 年第 1 期，第 88～97 页。

陈信元、陈冬华、万华林等：《地区差异、薪酬管制与高管腐败》，《管理世界》2009 年第 11 期，第 130～143 页。

陈信元、陈冬华、时旭：《公司治理与现金股利：基于佛山照明的案例研究》，《管理世界》2003 年第 8 期，第 118～126 页。

陈运森、谢德仁：《网络位置、独立董事治理与投资效率》，《管理世界》2011 年第 7 期，第 113～127 页。

陈志军、王晓静、徐鹏：《企业集团研发协同影响因素及其效果研究》，《科研管理》2014 年第 3 期，第 108～115 页。

邓建平、曾勇：《金融关联能否缓解民营企业的融资约束》，《金融研究》2011 年第 8 期，第 78～92 页。

丁保利、王胜海、刘西友：《投票期权激励机制在我国的发展方向探析》，《会计研究》2012 年第 6 期，第 76～80 页。

杜胜利、张杰：《独立董事薪酬影响因素的实证研究》，《会计研究》2004 年第 9 期，第 82～88 页。

杜兴强、曾泉、杜颖洁：《政治联系、过度投资与公司价值——基于国有上市公司的经验证据》，《金融研究》2011 年第 8 期，第 93～110 页。

渡边真理子：《国有控股上市公司的控制权、金字塔式结构和侵占行为——来自中国股权分置改革的证据》，《金融研究》2011 年第 6 期，第 150～167 页。

方军雄：《高管权力与企业薪酬变动的非对称性》，《经济研究》2011 年第 4 期，第 107～120 页。

冯根福、赵珏航：《管理者薪酬，在职消费与公司绩效——基于合作博弈的分析视角》，《中国工业经济》2012 年第 6 期，第 147 ~ 158 页。

冯丽霞：《内部资本市场：组织载体、交易与租金》，《会计研究》2006 年第 8 期，第 37 ~ 43 页。

傅晓霞、吴利学：《中国能源效率及其决定机制的变化——基于变系数模型的影响因素分析》，《管理世界》2010 年第 9 期，第 45 ~ 54 页。

顾元媛、沈坤荣：《地方政府行为与企业研发投入——基于中国省际面板数据的实证分析》，《中国工业经济》2012 年第 10 期，第 77 ~ 88 页。

黄赫：《中央企业母公司产权改革研究》，博士学位论文，首都经济贸易大学，2011。

黄俊、陈信元：《集团化经营与企业研发投资——基于知识溢出与内部资本市场视角的分析》，《经济研究》2011 年第 6 期，第 80 ~ 92 页。

蒋涛、刘运国、徐悦：《会计业绩信息异质性与高管薪酬》，《会计研究》2014 年第 3 期，第 18 ~ 25 页。

解维敏、唐清泉、陆姗姗：《政府 R&D 资助，企业 R&D 支出与自主创新——来自中国上市公司的经验证据》，《金融研究》第 2009 年第 6 期，第 86 ~ 99 页。

靳庆鲁、孔祥、侯青川：《货币政策，民营企业投资效率与公司期权价值》，《经济研究》2012 年第 5 期，第 96 ~ 106 页。

蓝海林：《企业战略管理："静态模式"与"动态模式"》，《南开管理评论》2007 年第 5 期，第 31 ~ 35 页。

黎来芳：《商业伦理诚信义务与不道德控制——鸿仪系"掏空"上市公司的案例研究》，《会计研究》2005 年第 11 期，第 8 ~ 14 页。

李秉成：《内部资本市场特征对资金成本的影响——基于我国上市

公司的实证研究》，《宏观经济研究》2011 年第 2 期，第 47～51 页。

李礼、王曼舒、齐寅峰：《股利政策由谁决定及其选择动因——基于中国非国有上市公司的问卷调查分析》，《金融研究》2006 年第 1 期，第 74～85 页。

李焰、秦义虎、张肖飞：《企业产权、管理者背景特征与投资效率》，《管理世界》2011 年第 1 期，第 135～144 页。

梁莱歆、冯延超：《民营企业政治关联、雇员规模与薪酬成本》，《中国工业经济》2010 年第 10 期，第 127～137 页。

梁琪、余峰燕：《金融危机、国有股权与资本投资》，《经济研究》2014 年第 4 期，第 47～61 页。

刘慧龙、张敏、王亚平等：《政治关联、薪酬激励与员工配置效率》，《经济研究》第 2010 年第 9 期，第 109～121 页。

刘星、代彬、郝颖：《掏空、支持与资本投资——来自集团内部资本市场的经验证据》，《中国会计评论》2010 年第 2 期，第 201～222 页。

刘星、计方、付强：《货币政策、集团内部资本市场运作与资本投资》，《经济科学》2013 年第 3 期，第 18～33 页。

刘星、计方、郝颖：《大股东控制、集团内部资本市场运作与公司现金持有》，《中国管理科学》2014 年第 4 期，第 124～133 页。

卢锐、柳建华、许宁：《内部控制、产权与高管薪酬业绩敏感性》，《会计研究》2011 年第 10 期，第 42～48 页。

卢锐、魏明海、黎文靖：《管理层权力、在职消费与产权效率——来自中国上市公司的证据》，《南开管理评论》2008 年第 5 期，第 85～92 页。

陆正飞、王春飞、王鹏：《激进股利政策的影响因素及其经济后果》，《金融研究》2010 年第 6 期，第 162～174 页。

罗党论、甄丽明：《民营控制、政治关系与企业融资约束——基于中国民营上市公司的经验证据》，《金融研究》2008年第12期，第164～178页。

罗宏、黄敏、周大伟等：《政府补助、超额薪酬与薪酬辩护》，《会计研究》2014年第1期。

罗宏、黄文华：《国企分红、在职消费与公司业绩》，《管理世界》2008年第9期，第139～148页。

罗进辉：《独立董事的明星效应：基于高管薪酬–业绩敏感性的考察》，《南开管理评论》2014年第3期，第62～73页。

吕源、姚俊、蓝海林：《企业集团的理论综述与探讨》，《南开管理评论》2005年第4期，第17～20页。

吕长江、张海平：《上市公司股权激励计划对股利分配政策的影响》，《管理世界》2012年第11期，第133～143页。

马连福、王元芳、沈小秀：《国有企业党组织治理、冗余雇员与高管薪酬契约》，《管理世界》2013年第5期，第100～115页。

马永强、陈欢：《金融危机冲击对企业集团内部资本市场运行的影响——来自我国民营系族企业的经验证据》，《会计研究》2013年第4期，第38～45页。

毛世平：《金字塔控制结构与股权制衡效应——基于中国上市公司的实证研究》，《管理世界》2009年第1期，第140～152页。

潘红波、余明桂：《集团内关联交易、高管薪酬激励与资本配置效率》，《会计研究》2014年第10期。

邱兆祥、刘远亮：《宏观经济不确定性与银行资产组合行为：1995～2009》，《金融研究》2010年第11期，第34～44页。

屈文洲、谢雅璐、叶玉妹：《信息不对称、融资约束与投资–现金流敏感性——基于市场微观结构理论的实证研究》，《经济研究》2011

年第 6 期，第 105~117 页。

权小锋、吴世农、文芳：《管理层权力、私有收益与薪酬操纵》，《经济研究》2010 年第 11 期，第 73~87 页。

邵军、刘志远：《"系族企业"内部资本市场有效率吗？——基于鸿仪系的案例研究》，《管理世界》2007 年第 6 期，第 114~121 页。

邵毅平、虞凤凤：《内部资本市场、关联交易与公司价值研究——基于我国上市公司的实证分析》，《中国工业经济》2012 年第 4 期，第 102~114 页。

沈红波、潘飞、高新梓：《制度环境与管理层持股的激励效应》，《中国工业经济》2012 年第 8 期，第 96~108 页。

沈艺峰、李培功：《政府限薪令与国有企业高管薪酬、业绩和运气关系的研究》，《中国工业经济》2010 年第 11 期，第 130~139 页。

唐松、孙铮：《政治关联、高管薪酬与企业未来经营绩效》，《管理世界》2014 年 5 期，第 93~105 页。

宛玲羽：《基于心理诱因的国企高管薪酬操纵研究》，博士学位论文，西南财经大学，2014。

万良勇、魏明海：《我国企业集团内部资本市场的困境与功能实现问题——以三九集团和三九医药为例》，《当代财经》2006 年第 2 期，第 78~81 页。

王峰娟、谢志华：《内部资本市场效率实证测度模型的改进与验证》，《会计研究》2010 年第 8 期，第 42~48 页。

王国俊、王跃堂：《现金股利承诺制度与资源配置》，《经济研究》2014 年第 9 期，第 91~104 页。

王化成、李春玲、卢闯：《控股股东对上市公司现金股利政策影响的实证研究》，《管理世界》2007 年第 1 期，第 122~127 页。

王化成、蒋艳霞、王珊珊、张伟华、邓路：《基于中国背景的内部资本市场研究：理论框架与研究建议》，《会计研究》2011 年第 7 期，第 28～37 页。

王茂林、何玉润、林慧婷：《管理层权力、现金股利与企业投资效率》，《南开管理评论》2014 年第 2 期。

王敏：《中国上市公司股利政策的影响因素研究》，博士学位论文，中南大学，2011。

王茜、张鸣：《基于经济波动的控股股东与股利政策关系研究——来自中国证券市场的经验证据》，《财经研究》2009 年第 12 期，第 50～60 页。

王义中、宋敏：《宏观经济不确定性、资金需求与公司投资》，《经济研究》2014 年第 2 期，第 4～17 页。

王永进、盛丹：《政治关联与企业的契约实施环境》，《经济学》2012 年第 4 期，第 1193～1218 页。

魏志华、吴育辉、李常青：《家族控制、双重委托代理冲突与现金股利政策——基于中国上市公司的实证研究》，《金融研究》2012 年第 7 期，第 168～181 页。

吴联生、林景艺、王亚平：《薪酬外部公平性、股权性质与公司业绩》，《管理世界》2010 年第 3 期，第 117～126 页。

吴育辉、吴世农：《高管薪酬：激励还是自利?》，《会计研究》2010 年第 11 期，第 40～48 页。

肖珉：《现金股利、内部现金流与投资效率》，《金融研究》2010 年第 10 期，第 117～134 页。

肖淑芳、喻梦颖：《股权激励与股利分配——来自中国上市公司的经验证据》，《会计研究》2012 年第 8 期，第 49～57 页。

谢军、黄志忠：《区域金融发展、内部资本市场与企业融资约束》，《会计研究》2014 年第 7 期，第 75～81 页。

谢军、王娃宜：《国有企业集团内部资本市场运行效率：基于双重代理关系的分析》，《经济评论》2010年第1期，第97~104页。

谢军：《股利政策、第一大股东和公司成长性：自由现金流理论还是掏空理论》，《会计研究》2006年第4期，第51~57页。

辛清泉、林斌、王彦超：《政府控制、经理薪酬与资本投资》，《经济研究》2007年第8期，第110~122页。

辛清泉、谭伟强：《市场化改革、企业业绩与国有企业经理薪酬》，《经济研究》2009年第11期，第68~81页。

夏南强、宋硕：《基于分部相关性的内部资本市场配置效率新检验——来自政府"系族企业"的数据》，《云南财经大学学报》2014年第6期，第133~138页。

徐经长、王胜海：《核心高管特征与公司成长性关系研究》，《经济理论与经济管理》2010年第6期，第58~65页。

徐细雄：《晋升与薪酬的治理效应：产权性质的影响》，《经济科学》2012年第2期，第102~116页。

杨柏、彭程、代彬：《内部资本市场影响上市公司投资行为的实证研究》，《财经论丛》2011年第6期，第85~91页。

杨德明、赵璨：《媒体监督、媒体治理与高管薪酬》，《经济研究》2012年第6期，第116~126页。

杨棉之、孙健、卢闯：《企业集团内部资本市场的存在性与效率性》，《会计研究》2010年第4期，第50~56页。

杨棉之：《内部资本市场公司绩效与控制权私有收益——以华通天香集团为例分析》，《会计研究》2006年第12期，第61~67页。

于蔚、汪淼军、金祥荣：《政治关联和融资约束：信息效应与资源效应》，《经济研究》2012年第9期，第125~139页。

俞红海、徐龙炳、陈百助：《终极控股股东控制权与自由现金流过度投资》,《经济研究》2010年第8期,第103~114页。

喻坤、李治国、张晓蓉、徐剑刚:《企业投资效率之谜:融资约束假说与货币政策冲击》,《经济研究》2014年第5期,第106~120页。

叶康涛、曾雪云:《内部资本市场的经济后果:基于集团产业战略的视角》,《会计研究》2011年第6期,第63~69页。

银莉、陈收:《集团内部资本市场对外部融资约束的替代效应》,《山西财经大学学报》2010年第8期,第102~109页。

张纯、吕伟:《信息环境、融资约束与现金股利》,《金融研究》2009年第7期,第81~94页。

张铁铸、沙曼:《管理层能力、权力与在职消费研究》,《南开管理评论》2014年第5期,第63~72页。

张泽南:《管理层权力、高管薪酬与上市公司盈余管理研究》,博士学位论文,西南财经大学,2014。

郑国坚、魏明海:《公共治理、公司治理与大股东的内部市场——基于我国上市公司的实证研究》,《中大管理研究》2007年第2期,第1~21页。

郑国坚、魏明海:《股权结构的内生性:从我国基于控股股东的内部资本市场得到的证据》,《中国会计评论》2006年第2期,第189~204页。

郑国坚、魏明海:《控股股东内部市场的形成机制研究》,《中山大学学报》(社会科学版)2009年第5期,第193~199页。

郑小勇、魏江:《Business Group、企业集团和关联企业概念辨析及研究范畴、主题、方法比较》,《外国经济与管理》2011年第10期,第17~25页。

郑志刚、孙娟娟、Rui Oliver:《任人唯亲的董事会文化和经理人超额薪酬问题》,《经济研究》2012年第12期,第111~124页。

周黎安：《中国地方官员的晋升锦标赛模式研究》，《经济研究》2007年第7期，第36～50页。

朱焱、张孟昌：《企业管理团队人力资本、研发投入与企业绩效的实证研究》，《会计研究》2013年第11期。

祝继高、王春飞：《金融危机对公司现金股利政策的影响研究——基于股权结构的视角》，《会计研究》2013年第2期，第38～44页。

英文文献

Acemoglu, D., F. Zilibotti. 1997. "Was Prometheus Unbound by Chance? Risk, Diversification, and Growth." *Journal of Political Economy* 105 (4): 709 – 751.

Adhikari, A., C. Derashid, and H. Zhang. 2006. "Public Policy, Political Connections, and Effective Tax Rates: Longitudinal Evidence from Malaysia." *Journal of Accounting and Public Policy* 25 (5): 574 – 595.

Aghion, P., P. Howitt. 2005. "Growth with Quality – improving Innovations: An Integrated Framework." *Handbook of Economic Growth* 1: 67 – 110.

Ahn, S., D. J. Denis. 2004. "Internal Capital Markets and Investment Policy: Evidence from Corporate Spinoffs." *Journal of Financial Economics* 71 (3): 489 – 516.

Akerlof, G. A. 1970. "The Market for 'Lemons': Quality Uncertainty and the Market Mechanism." *The Quarterly Journal of Economics* 84: 488 – 500.

Akhigbe, A., A. M. Whyte. 2015. "SEO Announcement Returns and Internal Capital Market Efficiency." *Journal of Corporate Finance* 31: 271 – 283.

Alchian, A. A., H. Demsetz. 1972. "Production, Information Costs, and Economic Organization. " *The American Economic Review* 62: 777 – 795.

Alchian, A. A. 1969. "Information Costs, Pricing, and Resource Unemployment. " *Economic Inquiry* 7 (2): 109 – 128.

Almeida, H. V. , D. Wolfenzon. 2006. "A Theory of Pyramidal Ownership and Family Business Groups. " *The Journal of Finance* 61 (6): 2637 – 2680.

Baker, M. , J. Wurgler. 2004. "A Catering Theory of Dividends. " *The Journal of Finance* 59 (3): 1125 – 1165.

Barry, C. B. , S. J. Brown. 1985. "Differential Information and Security Market Equilibrium. " *Journal of Financial and Quantitative Analysis* 20 (04): 407 – 422.

Bebchuk, L. A. , R. Kraakman, G. Triantis. "Stock Pyramids, Cross – ownership, and Dual Class Equity: The Mechanisms and Agency Costs of Separating Control from Cash – flow Rights. " IN Concentrated corporate ownership. (Chicago: University of Chicago Press, 2000), pp. 295 – 318.

Berger, P. G. , E. Ofek. 1995. "Diversification's Effect on Firm Value. " *Journal of Financial Economics* 37 (1): 39 – 65.

Bhagat, S. , I. Welch. 1995. "Corporate Research & Development Investments International Comparisons. " *Journal of Accounting and Economics* 19 (2): 443 – 470.

Bhattacharya, Sudipto. 1979. "Imperfect Information, Dividend Policy, and 'the Bird in the Hand' Fallacy. " *The Bell Journal of Economics* 10: 259 – 270.

Billett, M. T. , D. C. Mauer. 2003. "Cross – subsidies, External Financing Constraints, and the Contribution of the Internal Capital Market to Firm Value. " *Review of Financial Studies* 16 (4): 1167 – 1201.

Black, F., M. Scholes. 1974. "The Effects of Dividend Yield and Dividend Policy on Common Stock Prices and Returns." *Journal of Financial Economics* 1 (1): 1 – 22.

Pettit, R. Richardson. 1977. "Taxes, Transactions Costs and the Clientele Effect of Dividends." *Journal of Financial Economics* 5 (3): 419 – 436.

Bloom, N., R. Griffith, J. Van Reenen. 2002. "Do R&D Tax Credits Work? Evidence from a Panel of Countries 1979 – 1997." *Journal of Public Economics* 85 (1): 1 – 31.

Brockman, P., E. Unlu. 2009. "Dividend Policy, Creditor Rights, and the Agency Costs of Debt." *Journal of Financial Economics* 92 (2): 276 – 299.

Bryan, S., R. Nash, A. Patel. 2015. "The Effect of Cultural Distance on Contracting Decisions: The Case of Executive Compensation." *Journal of Corporate Finance* 33: 180 – 195.

Bae, K. H., J. K. Kang, J. M. Kim. 2002. "Tunneling or Value Added? Evidence from Mergers by Korean Business Groups." *The Journal of Finance* 57 (6): 2695 – 2740.

Boutin, X., G. Cestone, C. Fumagalli, G. Pica, N. Serrano – Velarde. 2013. "The Deep – Pocket Effect of Internal Capital Markets." *Journal of Financial Economics* 109 (1): 122 – 145.

Burch, T. R., V. Nanda. 2003. "Divisional Diversity and the Conglomerate Discount: Evidence from Spinoffs." *Journal of Financial Economics* 70 (1): 69 – 98.

Cai, G., G. Zheng. 2016. "Executive Compensation in Business Groups: Evidence from China." *China Journal of Accounting Research* 9 (1): 25 – 39.

Campello, Murillo. 2002. "Internal Capital Markets in Financial Conglomerates: Evidence from Small Bank Responses to Monetary Policy." *The Journal of Finance* 57 (6): 2773 – 2805.

Chang, S. J., U. Choi. 1988. "Strategy, Structure and Performance of Korean Business Groups: A Transactions Cost Approach." *The Journal of Industrial Economics* 37: 141 – 158.

Choe, C., X. Yin. 2009. "Diversification Discount, Information Rents, and Internal Capital Markets." *The Quarterly Review of Economics and Finance.* 49 (2): 178 – 196.

Choi, Y. R., S. A. Zahra, T. Yoshikawa, et al. 2015. "Family Ownership and R&D Investment: The Role of Growth Opportunities and Business Group Membership." *Journal of Business Research* 68 (5): 1053 – 1061.

Chung, C., I. Mahmood. 2006. "Taiwanese Business Groups: Steady Growth in Institutional Transition." *Business Groups in East Asia: Financial Crisis*, Restructuring, and New Growth 3: 70 – 93.

Castañeda, Gonzalo. 2002. "Internal Capital Markets and Financing Choices of Mexican Firms Before and during the Financial Paralysis of 1995 – 2000." *Working Paper.*

Choi, J. J., T. Hiraki, J. A. Landi. 2014. "The Value of Multinationality and Business Group for Japanese firms." *Journal of Corporate Finance* 29: 88 – 110.

Fogel, Kathy. 2006. "Oligarchic Family Control, Social Economic Outcomes, and the Quality of Government." *Journal of International Business Studies* 37 (5): 603 – 622.

Claessens, S., S. Djankov, J. P. H. Fan. 2002. "Disentangling the Incentive and Entrenchment Effects of Large Shareholdings." *The Journal of Finance 57 （6）： 2741 – 2771.

Claessens, S., S. Djankov, L. Klapper. 1999. Resolution of Corporate Distress： Evidence from East Asia's Financial Crisis. World Bank Publications.

Cline, B. N., J. L. Garner, A. S. Yore. 2014. "Exploitation of the Internal Capital Market and the Avoidance of Outside Monitoring." *Journal of Corporate Finance* 25： 234 – 250.

Daniel, N. D., D. J. Denis, L. Naveen. 2008. "Do Firms Manage Earnings to Meet Dividend Thresholds?" *Journal of Accounting and Economics* 45 （1）： 2 – 26.

Datta, S., D'Mello R., M. Iskandar – Datta. 2009. "Executive Compensation and Internal Capital Market Efficiency." *Journal of Financial Intermediation* 18 （2）： 242 – 258.

Denis, D. J., I. Osobov. 2008. "Why do Firms Pay Dividends? International Evidence on the Determinants of Dividend Policy." *Journal of Financial Economics* 89 （1）： 62 – 82.

Driffield, N., M. Munday. 2001. "Foreign Manufacturing, Regional Agglomeration and Technical Efficiency in UK Industries： A Stochastic Production Frontier Approach." *Regional Studies* 35 （5）： 391 – 399.

Duchin, R., D. Sosyura. 2013. "Divisional Managers and Internal Capital Markets." *The Journal of Finance* 68 （2）： 387 – 429.

Faccio, M., L. H. P. Lang, L. Young. 2001. "Dividends and Expropriation." *American Economic Review* 91 （1） 54 – 78.

Fama, Eugene F. 1980. "Agency Problems and the Theory of the Firm." *The Journal of Political Economy* 88： 288 – 307.

Fama, Eugene F. 1970. "Efficient Capital Markets： A Review of Theory and Empirical Work. " *The Journal of Finance* 25 (2): 383 - 417.

Fazzari, S., R. G. Hubbard, B. Petersen. 1988. "Investment, Financing Decisions, and Tax Policy. " *The American Economic Review* 78 (2): 200 - 205.

Fee, C. E., C. J. Hadlock, J. R. Pierce. 2009. "Investment, Financing Constraints, and Internal Capital Markets: Evidence from the Advertising Expenditures of Multinational Firms. " *Review of Financial Studies* 22 (6): 2361 - 2392.

Firth, M., P. M. Y. Fung, O. M. Rui. 2006. "Corporate Performance and CEO compensation in China. " *Journal of Corporate Finance* 12 (4): 693 - 714.

Francis, J., K. Schipper, L. Vincent. 2005. "Earnings and Dividend Informativeness when Cash Flow Rights are Separated from Voting Rights. " *Journal of Accounting and Economics* 39 (2): 329 - 360.

Friedman, E., S. Johnson, T. Mitton. 2003. "Propping and Tunneling. " *Journal of Comparative Economics* 31 (4): 732 - 750.

Fauver, L., J. Houston,, A. Naranjo. 2003. "Capital Market Development, International Integration, Legal Systems, and the Value of Corporate Diversification: A Cross - Country Analysis. " *Journal of Financial and Quantitative Analysis* 38 (1): 135 - 158.

Gaspar, J. M., M. Massa. 2011. "The Role of Commonality between CEO and Divisional Managers in Internal Capital Markets. " *Journal of Financial and Quantitative Analysis* 46 (03): 841 - 869.

Glaser, M. F. Lopez - De - Silanes, Z. Sautner. 2013. "Opening the Black Box: Internal Capital Markets and Managerial Power. " *The Journal of Finance* 68 (4): 1577 - 1631.

Gopalan, R., V. Nanda, A. Seru. 2014. "Internal Capital Market and Dividend Policies: Evidence from Business Groups." *The Review of Financial Studies* 27 (4): 1102 - 1142.

Granovetter, Mark. 1995. "Coase Revisited: Business Groups in the Modern Economy." *Industrial and Corporate Change* 4 (1): 93 - 130.

Green, J. R., N. L. Stokey. 1983. "A Comparison of Tournaments and Contracts." *Journal of Political Economy* 91 (3): 349 - 364.

Gugler, K., E. Peev, E. Segalla. 2013. "The Internal Workings of Internal Capital Markets: Cross - country Evidence." *Journal of Corporate Finance* 20: 59 - 73.

Guillen, Mauro F. 2000. "Business Groups in Emerging Economies: A Resource - based View." *Academy of Management Journal* 43 (3): 362 - 380.

Gul, F. A., L. T. W. Cheng, T. Y. Leung. 2011. "Perks and the Informativeness of Stock Prices in the Chinese Market." *Journal of Corporate Finance* 17 (5): 1410 - 1429.

Gertner, Robert H., S. S. David., S. C. Jeremy. 1994. "Internal Versus External Capital Markets." *The Quarterly Journal of Economics* 109 (4): 1211 - 1230.

Ghatak, M., R. Kali. 2001. "Financially Interlinked Business Groups." *Journal of Economics & Management Strategy* 10 (4): 591 - 619.

Gomez, E. T., K. S. Jomo. *Malaysia's Political Economy: Politics, Patronage and Profits. Cambridge: Cambridge University Press*, 1999.

Grossman, S. J., O. D. Hart. 1986. "The Costs and Benefits of Ownership: A Theory of Vertical and Lateral Integration." *Journal of Political Economy* 94 (4): 691 - 719.

Guriev, S. , A. Rachinsky. 2005. "The Role of Oligarchs in Russian Capitalism. " *The Journal of Economic Perspectives*, 19 (1): 131 – 150.

Handa, P. , S. C. Linn. 1993. "Arbitrage Pricing with Estimation Risk. " *Journal of Financial and Quantitative Analysis* 28 (1): 81 – 100.

He, J. , X. Mao, O. M. Rui. 2013. "Business Groups in China. " *Journal of Corporate Finance* 22: 166 – 192.

Himmelberg, C. P. , B. C. Petersen. 1994. "R & D and Internal Finance: A Panel Study of Small Firms in High – tech Industries. " *The Review of Economics and Statistics* 76: 38 – 51.

Hoekman, B. M. , K. E. Maskus, K. Saggi. 2005. "Transfer of Technology to Developing Countries: Unilateral and Multilateral Policy Options. " *World Development* 33 (10): 1587 – 1602.

Holmstrom, B. , J. R. I. Costa. 1986. "Managerial Incentives and Capital Management. " *The Quarterly Journal of Economics* 101: 835 – 860.

Holmstrom, B. , P. Milgrom. 1999. "Multitask Principal – agent Analyses: Incentive Contracts, Asset Ownership, and Job Design. " *Journal of Law, Economics, & Organization* 7: 24 – 52.

Holmstrom, Bengt. 1982. "Moral Hazard in Teams. " *The Bell Journal of Economics* 13: 324 – 340.

Hovakimian, Gayané. 2011. "Financial Constraints and Investment Efficiency: Internal Capital Allocation across the Business Cycle. " *Journal of Financial Intermediation* 20 (2): 264 – 283.

Hubbard, R. G. , D. Palia. 1995. "Executive Pay and Performance Evidence from the US Banking Industry. " *Journal of Financial Economics* 39 (1): 105 – 130.

Hart, O. , J. Moore. 1990. "Property Rights and the Nature of the

Firm." *Journal of political economy* 98 （6）：1119 – 1158.

He, J., X., Mao, O. M., Rui, X. Zha. 2013. "Business Groups in China." *Journal of Corporate Finance* 22：166 – 192.

Hitt, M. A., R. E., Hoskisson, R. D. Ireland. 1990. "Mergers and Acquisitions and Managerial Commitment to Innovation in M – form Firms." *Strategic Management Journal* 70：29 – 47.

Hoshi, T., A., Kashyap, D. Scharfstein. 1991. "Corporate Structure, Liquidity, and Investment：Evidence from Japanese Industrial Groups." *The Quarterly Journal of Economics* 106 （1）：33 – 60.

Inderst, R., C. Laux. 2005. "Incentives in Internal Capital Markets：Capital Constraints, Competition, and Investment Opportunities." *RAND Journal of Economics* 36：215 – 228.

Itoh, Hideshi. 1991. "Incentives to Help in Multi – agent Situations." *Econometrica：Journal of the Econometric Society* 59：611 – 636.

Jagannathan, M., C. P. Stephens, M. S. Weisbach. 2000. "Financial Flexibility and the Choice between Dividends and Stock Repurchases." *Journal of Financial Economics* 57 （3）：355 – 384.

Jensen, M. C., W. H. Meckling. 1976. "Theory of the Firm：Managerial Behavior, Agency Costs and Ownership Structure." *Journal of Financial Economics* 3 （4）：305 – 360.

Jensen, Michael C. 1986. "Agency Costs of Free Cash Flow, Corporate Finance, and Takeovers." *The American Economic Review* 76 （2）：323 – 329.

John, K., J. Williams. 1985. "Dividends, Dilution, and Taxes：A Signalling Equilibrium." *The Journal of Finance* 40 （4）：1053 – 1070.

Kahneman, D., A. Tversky. 1982. "The Psychology of Preferences."

Scientific American 246（1）：160 – 173.

Kalay, Avner. 1982. "Stockholder – bondholder Conflict and Dividend Constraints. " *Journal of Financial Economics* 10（2）：211 – 233.

Kasanen, E. , J. Kinnunen, J. Niskanen. 1996. " Dividend – based Earnings Management: Empirical Evidence from Finland. " *Journal of Accounting and Economics* 22（1）：283 – 312.

Kato, T. , C. Long. 2006. "Executive Compensation, Firm Performance, and Corporate Governance in China: Evidence from Firms Listed in the Shanghai and Shenzhen Stock Exchanges. " *Economic Development and Cultural Change* 54（4）：945 – 983.

Keister, Lisa A. 2004. "Capital Structure in Transition: The Transformation of Financial Strategies in China's Emerging Economy. " *Organization Science* 15（2）：145 – 158.

Khanna, T. , K. G. Palepu, J. Sinha. 2005. "Strategies that Fit Emerging Markets. " *Harvard Business Review* 83（6）：4 – 19.

Khanna, T. , K. Palepu. 2000. "Is Group Affiliation Profitable in Emerging Markets? An Analysis of Diversified Indian Business Groups. " *Journal of Finance* 55：867 – 891.

Khanna, T. , J. W. Rivkin. 2001. "Estimating the Performance Effects of Business Groups in Emerging Markets. " *Strategic Management Journal* 22（1）：45 – 74.

Khanna, T. , Y. Yafeh. 2007. "Business Groups in Emerging Markets: Paragons or Parasites?" *Journal of Economic Literature* 45（2）：331 – 372.

Kuppuswamy, V. , B. Villalonga. 2010. "Does Diversification Create Value in the Presence of External Financing Constraints? Evidence from the 2008 – 2009 Financial Crisis. "（No. 1569546）Harvard Business School Finance Working Paper.

Kali, Raja. 2003. "Business Groups, the Financial Market and Modernization." *Economics of Transition*11 (4): 671 – 696.

Khanna, T., K. Palepu. 1997. "Why Focused Strategies may be Wrong for Emerging Markets." *Harvard Business Review* 75 (4): 41 – 48.

La Porta, R., F. Lopez – de – Silanes, A. Shleifer. 2000. "Investor Protection and Corporate Governance." *Journal of Financial Economics* 58 (1): 3 – 27.

La Porta, R., F. Lopez – de – Silanes, A. Shleifer. 1999. "The Quality of Government." *Journal of Law, Economics, and Organization* 15 (1): 222 – 279.

Lamont, O., J. C. Stein. 1999. "Leverage and House – price Dynamics in US Cities." *The RAND Journal of Economics* 30: 498 – 514.

Lang, L. H. P., R. H. Litzenberger. 1989. "Dividend Announcements: Cash Flow Signalling vs. Free Cash Flow Hypothesis?" *Journal of Financial Economics* 24 (1): 181 – 191.

Lazear, M., S. Rosen. 1981. "Rank Order Tournaments as Optimal Labour contracts." *Journal of Political Economy* 89 (5): 841 – 864.

Lederman, D., W. F. Maloney. 2003. "R & D and Development. (3024)." *World Bank Policy Research Working Paper.*

Lee, S., K. Park, H. H. Shin. 2009. "Disappearing Internal Capital Markets: Evidence from Diversified Business Groups in Korea." *Journal of Banking & Finance* 33 (2): 326 – 334.

Liang, H., L. Renneboog, S. L. Sun. 2015. "The Political Determinants of Executive Compensation: Evidence from an Emerging Economy." *Emerging Markets Review* 25: 69 – 91.

Litzenberger, R. H., K. Ramaswamy. 1982. "The Effects of Dividends on Common Stock Prices Tax Effects or Information Effects?" *The Journal of Finance* 37 (2): 429 – 443.

Laeven, L. , R. Levine. 2007. "Is there a Diversification Discount in Financial Conglomerates?" *Journal of Financial Economics* 85 (2): 331 – 367.

Lamont, O. A. , C. Polk. 2002. "Does Diversification Destroy Value? Evidence from the Industry Shocks. " *Journal of Financial Economics* 63 (1): 51 – 77.

Luo, H. , B. , Liu, W. Zhang. 2013. "The Monitoring Role of Media on Executive Compensation. " *China Journal of Accounting Studies* 1 (2): 138 – 156.

Maksimovic, V. , G. Phillips. 2002. "Do Conglomerate Firms Allocate Resources Inefficiently across Industries? Theory and Evidence. " *Journal of Finance* 57 (2): 721 – 767.

Malcomson, James M. 1984. "Work Incentives, Hierarchy, and Internal Labor Markets. " *The Journal of Political Economy* 92 (3): 486 – 507.

Mankiw, N. G. , D. Romer, D. N. Weil. 1992. "A Contribution to the Empirics of Economic Growth. " *The Quantly Journal of Economics* 107 (2): 407 – 437.

Matvos, G. , A. Seru. 2014. "Resource Allocation within Firms and Financial Market Dislocation: Evidence from Diversified Conglomerates. " *Review of Financial Studies* 27 (4): 1143 – 1189.

McAfee, R. P. , J. McMillan. 1991. "Optimal Contracts for Teams. " *International Economic Review* 32: 561 – 577.

McNeil, C. R. , W. T. Moore. 2005. "Dismantling Internal Capital Markets via Spinoff: Effects on Capital Allocation Efficiency and Firm Valuation. " *Journal of Corporate Finance* 11 (1): 253 – 275.

Miller, M. H., F. Modigliani. 1961. "Dividend Policy, Growth, and the Valuation of Shares." *The Journal of Business* 34 (4): 411 – 433.

Miller, M. H., K. Rock. 1985. "Dividend Policy under Asymmetric Information." *The Journal of Finance* 40 (4): 1031 – 1051.

Motta, Adolfo. 2003. "Managerial Incentives and Internal Capital Markets." *The Journal of Finance* 58 (3): 1193 – 1220.

Murphy, Kevin J. 1999. "Executive Compensation." *Handbook of Labor Economics* 3: 2485 – 2563.

Myers, S. C., N. S. Majluf. 1984. "Corporate Financing and Investment Decisions when Firms have Information that Investors do not Have." *Journal of Financial Economics* 13 (2): 187 – 221.

Maurer, N., T. Sharma. 2001. "Enforcing Property Rights through Reputation: Mexico's Early Industrialization, 1878 – 1913." *The Journal of Economic History* 61 (4): 950 – 973.

Montgomery, Cynthia. A. 1994. "Corporate Diversification." *The Journal of Economic Perspectives* 8 (3): 163 – 178.

Morck, R., B. Yeung. 2003. "Agency Problems in Large Family Business Groups." *Entrepreneurship Theory and Practice* 27 (4): 367 – 382.

Morikawa, H. *Zaibatsu: The Rise and Fall of Family Enterprise Groups in Japan*. Tokyo: University of Tokyo Press, 1992.

Ozbas, O., D. S. Scharfstein. 2009. "Evidence on the Dark Side of Internal Capital Markets." *Review of Financial Studies* 23 (2): 581 – 599.

Perotti, E. C., S. Gelfer. 2001. "Red Barons or Robber Barons? Governance and Investment in Russian Financial – industrial Groups." *European Economic Review* 45 (9): 1601 – 1617.

Peyer, U. C., A. Shivdasani. 2001. "Leverage and Internal Capital

Markets: Evidence from Leveraged Recapitalizations. " *Journal of Financial Economics* 59 (3): 477 – 515.

Prechel, Harland. 2000. *Big Business and the State: Historical Transitions and Corporate Transformations, 1880s – 1990s.* New York: SUNY.

Peyer, U. C., A. Shivdasani, 2001. "Leverage and Internal Capital Markets: Evidence from Leveraged Recapitalizations. " *Journal of Financial Economics* 59 (3): 477 – 515.

Radner, Roy. 1981. "Monitoring Cooperative Agreements in a Repeated Principal – agent Relationship. " *Econometrica: Journal of the Econometric Society* 49: 1127 – 1148.

Rajan, R. , H. Servaes, L. Zingales. 2000. "The Cost of Diversity: The Diversification Discount and Inefficient Investment. " *The Journal of Finance* 55 (1): 35 – 80.

Ross, Stephen A. 1973. "The Economic Theory of Agency: The Principal's Problem. " *The American Economic Review* 63 (2): 134 – 139.

Rubinstein, Ariel. 1979. "Equilibrium in Supergames with the Overtaking Criterion. " *Journal of Economic Theory* 21 (1): 1 – 9.

Rajan, R. G. , L. Zingales. 2003. "The Great Reversals: The Politics of Financial Development in the Twentieth Century. " *Journal of Financial Economics* 69 (1): 5 – 50.

Sappington, E. M. David. 1991. "Incentives in Principal – agent Relationships. " *The Journal of Economic Perspectives* 5: 45 – 66.

Scharfstein, D. S, J. C. Stein. 2000. "The Dark Side of Internal Capital Markets: Divisional Rent – seeking and Inefficient Investment. " *The Journal of Finance* 55 (6): 2537 – 2564.

Shapiro, C. , J. E. Stiglitz. 1984. "Equilibrium Unemployment as a

Worker Discipline Device. " *The American Economic Review* 74: 433 – 444.

Shin, H. H., Y. S. Park. 1999. "Financing Constraints and Internal Capital Markets: Evidence from Korean Chaebols'." *Journal of Corporate Finance* 5 (2): 169 – 191.

Shin, H. H., R. M. Stulz. 1998. "Are Internal Capital Markets Efficient?" *The Quarterly Journal of Economics* 113 (2): 531 – 552.

Shleifer, A., R. Vishny. *The Grabbing Hand.* Cambridge: Harvard University Press, 1998.

Spence, M., R. Zeckhauser. 1971. "Insurance, Information, and Individual Action. " *The American Economic Review* 61: 380 – 387.

Stein, Jeremy C. 1997. "Internal Capital Markets and the Competition for Corporate Resources. " *The Journal of Fiance* 52 (1): 111 – 133.

Stiglitz, Joseph E. *The Economic Role of the State.* London: Blackwell Press, 1989.

Talavera, O., A. Tsapin, O. Zholud. 2012. "Macroeconomic Uncertainty and Bank Lending: The Case of Ukraine. " *Economic Systems* 36 (2): 279 – 293.

Thaler, R. H., H. M. Shefrin. 1981. "An Economic Theory of Self – control. " *Journal of Political Economy* 89 (2): 392 – 406.

Thaler, Richard. 1985. "Mental Accounting and Consumer Choice. " *Marketing Science* 4 (3): 199 – 214.

Tversky, A., D. Kahneman. 1981. "The Framing of Decisions and the Psychology of Choice. " *Science* 211 (4481): 453 – 458.

Tsui – Auch, Lai Si. 2005. "Unpacking Regional Ethnicity and the Strength of Ties in Shaping Ethnic entrepreneurship. " *Organization Studies* 26 (8): 1189 – 1216.

Von Eije, H. , W. L. Megginson. 2008. "Dividends and Share Repurchases in the European Union. " *Journal of Financial Economics* 89 (2): 347 – 374.

Williamson, Oliver E. *Corporate Control and Business Behavior.* New Jersey: Prentice Hall Press, 1970.

Williamson, Oliver E. 1975. "Markets and Hierarchies: Analysis and Antitrust Implications: A Study in the Economics of Internal Organization. " Working Paper.

Wurgler, Jeffrey. 2000. "Financial Markets and the Allocation of Capital. " *Journal of Financial Economics* 58 (1): 187 – 214.

Weinstein, D. E. , Y. Yafeh. 1995. "Japan's Corporate Groups: Collusive or Competitive? An Empirical Investigation of Keiretsu Behavior. " *The Journal of Industrial Economics* 80: 359 – 376.

Xu, N. , X. Li, Q. Yuan. 2014. "Excess Perks and Stock Price Crash Risk: Evidence from China. " *Journal of Corporate Finance* 25: 419 – 434.

Yan, A. , Z. Yang, J. Jiao. 2010. "Conglomerate Investment under Various Capital Market Conditions. " *Journal of Banking & Finance* 34 (1): 103 – 115.

Yermack, David. 2006. "Flights of Fancy: Corporate Jets, CEO Perquisites, and Inferior Shareholder Returns. " *Journal of Financial Economics* 80 (1): 211 – 242.

附表1 企业投资与国有集团内部资本市场的相关系数矩阵

	INV	RD	CF	OCF	SIZE	AGE	LEV	GROWTH	TOBIN_Q	ROA	CENTRAL	BOARDSIZE
CF	0.205***	0.117***	1									
OCF	-0.031***	0.021	0.025	1								
SIZE	0.204***	-0.107***	0.094***	-0.166***	1							
AGE	-0.105***	-0.141***	-0.075***	0.045***	0.048***	1						
LEV	-0.048***	-0.173***	-0.113***	-0.097***	0.259***	0.234***	1					
GROWTH	0.052*	0.013	0.029*	-0.027	0.087***	-0.04***	0.052**	1				
TOBIN_Q	0.031*	0.184***	0.071***	0.096***	-0.242***	0.107***	-0.197***	0	1			
ROA	0.168***	0.167***	0.224***	0.018	0.143***	-0.096***	-0.391***	0.166***	0.157***	1		
CENTRAL	0.087***	0.038	0.092***	-0.009*	0.245***	-0.306***	-0.017	0.082***	-0.116***	0.115***	1	
BOARDSIZE	0.072***	-0.06	0.071***	-0.058***	0.217***	-0.042***	0.007	0.024	-0.107***	0.041	-0.038	1
MAR	-0.053***	0.113***	-0.033***	-0.021***	0.205***	0.322***	0.066***	-0.013	0.171***	0.086***	-0.021	-0.081***

附表 2　高管个人收益与国有集团内部资本市场的相关系数矩阵

	SALARY	MANA_FEE	CF	OCF	SIZE	LEV	GROWTH	TOBIN_Q	ROA	PROFIT	EXE_HOLD	CENTRAL	BOARDSIZE
CF	-0.109***	-0.097***	1										
OCF	0.053***	0.036*	0.044***	1									
SIZE	-0.374***	-0.210***	0.074***	-0.171***	1								
LEV	-0.197***	-0.161***	-0.145***	-0.131***	0.321***	1							
GROWTH	-0.109***	-0.078***	0.053***	-0.027***	0.077***	0.079***	1						
TOBIN_Q	0.190***	0.114***	0.063***	0.099***	-0.295***	-0.246***	0.025	1					
ROA	0.011	0.160***	0.140***	0.058***	-0.013	-0.083***	0.044***	0.026*	1				
PROFIT	-0.247***	-0.184***	0.257***	-0.041***	0.165***	-0.271***	0.155***	0.039***	0.164***	1			
EXE_HOLD	0.101***	0.030	0.020	-0.019	-0.067***	-0.127***	0.007	0.089***	0.047***	0.092***	1		
CENTRAL	-0.136***	-0.072***	0.073***	-0.019	0.245***	-0.008	0.077***	-0.136***	0.029*	0.135***	-0.081***	1	
BOARDSIZE	-0.086***	0.007	0.077***	-0.06***	0.217***	0.03*	0.009	-0.12***	-0.002	0.056***	-0.060***	-0.038**	1
MAR	0.031*	-0.090***	-0.033**	-0.017	0.205***	0.048***	-0.049***	0.14***	0.04***	0.018	0.029*	-0.021	-0.081***

附表 3　股利政策与国有集团内部资本市场的相关系数矩阵

	D_DIV	DIVTA	CF	OCF	INV	SIZE	LEV	TBOIN_Q	GROWTH	ROA	EBITDAA	CENTRAL	EXE_HOLD	BOARDSIZE
CF	0.174***	0.305***	1											
OCF	0.004	0.069***	0.025	1										
INV	0.155***	0.191***	0.205***	-0.031*	1									
SIZE	0.294***	0.074***	0.094***	-0.166***	0.204***	1								
LEV	-0.193***	-0.275***	-0.116***	-0.135***	0.068***	0.321***	1							
GROWTH	-0.028	0.125***	0.072***	0.101***	-0.104***	-0.306***	-0.256***	1						
TOBIN_Q	0.05***	0.2***	0.169***	-0.002	0.413***	0.077***	0.079***	0.022	1					
ROA	0.433***	0.403***	0.363***	0.041***	0.147***	0.101***	-0.355***	0.160***	0.151***	1				
EBITDA	0.340***	0.476***	0.480***	0.029***	0.391***	0.161***	-0.201***	0.133***	0.423***	0.807***	1			
CENTRAL	0.137***	0.142***	0.092***	-0.009	0.087***	0.245***	-0.008	-0.140***	0.077***	0.116***	0.143***	1		
ECE_HOLD	0.099***	0.101***	0.034**	-0.016	0.04***	-0.067***	-0.127***	0.085***	0.007	0.115***	0.072***	-0.081***	1	
BOARDSIZE	0.075***	0.052***	0.071***	-0.058***	0.072***	0.217***	0.030*	-0.123***	0.009	0.013	0.046***	-0.038***	-0.060***	1
MAR	0.078*	0.005	-0.033***	-0.021	-0.053***	0.205***	0.048***	0.146***	-0.049***	0.075***	0.044***	-0.021	0.029*	-0.081***

后　记

　　本书是在本人博士学位论文基础上修改完善而成的，也是本人近年来从事企业集团财务决策及治理研究的积淀。作为一种特殊的企业组织形式，集团财务决策一直都是公司金融研究领域中的重要命题。

　　集团内部资本市场研究兴起于 20 世纪 90 年代，在随后 10 余年间取得了长足发展。内部资本市场被认为是企业集团最核心的优势所在，以及替代不完全外部市场的制度安排。在国外学者研究的基础上，我国学者大约从 2004 年后逐渐重视这一问题。彼时中国经济市场化改革进一步深化，渐进式的市场改革及伴随的外部市场不完全使我国涌现了大量的集团型企业。在这一过程当中，由于民营系族企业集团容易受到外部市场歧视而面临高融资约束，以及控制人关联交易损害公司利益的问题普遍存在，大部分学者将研究视角集中在民营系族企业集团内部资本市场之上，并涌现了一批优秀成果。

　　然而，经历了几年研究高峰之后，王化成等（2011）提出："国内学者对于内部资本市场的研究仍旧处于起步和借鉴阶段，缺乏基于中国背景的系统研究。"那么，何种针对企业集团内部资本市场的研究才能体现中国背景呢？如果说民营（家族或系族）企业集团能够在一定程度上代表东亚国家的企业特征

（Classens et al.，2002），那么国有产权的企业集团则能够显著体现中国的制度背景特征，包括由于政府监管的机制而使国有集团总部具有更高的权威，相对民营集团具有更加集中的股权结构，集团组织结构更加庞大和复杂等。理论上，这会使得内部资本市场这一企业集团的独特优势具有更加广阔的作用空间。然而，内部资本市场被认为是为规避外部市场不完全而存在的，民营企业在外部市场容易受到歧视是现有研究更加关注民营企业集团的原因，那么，即使国有企业集团具有更加广阔的内部资本运作空间，但是否由于其在外部市场的资源禀赋优势而使得国企集团内部资本市场失去价值呢？换言之，国有产权以及集团内部资本市场，两者都能被视为应对外部市场不完全的机制，那么这两种机制的结合体，是能够产生强化的优势，还是会被抵消呢？进一步，政府监管的总部在集团内部资本市场中又会扮演什么角色呢？

针对这一系列重要且有意思的问题，我开始进行研究。研究初始，就遇到了诸多困难：如何确定国有上市公司的集团归属，如何兼顾制度背景特征以及在前人卓有成效的研究成果基础之上保持创新性，实证结果是否能够满足预期要求等。而Shin and Stulz（1998）、Campello（2002）、Khanna and Yafeh（2007）、Gaspar and Massa（2011）、Glaser et al.（2013）、Cai et al.（2016）；郑国坚和魏明海（2009）、王峰娟和谢志华（2010）、黄俊和陈信元（2011）、王化成等（2011）、马永强和陈欢（2013）、刘星等（2014）等国内外学者建设性的研究，为我达到预期研究效果提供了参考和方法，在这里向各位表示深深的感谢。

书稿形成过程当中，首先要感谢我的博士生导师西南财经大学马永强教授和师母阳丹老师。从博士入学到毕业的三年半时间中，无论是为人处世还是学术研究，马老师通过自己的一举一动言传身教，使我受益终身。师母阳丹老师极具亲和力，是一位年轻、美丽、优秀的女性，对我与师门所有同学都给予了极大的关怀。之后要感谢金智副教授，没有跟随金老师学习实证研究的经历，我恐怕难以顺利完成书稿，他认真严谨的工作风范，使我获益良多。感谢蒋南平教授，在过去五年间给予我丈夫和我莫大的指导、支持及帮助，我一直铭记于心。感谢博士生学习期间所有教导过我的老师，以及亲爱的同学。西南财经大学的博士生学习生涯，是我一生最为宝贵的经历。

还要感谢我的家人。感谢我亲爱的父母，在我过去数年漫长的学习生涯中给予我无条件的支持。尽管在他们眼中女孩子读博是一件难以理解的事情，但为了我年幼的孩子和学业，父母毅然辞去了工作，放弃了他们自由的生活，一刻不离照顾我的家庭和孩子，在他们身上体现出无私的父母之爱。感谢我亲爱的丈夫，作为一名男性，一直坚定地支持他妻子的学业和工作，在繁忙的工作和家庭负担之下成长为一名优秀青年学者，也是我学习的榜样。感谢我亲爱的女儿，她就是我生命中最温暖的阳光，在我无数次不堪重负的时候用她的童真陪伴我战胜一切。

同时也感谢云南财经大学会计学院的各位领导和同事。尽管加入大家庭的时间不久，但大家对我的关心及支持我铭记于心。如果没有云南财经大学副校长陈红教授及他带领的"云南省公司治理研究创新团队"这一科研平台的支持，以及会计学院院长余怒涛教授的指导和帮助，我就不能申请并顺利获得"2017 年度云南省哲学社会科学创新团队成果文库出版资助项目"的资助。因此，也要感谢云南财经大学赵丽珍老师，以及云南省社科联卢桦老师在本书申报出版资助过程中的辛勤付出，以及出版资助项目评审过程中专家提出的重要意见。

本书是国家自然科学基金面上项目（71272245）、云南省社会科学青年基金项目（QN2016059）的阶段性研究成果；同时，本书也是"云南省公司治理研究创新团队"的研究成果。

最后要感谢社会科学文献出版社人文分社的领导和编辑，以及其他工作人员为本书出版发行提出的建设性意见与付出的艰辛劳动！

徐　慧

2018 年 3 月

图书在版编目（CIP）数据

国有产权、政府层级与集团内部资本市场运作机制／
徐慧著. -- 北京：社会科学文献出版社，2018.3
　（云南省哲学社会科学创新团队成果文库）
　ISBN 978 - 7 - 5201 - 2190 - 3

　　Ⅰ.①国…　Ⅱ.①徐…　Ⅲ.①企业集团 - 资本市场 -
研究　Ⅳ.①F276.4 ②F830.9

　　中国版本图书馆 CIP 数据核字（2018）第 016558 号

·云南省哲学社会科学创新团队成果文库·
国有产权、政府层级与集团内部资本市场运作机制

著　　者／徐　慧

出　版　人／谢寿光
项目统筹／宋月华　袁卫华
责任编辑／孙以年

出　　　版／社会科学文献出版社·人文分社（010）59367215
　　　　　　地址：北京市北三环中路甲 29 号院华龙大厦　邮编：100029
　　　　　　网址：www. ssap. com. cn
发　　　行／市场营销中心（010）59367081　59367018
印　　　装／三河市东方印刷有限公司

规　　　格／开　本：787mm×1092mm　1/16
　　　　　　印　张：17.5　字　数：197 千字
版　　　次／2018 年 3 月第 1 版　2018 年 3 月第 1 次印刷
书　　　号／ISBN 978 - 7 - 5201 - 2190 - 3
定　　　价／98.00 元